HISTOIRE

POLITIQUE, RELIGIEUSE ET LITTÉRAIRE

DU MIDI

DE LA FRANCE.

TOME IV.

OUVRAGES DU MÊME AUTEUR.

Mœurs du Quercy, 2 vol. in-8°.

Bertrand de Born, tableau politique, littéraire et guerrier du xiie siècle. 2 vol. in-8°.

Les troubadours ont-ils connu l'antiquité ? brochure in-8°.

Formation de la nationalité française, brochure in-8°.

Tableau historique et comparatif de la langue parlée dans le midi de la France et connue sous le nom de langue romano-provençale ; ouvrage couronné par l'Institut. 1 vol. in-18.

IMPRIMÉ PAR BÉTHUNE ET PLON, A PARIS.

HISTOIRE

POLITIQUE, RELIGIEUSE ET LITTÉRAIRE

DU MIDI

DE

LA FRANCE,

DEPUIS LES TEMPS LES PLUS RECULÉS JUSQU'A NOS JOURS;

PAR M. MARY-LAFON,

MEMBRE DE LA SOCIÉTÉ ROYALE DES ANTIQUAIRES DE FRANCE, ETC.

TOME QUATRIÈME.

PARIS.
PAUL MELLIER, LIBRAIRE-ÉDITEUR,
11, PLACE ST-ANDRÉ-DES-ARTS.

LYON,
GUYOT PÈRE ET FILS, LIBRAIRES,
39, GRANDE RUE MERCIÈRE.

M DCCC XLV.

HISTOIRE

POLITIQUE, RELIGIEUSE ET LITTÉRAIRE

DU

MIDI DE LA FRANCE.

TREIZIÈME PARTIE.

Guerres de religion et luttes de la royauté contre l'aristocratie féodale, depuis 1572 jusqu'en 1642.

La première impression de la Saint-Barthélemy avait été terrible : on s'y attendait si peu dans les provinces que les protestants parurent d'abord plongés dans la stupeur. Tel était leur abattement que les Montalbanais eux-mêmes, nourris au bruit des armes et toujours prêts pour la défense ou pour l'attaque, ne se sentirent pas le courage de fermer leurs portes. Régniès, qui n'était entré dans son château que pour prendre sa cuirasse et qui accourait avec ses deux amis, le vicomte de Gourdon et Giscard, les trouva dans cette terreur et tenta vainement de les raffermir : nul ne s'émut à sa voix. Alors le courageux baron sort avec sa troupe, qui se composait de vingt-cinq cavaliers portant casque et cuirasse, et de douze soldats armés du pétrinal; et ces braves, s'étant embrassés sur les glacis de Montmurat, remontent à cheval et se dirigent vers le haut Quercy. Déjà ils touchaient aux plateaux de Belpech et n'avaient plus qu'à passer l'Aveyron au bac de la Pointe pour échapper aux rôdeurs de Montluc, lorsqu'ils entendirent derrière eux un grand bruit de chevaux et aperçurent, en tournant la tête, la fameuse cornette noire du vieux partisan, les enseignes de Fontenilles et de Saint-Taurins et deux autres cornettes d'arquebusiers à cheval. Le triangle que forment en se joignant l'Aveyron et le Tarn est si étroit que la retraite eût été impossible quand bien même Régniés y aurait songé; mais il avait d'autres desseins : « Mes frères et compagnons, dit-il rapidement en montrant les ennemis qui étaient trois cent quatre-vingt-dix; soit pour la vie, soit pour le combat, il n'y a d'autre chemin que cestui-là. » Faisant alors une courte prière pendant que les catholiques s'étaient arrêtés pour mettre les casques, il donne dix hommes à Giscard, qui se précipite résolument sur l'ennemi et rompt les premiers qu'il rencontre. C'étaient les gendarmes de Fontenilles, dont la plupart, étonnés du choc, allèrent se rallier à la cornette noire. Régniés, voyant ce mouvement, pénètre au galop dans la trouée et continue si bien la charge brillante de son lieutenant avec ses quinze cuirasses et ses douze argoulets qu'il renverse les trois troupes de Montluc, Saint-Taurins et Fontenilles sur les deux compagnies d'arquebusiers, jette quatre-vingts soldats sur le carreau; prend cinquante gentilshommes et les cinq cornettes; et poursuit le reste une lieue l'épée dans les reins.

Après la victoire, les protestants vinrent remercier Dieu au même endroit où Regniès avait fait la prière, et ils retournèrent ensuite avec leurs prisonniers et leurs trophées à Montauban, qui, voyant ces trente-sept hommes sortis en fugitifs le matin reparaître vainqueurs de deux cent cinquante lances et de cent quarante arquebusiers, ne douta plus de la protection divine et reprit courage. Il en fut de même partout aux environs. En apprenant ces nobles faits d'armes, le seigneur de Terride était accouru à Montauban; par son conseil des députés furent envoyés à La Rochelle et à Nîmes, et aussitôt qu'on eut reçu la réponse des citoyens de ces deux villes, qui engageaient leurs frères à se défendre énergiquement et promettaient de ne jamais faillir à la cause commune, les réformés agirent avec leur activité ordinaire. Regniès donna encore le signal en s'emparant de Villemur; le vicomte de Gourdon, son ami, mit la main sur Capdenac et Soulillac, les deux plus fortes places du Quercy; et bientôt Caussade, Bioule, Négrepelisse, Saint-Antonin, Malause, Flaugnac, Belleperche, Saint-Paul-de-Damiate, Viterbe, Puy-Laurens, Réalmont, Roquecourbe, Lombers arborèrent la cornette blanche. Obéissant à la même impulsion, Mazères et le Mas-d'Asil dans le pays de Foix; Millaud en Rouergue; Nîmes, Privas dans le Languedoc, Anduze au milieu des Cévennes, et Aubenas, Mirabel, le Pouzin et Villeneuve dans le Vivarais se mirent en état de défense. Il ne restait plus qu'à organiser cette confédération militairement, et une assemblée générale fut réunie dans ce but le 1ᵉʳ novembre à Réalmont. Là, pourvoyant au plus pressé, on élut cinq commandants généraux, qui furent : le vicomte de Gourdon pour le Quercy, Terride pour la Gascogne, le vicomte de Paulin pour le Lauraguais, celui de Panat pour le Rouergue, et Caumont pour le Bigorre et le comté de Foix. En partant pour aller prendre possession de leurs départements, tous se promirent aide mutuelle et secours au besoin, et, un conseil ayant été adjoint à chacun d'eux, ils ne pensèrent plus qu'à se préparer à la guerre (1).

Elle était déjà commencée dans le Vivarais et le Velay : sur les premières rumeurs de la Saint-Barthélemy, le capitaine Vacheresse avait pris et fortifié le château de Beaudiné; ceux d'Alais s'empressèrent de l'imiter en repoussant à coups d'arquebuse la cavalerie de Joyeuse; puis la merveilleuse surprise du Cheylar acheva de relever les esprits. Ce château, bâti dans une position formidable, occupait le sommet d'un rocher isolé et escarpé de toutes parts. Les protestants, qui l'avaient tenu aux dernières guerres,

---

1. Les auteurs de l'*Histoire générale du Languedoc*, t. v, p. 319, mettent cette assemblée au 1ᵉʳ mai de l'année suivante, et citent en garantie de Thou et La Popelinière. Or, de Thou dit qu'elle se tint immédiatement après l'escalade de Buzet, qui, selon les auteurs de l'Histoire du Languedoc eux-mêmes, eut lieu en novembre : « Buzetum haud longè à Tolosâ scalis admotis expugnatum... tum conventu Regio-Monti habito divisæ inter duces provinciæ... » (J. Aug Thuani Historiarum, lib LIII, p. 169, 170.) La Popelinière, t II, p. 114, la place positivement en novembre, et d'Aubigné, *Histoire universelle*, liv. I, chap. IX, p. 576, affirme que cette assemblée de Réalmont fut *la première* que tinrent les protestants.

avaient pratiqué à l'extérieur, sur une saillie du rocher où trois hommes pouvaient tenir à peine, un souterrain qui aboutissait sous le cellier. L'ouverture en était bouchée avec tant d'art que le gouverneur catholique, La Mothe, en recevant la place, bien qu'il fût averti du fait et eût sondé partout avec le marteau, n'avait jamais pu la découvrir. Il arriva donc vers les premiers jours de novembre que le capitaine Bourdier, qui avait construit le souterrain, résolut, avec deux de ses amis et le capitaine Pont, d'enlever ce poste important aux catholiques. Mais l'entreprise semblait si hasardeuse qu'ils ne l'auraient pas osée peut-être sans l'énergie et les instances d'une femme. Plus intrépide que ces vétérans, la femme du capitaine Pont, après avoir répondu ironiquement à l'interrogatoire du gouverneur, déjà inquiet de la disparition de son mari, qu'il ramassait les châtaignes à Saint-Christol et reviendrait bientôt, ne craignit pas de monter au château sous un vain prétexte et d'épier toutes ses dispositions. Apprenant que la clef du cellier était perdue et qu'on en avait retiré les serrures en l'absence de La Mothe qui allait à Valence, elle courut dans les bois tout raconter à son mari et à Bourdier, et les échauffa d'une telle ardeur qu'ils se déterminèrent à tenter le coup de main malgré leur faiblesse. Ils n'avaient pu réunir en effet et à grand'peine que quarante-trois hommes. Mais comme c'étaient tous gens éprouvés, ils n'hésitèrent pas, la nuit venue, à se laisser couler sur un radeau jusqu'au pied du rocher.

Une échelle étant dressée là contre la saillie où s'ouvrait le souterrain, Bourdier écarte doucement les pierres et fait entrer ses hommes trois par trois. Une fois entrés dans le cellier, les assaillants se partagent en trois quinzaines et fondent brusquement sur les corps-de-garde du donjon de la chapelle et de la porte, qui furent taillés en pièces. On ne trouva un peu de résistance qu'à la chambre de mademoiselle de La Mothe, qui, s'étant couchée tout habillée, rallia quelques soldats au bruit et se défendit bravement la pique à la main jusqu'à ce qu'on lui eût garanti son honneur et ses hardes.

Tous ces mouvements firent comprendre à la cour, que la partie sanglante qu'elle croyait avoir terminée d'un seul coup par la Saint Barthélemy n'était rien moins que gagnée, et qu'il lui restait encore des adversaires d'autant plus dangereux qu'ils jouaient leurs têtes contre les bourreaux de leurs frères; elle en revint donc à la politique double des Médicis. Employant de nouveau la violence avec les faibles, la ruse avec les forts, le conseil de Charles IX se hâta d'envoyer le duc de Montmorency, Damville, en Languedoc pour écraser, avant qu'ils eussent le temps de se réunir, ces débris épars de la réforme, et en même temps de sa voix la plus pateline il caressait les Rochelais. Ainsi, tandis que Damville, repoussé par Nîmes et Usez, assiégeait avec douze mille hommes un château qui ne comptait que cent défenseurs, et après avoir fait tonner en vain pendant deux mois quatorze pièces d'artillerie contre les remparts de Sommières, voyait la garnison de cette place sortir enseigne au vent et mèche allumée; pendant que le marquis de Villars forçait Terride et brûlait inutilement sa poudre sous les murs de Caussade, héroïquement défendue par La Mothe-Pujols; dans le temps même que Saint-Vidal, gouverneur du Velay, emportait Anicy, Faye, Saint-Quentin, massacrait le ministre de Tanse, et passait au fil de l'épée la garnison de Saint Paul, le maréchal de Biron arrivait à La Rochelle avec trois lettres pleines de tendresse et d'amour.

La première était de Charles IX, qui disait:

« Chers et bien aimés, nous estimons appartenir à l'affection d'un roi de tenir nos sujets bien avertis de notre intention, afin qu'étant bien informés de la sincérité d'icelle, ils sachent ce qu'ils doivent en suivre et ne soient abusés par inadvertance ou autrement. Sur quoi, encore que nous ne doutions aucunement de votre obéissante volonté, et que n'ajoutiez foi aux rapports si aucuns vous étaient faits autrement qu'à la vérité, nous vous avons bien voulu faire la présente que vous envoyons par le sieur d'Audenars, exprès pour vous faire savoir que le feu admiral et autres ses adhérents étant en cette ville avaient certainement et évidemment conspiré contre notre personne, celle de la reine notre très-honorée dame et mère, de nos très-chers frères les ducs d'Anjou et d'Alençon, le roi de Navarre et autres princes et seigneurs, et étaient prêts à exécuter leur damnable entreprise. Ce qu'ils eussent fait n'eût été que Dieu nous inspirant et nous faisant toucher au doigt cette conjuration, nous n'avons pu de moins que de les faire tomber au lieu qu'ils nous avaient préparé. Dont nous rendons grâce à notre Seigneur et nous assurons que tous nos bons sujets en recevront un *merveilleux bien et contentement*. Les avisant au surplus et vous en particulier que cela n'a été fait à cause ou pour haine de religion ni pour contrevenir aux édits, lesquels avions toujours entendu comme entendons observer, garder et entretenir inviolablement : voilà l'intérieur de notre intention que ferons très-étroitement observer. Étant assurés que nosdits sujets en seront très aises et contents, et que vous entre autres portant au cœur comme vous faites toute naturelle affection et obéissance envers nous, ne vous laisserez aller à croire autre chose que la vérité ci-dessus dite. Étant très certain que vous trouverez d'autant plus nous votre roi enclin et disposé à vous conserver et favoriser par tous les moyens qui seront en nous. Entendant néanmoins et vous ordonnant que ne receviez aucuns étrangers dedans votre ville sans le congé et permission du sieur de Biron, votre gouverneur. Et au surplus ne faites faute de recevoir ledit sieur de Biron et lui obéir comme à nous-même. »

« Messieurs, écrivait Catherine de Médicis, les lettres qu'avez envoyées au roi monsieur mon fils et à moi nous ont été agréables, et estime que vous recevrez avec entière satisfaction et reconnaissance la réponse qu'il vous fait et que de sa part vous dira le sieur de Biron. Vous assurant bien que vous ne lui sauriez faire plus de service que continuant comme vous faites à vivre en repos, union et amitié pour son obéissance. Ce qui lui sera aussi grand plaisir d'entendre que vous respectiez ledit sieur de Biron, votre gouverneur, au lieu qu'il tient et à sa valeur et mérite, duquel vous recevrez tout bon et gracieux traitement. De ma part je vous prie bien fort de croire *que je moyennerai toujours ce qui sera pour votre bien et avantage.* Priant Dieu vous avoir, messieurs, en sa garde sainte. »

A cela, le duc d'Anjou, frère du roi, ajoutait :

« Je ne vous ferai longue lettre, mais vous dirai néanmoins que m'avez fait plaisir de m'écrire et avertir du bon ordre qui est en votre ville, paix et amitié en laquelle vous vivez, qui me sont nouvelles très-agréables, et seront d'autant plus que vous persévérerez, comme je m'assure, en cette bonne affection. *Mêmement que ledit sieur roi mon frère vous en a donné tant d'occasion.* Au demeurant vous lui ferez service, et vous sera honneur et avantage d'honorer et respecter ledit sieur de Biron et lui obéir. »

Il y avait en ce moment à La Rochelle, outre un grand nombre d'échappés du massacre, quinze cents soldats réfugiés, cinquante gentilshommes et autant de ministres ; tous ces malheureux couverts encore du sang de leurs frères venaient d'apprendre les meurtres de Bordeaux et de Toulouse, et voyaient croiser devant le port, tandis que Biron attendait l'épée nue à la porte ce même baron de La Garde, l'exécuteur des boucheries de Mérindol, qui frémissait d'impatience et comptait déjà ses victimes : qu'on juge donc de l'impression que durent produire ces lettres hypocrites. Ferme toutefois dans sa confiance en Dieu, le Conseil s'assembla après un jeûne solennel, et répondit en ces termes :

Au roi d'abord :

« Sire, nous rendons grâces immortelles à votre majesté de l'assurance de nos intentions et fidélités qu'il vous a plu déclarer par vos lettres closes envoyées par le sieur d'Audenars : lesquelles nous ont d'autant plus réjouis entendant votre volonté et commandement de rappeler ou envoyer loin de nous les troupes qui nous tiennent comme assiégés, huit mois a, par mer et par terre, et renouveler un repos et tranquillité, rétablissant le commerce cessé. Ce que aussi M. de Biron, notre gouverneur, a promis faire, et ce qui n'a point eu d'effet. Mais se sont de plus près approchées et assemblées. Et à même jour que le sieur de Biron s'approcha et n'était qu'à deux lieues de cette ville, M. le baron de La Garde s'approcha aussi avec ses galères et navires pour entrer avec quelques intelligences d'aucuns de dedans; ce qui nous mit en un merveilleux émoi, ayant ce même jour été avertis des nouveaux maltraitements faits à ceux de la religion en aucunes villes et lieux non guère éloignés de nous par ceux qui commandaient en icelles sous l'autorité de votre majesté. Par quoi fûmes contraints supplier ledit sieur de Biron de surseoir venir en cette ville jusqu'à ce que par la retraite et éloignement des forces nous puissions en sûreté et liberté, telles qu'il plaît à votre majesté, le recevoir, l'honorer, lui obéir comme notre devoir le porte, et suivant vos édits de pacification, puisqu'il vous plaît iceux y être entretenus. Ce que supplions très-humblement votre majesté n'imputer à aucune mauvaise intention. »

A la Reine on disait en peu de mots que puisqu'il avait plu à leurs majestés que les forces qui environnaient La Rochelle depuis huit mois, se retirassent, on en recevrait un singulier bien, et la réponse au duc d'Anjou encore plus concise se bornait à exprimer froidement la même pensée. La cour ne se rebuta pourtant pas : le capitaine La Noue qui, après la reddition de Mons, s'était rendu à Paris, fut caressé, flatté, à demi séduit par Catherine, et dépêché après Biron aux Rochelais pour les engager à se soumettre. C'est en effet dans ce sens que parla d'abord La Noue en arrivant avec un émissaire des Guise; mais les députés de la ville, qui l'étaient venus recevoir à Tadon, l'arrêtant à ces mots :

« Nous pensions trouver La Noue, dirent-ils d'un air calme, mais nous ne le voyons point : celui qui nous parle a beau lui ressembler de visage, ce n'est pas lui. »

La Noue leur ayant montré le bras perdu à leur service, ils répondirent :

« Oui, il nous souvient d'un La Noue; mais c'était un personnage bien différent de celui dont vous jouez le rôle; l'autre était notre meilleur ami, par sa valeur, son expérience et sa constance, il sauvait nos vies, et se couronnait d'honneur, et n'eût pas voulu nous trahir par belles paroles comme fait celui à qui nous parlons, semblable de visage mais non de volonté. »

Le vaillant capitaine dévora ce reproche qu'il méritait par sa faiblesse, et insista si humblement que l'on consentit enfin à le recevoir dans la ville. Là, on lui offrit un logement aux frais de la cité, s'il voulait y rester comme simple citoyen; un vaisseau équipé, s'il aimait mieux se retirer en Angleterre, ou le commandement des troupes. L'émissaire de la cour qui espérait tout de son intervention, et le connaissait bien, lui fit choisir ce dernier parti. Alors Catherine leva le masque, et l'armée, qui était prête pour la décimer, investit La Rochelle.

Voici quel était l'état de la place. Bordée au sud par la mer, La Rochelle descend, comme on sait, des côteaux de La Fond tournés vers le nord, et s'allonge obliquement entre les marais qui baignent ses flancs à droite et à gauche. Vers la mer les deux tours de la Chaîne et celle de Saint-Nicolas, dont la double base colossale s'effondre dans les vases, fermaient le havre, qui se compose du trop plein des marais salants de gauche, coulant par le moulin de Maubec. Un excellent rempart, allant s'attacher à droite à la tour de la Lanterne et de l'autre côté au fort Saint-Nicolas, commandait, avec le bastion le Gabus, situé entre la tour Saint-Nicolas et le fort de

ce nom, tout l'avant-port qu'on appelait les Vases
Du fort Saint-Nicolas, couvert par un boulevard
aigu, assez compliqué et dessinant un angle parfait,
le mur remontait en avançant quatre fronts dans
les eaux du canal de Maubec jusqu'à la tour et au demi-
bastion des Dames, d'où rentrant vers la ville, le
long du canal, droit à la porte Mauclair, il s'inter-
rompait au moulin pour recommencer de l'autre
côté à la tour de Moureilles. De cette dernière jusqu'à la tour de l'Écorcherie, il formait une grande
tenaille rendue inaccessible par le marais, et arrivait ensuite obliquement à la porte de Cognes, qui
était revêtue d'un fort détaché aigu outre mesure.
Là, rejoignant par un angle brisé la tour d'Aix, il
soutenait la plate-forme circulaire de Gigogne, se
liait ensuite successivement au bastion de la Vieille-
Fontaine et au Cavalier de l'Épître, et se terminait
vers le marais Trompette au bastion de l'Évangile,
troisième angle de la place, pour redescendre bord
à bord des marais salants, derrière la tour de la
Crique; la Porte-Neuve, la tour de la Verdière et la
porte des Deux-Moulins (qui le flanquaient de distance en distance) à la tour de la Lanterne et à la
mer.

Soixante pièces de canon, quinze de gros calibre
et cent autres petits canons armaient ces forts, ces
remparts et ces tours. Il y avait dans les magasins
cent soixante milliers de poudre, et en joignant aux
soldats étrangers dix-huit cents habitants en état de
porter la pique, on pouvait compter sur trois mille

trois cents hommes, qui furent immédiatement divisés en seize compagnies. Louis Gargouillaud, Jacques David, Pierre Portier, Jean Collin, Challemot, Méri Marie, Mathurin-le-Grand, Bonnaut des Essarts, Montalembert, La Rivière Le Lys, Normand et Virolet étaient capitaines des douze premières: les quatre autres, appelées petites compagnies, n'avaient guère plus de vingt-cinq hommes. Outre ces corps réguliers on forma une compagnie de cavalerie et une compagnie d'élite, appelée colonnelle, qui se composait des premiers citoyens de la ville et des membres du conseil, et à laquelle vinrent se réunir deux cents volontaires pleins d'enthousiasme. L'ordre militaire ainsi réglé, on pourvut avec le même soin à l'administration civile. Déjà le grand conseil présidé par le maire s'était retrempé à la source municipale, en appelant à ses délibérations tous les ordres de citoyens : cinq échevins, trois pairs, quatre bourgeois, quatre gentilshommes réfugiés avec le vieux La Tombe, ancien président de la Chambre des comptes de Nantes, y entrèrent en même temps, et apportèrent à la cause évangélique un renfort dont elle avait besoin. Sous la surveillance de cette assemblée souveraine furent créés dans une sage prévision un conseil de guerre, un comité de police et un comité financier. Trois commissaires généraux : La Baronnière, noble poitevin, le capitaine Mainville et le fondeur Constantin, eurent la direction de l'artillerie. Enfin le conseil établit des délégués de chaque quartier pour veiller à l'exécution de ses ordres et de l'ordonnance sur le prix et la distribution des vivres. A peine ces mesures étaient-elles prises que Biron, dont toutes les ruses avaient échoué devant la juste défiance des Rochelais, parut tout à coup au pied des remparts. Défendue, comme nous venons de le voir, de trois côtés par les marais et la mer, la place n'était attaquable et accessible que de la porte de Cognes au bastion de l'Évangile. C'est donc vers ce point, qui présentait un développement d'environ quatre cents toises, que devaient se porter les efforts des assaillants. Là, en effet, eut lieu le premier choc. Déjà l'ennemi avait laissé des monceaux de cadavres en escarmouchant dans les chemins creux des vignes du faubourg Saint-Éloi et dans les coupures des marais, lorsque le 14 décembre 1572, il gravit en force les coteaux de La Fond pour détruire l'aqueduc souterrain qui fournissait l'eau à la ville. Reçu avec vigueur par la compagnie Normand qui se battit jusqu'à la nuit, il ne put s'emparer des canaux que le lendemain après une lutte acharnée et sanglante. Dès lors chaque jour fut un combat. Pendant deux mois, malgré la rigueur de l'hiver, les assiégés harcelèrent Biron par des sorties continuelles et se défirent heureusement de leurs ennemis intérieurs. Le danger le plus grand pour eux en effet n'était pas dans les tranchées royalistes. De faux frères, des traîtres chèrement payés s'efforçaient de les vendre aux égorgeurs de la Saint-Barthélemy, et telle était la perverse ardeur de ces hommes que le châtiment de leurs complices et la vue du sang, au lieu de les faire rentrer en eux-mêmes, semblaient les encourager au crime. A peine la tête du capitaine Davi, mort sur la roue, fut-elle clouée pour l'exemple sur la porte de Cognes, qu'il fallut pendre trois émissaires de Biron et enfermer dans les cachots de la tour de la Lanterne Bruyère, gentilhomme angevin. L'œil du maire, Henri, brave marchand aimé de Coligny pour son courage et adoré du peuple pour sa fermeté, était sans cesse ouvert sur ces complots. Mais malgré sa vigilance, celle de Salbert, son adjoint, et la garde inquiète et fidèle des ministres dirigés par Odet de Nord, il ne tint pas à La Noue que les noces de Paris ne fussent recommencées à La Rochelle. La Noue avait été gagné corps et âme par Catherine. Il est impossible qu'un homme aussi rusé au fait de la guerre et des négociations ne vît pas ce que Charles IX et sa mère voulaient faire de La Rochelle; plus impossible encore que le beau-frère de Téligny, que l'ancien lieutenant de l'amiral eût la moindre confiance dans les promesses de ceux qui venaient si perfidement d'égorger les siens. La Noue voulait trahir : depuis que, trompés par ses protestations hypocrites [1], les Rochelais l'eurent reçu dans la ville et lui eurent donné le commandement de leurs troupes, sous l'autorité du maire toutefois, il ne cessa de parler de

---

[1]. « Sa conduite sembleroit découvrir les ressorts d'une politique raffinée qui vouloit regagner la confiance des ministres *par un faux épanchement de cœur et en affectant de pieuses craintes.*» (Le P. Arcère, de l'Oratoire, *Histoire de la ville de La Rochelle*, t. 1, p. 431.)

paix et d'introduire les agents de la cour. S'il n'avait eu à persuader que la majorité du grand conseil composée de cette classe riche qui, songeant exclusivement à ses intérêts, sépare presque toujours en temps de guerre sa cause de celle du peuple, sa tâche aurait été facile, mais toute délibération importante devant être prise en commun, il échouait dans l'assemblée populaire et n'avait pu tenir aucun de ses engagements, lorsque, le 12 février 1573, le duc d'Anjou arriva au camp suivi du roi de Navarre, des princes du sang, des Guise, de Montluc et de tous les héros d'août.

On se doutait si peu à cette époque de la force que prête aux populations la vieille liberté municipale que le duc, persuadé, comme tous ses courtisans, que, si la noblesse protestante abandonnait la ville les bourgeois ne pourraient se défendre un seul jour, la fit sommer en arrivant de se retirer dans ses châteaux. Il reçut une réponse digne et ferme, et vit le lendemain, aux arquebusades qui saluèrent son apparition devant la porte de Cognes, que la tâche serait plus rude qu'à Moncontour. Cependant un vieux vaisseau vénitien appelé *la Carraque* échoué non loin du port et lié à d'autres petits bâtiments en bouchait l'entrée : on avait placé sur cette carcasse remplie de pierres quelques pièces qui battaient les Vases. D'un autre côté on ouvrait la tranchée au son du tambour, devant la porte de Cognes, et après des escarmouches assez vives, les lignes étaient poussées avec une telle diligence que le 28 février elles s'étendaient de la porte de Cognes à la tour d'Aix. Cette même nuit, pendant qu'on élevait un fort sur l'emplacement du moulin à vent de la Brande défendu quelques jours auparavant contre deux cents hommes par un chaudronnier de l'île de Ré, qui s'y trouvait seul et auquel un heureux stratagème valut une capitulation et la vie, il se passa une scène d'avant-poste qui peint trop bien les mœurs militaires du temps et la disposition des esprits pour ne pas être rapportée.

Un réfugié gascon de garde sur le rempart, s'ennuyant de sa faction silencieuse et entendant travailler à peu de distance, se baissa vers les tranchées et demanda aussi haut qu'il lui fut possible s'il n'y avait là aucun soldat de son pays. Les princes, qui encourageaient les travaux de leur présence, craignant une sortie, défendirent d'abord de répondre; mais sur les instances de Brantôme, qui était curieux d'entendre cette conversation, il fut permis à un jeune homme, nommé Bernet, de faire raison au réfugié.

— Eh bien! s'écria celui-ci après les premiers compliments, qu'est-ce que vous brassez là bas?

— Un grand travail, dit le Bernet.

— Oui-dà! Ne serait-ce point la tour de Babel?

Un coup d'arquebuse répondit à ce sarcasme; le Gascon envoya sa balle au Bernet, et après avoir rechargé l'arme reprit à travers l'obscurité :

— Et Montluc?

— Il n'est pas loin.

— Ah? Et comment va le nez de Rabasteins?

— Il pourrait encore, cria une voix rauque, mater l'orgueil des huguenots.

— Non! répondit le soldat, on ne le craint plus.

— Ami, dit alors le Bernet, par l'ordre des princes, que pensez-vous de nos généraux?

— Le roi de Navarre est un beau et élégant jeune homme... Le prince de Condé ne promet pas moins : l'un vaut l'autre. Quant au duc de Guise, il est bon, mais trop dévoué au roi et au pape. Dieu me garde de méconnaître le mérite du duc de Longueville. Mais, hélas! tout change dans le monde. La plupart de ces grands seigneurs, qui étaient pour nous, nous ont plantés là, et, ajouta le Gascon en soupirant avec cet accent de raillerie larmoyante particulier à son pays, nous avons tout perdu, malheureux que nous sommes! tout, jusqu'à *la Carraque!*

— Dites-moi, repartit le Bernet, qui voulait venger les princes offensés de cette plaisante comparaison, dont les seigneurs riaient tout bas, si vous étiez encore invité aux noces de Paris seriez-vous d'humeur à vous y rendre?

A ces mots la gaieté du Gascon disparut, il éclata en plaintes amères et en malédictions, et la conversation finit comme elle avait commencé par des mousquetades. Le lendemain, les Rochelais, qui attendaient le secours que leurs députés étaient allés demander en Angleterre, tentèrent, mais en vain, de débloquer le port en brûlant *la Carraque.* Ils venaient d'échouer pour la seconde fois, lorsque les batteries royalistes commencèrent à tirer contre le clocher de Cognes. On leur répondit avec deux coulevrines placées sur ce clocher même, et qui enfilaient les tranchées au grand dommage des assiégeants Or, après quelques volées, parut un trompette pour sommer la ville, qui, renvoyé avec dédain, revint bientôt demander de la part du duc d'Anjou la reprise des conférences. Cette proposition vivement appuyée par La Noue ne fut écartée que grâce à la chaleureuse résistance des ministres, qui ne cessaient d'enflammer le peuple en lui montrant la main de Dieu levée contre les Philistins. Les événements, du reste, semblaient confirmer ces discours; d'heureuses sorties signalèrent la fin de février et le mois de mars fut inauguré par un coup de couleuvrine qui valait une victoire. Le 3, vers les quatre heures du soir, le premier boulet parti du bastion de l'Évangile, perça un gabion et coupa en deux Claude de Lorraine, duc d'Aumale; c'était un des machinateurs de la Saint-Barthélemy, et celui qui s'était porté aux massacres avec le plus de rage. Aussi sa mort regardée comme un châtiment céleste devint le signal d'une allégresse extraordinaire dans la ville. La Noue seul, ne perdant pas de vue son malheureux dessein, conçut l'idée de profiter d'une trêve sollicitée par le duc d'Anjou, et au moment même où la noblesse du camp suivait le convoi de d'Aumale, en gémissant qu'un tel prince eût été tué par de tels bélîtres, il réunissait le conseil général et le conjurait de traiter en affirmant que la ville était perdue. Comme nous l'avons dit, la majorité de la bourgeoisie livrée à elle-même aurait pris ce parti sur-le-champ, mais les ministres, sentinelles infatigables, veillaient pour le peuple, et dans cette occasion cinq d'entre eux s'étant rendus au conseil y firent entendre cette protestation biblique par la voix de Giraud de Saint-Jean d'Angely : « Nous venons, dit-il, vous proposer cinq points. Le premier, de l'union des membres de l'Église avec leur chef Jésus-Christ d'où dépend le faisceau de ces membres qui se nomme la communion des saints, et par lequel nous ne pouvons nous séparer d'eux et chercher notre repos à part sans nous séparer du chef céleste. Car bien que les Rubénites et Gadites avec la demi-lignée de Manassès fussent en grand péril, et par delà le Jourdain, ils ne firent pas difficulté néanmoins d'accompagner leurs frères aux guerres qui se présentaient, et jurèrent de ne pas reposer leur tête avant que leurs frères ne fussent rentrés sous leur toit. Le second point touche le serment qu'ont reçu de vous vos frères de Montauban et de Nîmes; chose de telle conséquence qu'il ne serait raisonnable de s'en départir légèrement, car celui qui ne garde même à son dommage la foi promise n'habite pas au tribunal de Dieu. Pour le troisième point, nous dirons qu'alors même qu'on serait tombé en la nécessité prétendue si est-ce qu'il ne se faudrait précipiter comme personnes qui n'ont plus d'espérance en Dieu, mais reconnaître qu'il domine la nécessité, laquelle il amène et retire comme bon lui semble. Car encore que les femmes de Samarie eussent mangé leurs enfants les ennemis n'entrèrent point dans la ville, et c'est à bon droit que Judith reprit ceux de Béthulie qui limitaient le temps du secours de Dieu et promettaient de se rendre s'ils n'étaient sauvés dans cinq jours. Les deux derniers points sont que premièrement La Rochelle est, grâce au Seigneur, bien éloignée de telles nécessités, puisqu'il y a abondance de toutes choses pour trois mois et espérance de secours, et ensuite que cette ville serait éternellement diffamée si elle faisait paix sans l'avis des autres églises. »

Malgré ces raisons chaleureusement exposées, et que le maire Henri appuyait avec force, le parti de la peur, de la défection et des intérêts égoïstes l'emporta. La Noue et Morisson furent députés au duc d'Anjou, mais le lendemain le maire reprit sa revanche quand la cloche municipale eut sonné et réuni devant le temple l'assemblée populaire. Les faibles et les traîtres eurent beau s'épuiser en raisonnements captieux, le peuple fut de l'avis des ministres. Ce qui n'empêcha pas La Noue et ses adhérents de passer outre, sous prétexte qu'en acceptant les conférences on s'était engagé à y renvoyer les députés. Un mépris aussi évident du vœu général révolta les esprits, et l'indignation fut si forte contre La Noue surtout, qui venait dans une longue harangue de démasquer ses véritables intentions, qu'un vieux ministre, oubliant son saint caractère et ses cheveux blancs, le suivit à sa sortie du conseil en l'accablant d'injures et le frappa au visage sur la porte de sa maison. La Noue, conservant ce masque hypocrite dont il s'était couvert en entrant dans la ville, affecta le plus grand calme, la plus sage magnanimité... Huit jours après il donnait raison à l'insulteur en passant à l'ennemi.

Tous les citoyens furent aussitôt convoqués au son de la cloche; le maire les exhorta d'une voix ferme à sacrifier leurs biens et leurs vies à la défense de la patrie et du ciel, et fit procéder à l'élection du successeur de La Noue et de ceux qui devaient prendre au conseil la place de quelques autres défectionnaires. On arrêta le même jour par ses soins qu'il serait dressé une liste de tous les mauvais patriotes, et qu'au moindre mouvement on les chasserait de la ville.

Ces mesures énergiques, l'élection du nouveau maire qui se fit comme de coutume, de bonnes nouvelles du siége de Sancerre et des lettres de Montgommery qui annonçaient son arrivée dans un mois avec quarante vaisseaux, ranimèrent la confiance des Rochelais un moment ébranlée. A la vigueur avec laquelle, au bastion de l'Évangile battu par quinze pièces de canon, à Tadon, à la porte de Maubec, ils repoussèrent les attaques des royalistes, ceux-ci purent voir que rien n'était changé dans la place, qu'il n'y avait qu'un traître de moins. On avait déjà tiré contre le mur qui allait de la tour d'Aix au bastion de l'Évangile quatorze mille sept cent quarante-cinq coups de canon. Toutes les défenses étaient ruinées. Le duc d'Anjou, croyant le moment favorable, redouble son feu, lance le 7 avril sur le fossé une galerie couverte et doublée de lames de fer où marchaient trois hommes de front, et donne l'assaut. La noblesse avait reçu l'ordre de rester loin des coups. Mais aux premières canonnades il fut impossible de retenir dans les tranchées ces bouillants gentilshommes. Malgré les prières et les menaces du prince, ils se mêlèrent aux soldats et coururent aux casemates. Foudroyés de tous côtés, on les vit monter bravement à la brèche et atteindre le sommet du bastion; mais ils trouvèrent là une résistance égale à leur bravoure. Hommes et femmes, combattant pêle-mêle et luttant d'audace, les renversent à coups de pique, tandis qu'un levier manœuvré par les ministres et des enfants, et balançant une chaudière à son extrémité, répand sur eux des flots d'eau bouillante et de bitume. Ils reculent, et le feu des casemates, la chute d'un pan de muraille et la valeur des réfugiés, qui les poussent l'épée aux reins, achèvent leur défaite. Trois cents des leurs jonchaient le fossé, le duc d'Anjou fit sonner la retraite. Moins heureux encore le 10, le 11 et le 24 du même mois, il laissa la brèche couverte de blessés et de cadavres affreusement mutilés par l'éclat de la mine. Depuis ce jour jusqu'au 24 juin ses troupes montèrent huit fois à l'assaut de ce fameux bastion de l'Évangile, qui n'était plus qu'un monceau de ruines, contenant moins de terre que de boulets, et huit fois elles furent repoussées; tel était le découragement des soldats qu'ils refusaient de marcher ou se débandaient à la seule vue des goujats de la ville. On les voyait de loin accourir sur le passage des seigneurs pour leur montrer l'horrible vermine qui pullulait sur leurs haillons et se plaindre de leur misère. Ces croix-rouges, naguère si présomptueuses, ne tenaient plus contre les fantassins à l'écharpe jaune, et l'apparition des casaques noires des cavaliers protestants suffisait pour mettre en fuite les armures dorées. La fleur de la cour et les exécuteurs de la Saint-Barthélemy, d'Aumale, du Guast, Cosseins, l'ingénieur Scipion, qui venait détruire ce qu'il avait édifié, et vingt mille de leurs soldats étaient étendus morts au pied de ces murailles. Quoique la poudre manquât dans la ville, que Montgommery n'eût pu faire entrer le secours, et que le peuple ne vécût que des coquillages des Vases, la résolution des citoyens ne fléchissait pas; et ils seraient morts plutôt que de céder, si le duc d'Anjou n'eût abandonné la partie. Grâce à l'habileté de l'évêque de Valence, il venait d'être élu roi de Pologne; il ne s'agissait donc pour lui que de lever ce malheureux siége le plus honorablement possible. Les conseillers rouvrirent les conférences dans ce sens; et un traité, comprenant les villes de Montauban et de Nîmes et garantissant l'exercice de la religion dans les châteaux des gentilshommes réformés, fut fait le 24 juin et ratifié par le roi au commencement de juillet. La seule clause que le peuple assemblé au bastion de l'Évangile ne voulut pas admettre, ce fut l'entrée du duc d'Anjou. Ces portes qui s'ouvrirent avec empressement devant les ambassadeurs polonais, restèrent obstinément fermées à leur nouveau roi, qui eut la honte de se retirer avec les débris de son armée sans pénétrer dans les murs rebelles sous lesquels s'étaient flétris à jamais ses lauriers de Moncontour.

Alors on grava, *pour mémoire à la postérité*, sur une plaque de cuivre la relation de ce siége mémorable, et le peuple consacra l'événement à sa manière par des couplets qui finissaient ainsi :

> Les prudents Rochellois
> En ces guerres civiles,
> Et les Montaubannois
> Ont bien gardé leurs villes.

Éclatant et superbe exemple de la puissance des idées!... Voilà deux bicoques fournissant à peine deux mille bourgeois capables de porter les armes, et cependant dans la lutte sans trêve et sans pitié qui va s'ouvrir entre le missel et l'évangile, dans le long duel de la province et de la cour, La Rochelle avec la liberté religieuse triomphera d'abord de Rome, capitale du monde catholique ; Montauban armé de la liberté municipale sera plus fort que Paris, boulevard de la royauté.

RÉPUBLIQUE PROTESTANTE.

L'édit, enregistré au parlement le 11 août, qui scella et proclama la paix, contenait la reconnaissance la plus solennelle de l'indépendance des villes

unïes. La liberté de conscience était expressément
garantie dans le quatrième article à Montauban; à
La Rochelle et à Nîmes, comme nous venons de le
dire, et les articles suivants, entre autres le dixième,
le onzième et le dix-septième, en déclarant bonnes
et valables les confiscations des biens ecclésiastiques,
en maintenant les fortifications et confirmant les nominations des officiers publics, constataient autant
qu'on pouvait le désirer l'action et la vigueur de
la liberté consulaire. Les protestants le sentaient si
bien, que loin de se contenter de ces conditions,
pendant que le nouveau roi de Pologne gagnait son
royaume au bruit des fêtes, et que l'héroïque Sancerre enterrait les cinq cents cadavres tombés de
faim dans ses rues avec celui du brave bailli Johan-
neau assassiné par La Châtre pour avoir défendu
huit mois sa ville, ils se réunissaient le jour même
de la Saint-Barthélemy à Nîmes, à Millau et Montauban, dans le but de demander mieux. Un long
cahier fut en effet dressé dans ces divers colloques,
qui portait au milieu d'une foule de mesures particulières les articles suivants :

Sa Majesté, conformément à sa promesse, fera
rechercher et punir, tant à Paris que dans les provinces, et notamment à Bordeaux et à Toulouse, les
massacreurs de la Saint-Barthélemy.

L'exercice public de la religion sera permis sans
restriction dans tout le royaume. Outre les places
que les réformés ont entre les mains, il leur en sera
donné deux en chaque province.

Les écoles et les colléges auront des régents des deux religions pour la satisfaction des uns et des autres sans fraude et partialité.

Les mariages des prêtres seront légitimés.

Comme les réformés n'ont pris les armes *que pour le service et défense* du roi, ils pourront lever des impositions pour payer leurs dettes. Quant aux garnisons de leurs places, elles seront entretenues aux dépens de Sa Majesté.

Sadite Majesté considérant les déportements de ses cours souveraines et spécialement de celle de Toulouse aura le bon plaisir d'accorder une chambre de juges non suspects dans le ressort de chaque parlement.

Nul de la religion réformée ne sera tenu de payer les dîmes.

Le Comtat Venaissin et l'archevêché d'Avignon seront ouverts aux religionnaires.

Et il plaira à sa majesté que toutes choses demeurent en Béarn et en Navarre au même état que la feue reine les laissa lors de son décès [1].

Ceux qu'on appelait les *fronts d'airain*, les *Cavagnac* et les *Yollet* allèrent présenter ce cahier au roi, de la part des églises du Languedoc et du Quercy; ils avaient trouvé en passant à Tarare le député du Dauphiné et de la Provence, auquel ils s'étaient joints : ce dernier porta la parole et jamais voix plus énergique ne frappa les échos du Louvre.

---

1. La Popelinière, t. II, p. 187. — D'Aubigné, *Histoire universelle*, p. 668.

« Sire, disait-il à Charles IX après lui avoir remis les cahiers des provinces, votre comté de Provence est de l'ancien royaume d'Austrasie; jusqu'à René, roi de Sicile, qui en fit donation au roi Louis XI, il est toujours demeuré en la puissance des ducs de Lorraine et de Bar. Du temps de ce bon roi René, qui a été vu par aucuns étant encore en vie, *les Provençaux ne payaient tailles, impositions, aides, subsides, gabelles ni tributs quelconques*, car il vivait opulemment et magnifiquement du revenu de son domaine. Le roi Louis prenant possession des pays de Provence leur accorda et *confirma* les exemptions qu'ils avaient du temps du bon roi René; et ont duré jusqu'au grand roi François Ier, lequel pour la nécessité de la défense du pays, lorsque l'empereur Charles-Quint y descendit, rendit le peuple taillable et sujet aux autres impositions de son royaume. Le pays de Viennois et Dauphiné, sire, lorsqu'il *fut vendu* à vos prédécesseurs par messire Humbert Dauphin *jouissait des mêmes privilèges. Autant en était-il au temps des Raimond, comtes de Toulouse, pour le pays de Languedoc*. Et à vrai dire, par toutes les provinces de ce royaume, on n'avait entendu parler de tailles, subsides et impositions jusqu'à ce que, les Anglais ayant usurpé la meilleure partie du royaume, force fut de lever de grandes armées. Et parce que le domaine royal était tenu par les Anglais, les Français accordèrent au roi Charles VII de les cotiser, et lors seulement commencèrent les tailles. Ces tailles étant trouvées légères et de peu d'estime, *il demanda aux États* qu'ils lui aidassent en cette nécessité, et lors l'on accorda le vingtième des vins, puis le huitième et le quart; finalement vinrent les gabelles sur le sel et toutes ces impositions furent nommées *aides:* ce qui témoigne la fin de leur invention et que c'était seulement pour avoir lieu tant que les guerres dureraient, comme expressément portent les registres desdites cours et chambres des comptes[1]. »

Après avoir fait remarquer que les Français, par obéissance à leurs rois, avaient néanmoins continué à fournir ces aides après l'expulsion des Anglais, l'orateur en montrait la progression croissante sous François Ier qui établit l'imposition du vingtième denier sur les marchandises; sous Henri II qui augmenta les décimes, établit les droits du domaine, l'imposition foraine et le taillon, et arrivant au règne actuel il prouvait que les impôts, qui étaient sous Louis XI

de 70,000 livres pour le Dauphiné,
133,000 livres pour le Languedoc,
86,000 livres pour la Provence,

s'élevaient sous Charles IX :

pour le Dauphiné à 258,000 livres,
pour la Provence à 376,000 livres,
pour le Languedoc à 542,000 livres,

non comprises douze cent mille livres de levées extraordinaires en Provence et neuf cent mille en

---

1. La Popelinière, t. II, p. 189.

Dauphiné. De cette crue effrayante opérée dans quatre-vingt-dix ans et en l'absence des causes qui avaient nécessité les premiers subsides, il en concluait assez logiquement qu'il fallait diminuer les impôts et aviser à la pacification générale des troubles dans les provinces : *lesquelles éloient si épuisées de deniers et moyens qu'à grand'peine les gens du tiers-état pourroient trouver la seule commodité de vivre.*

On ne répondit à ces nobles paroles, qui avaient ému le conseil et fait pâlir de colère la vieille Médicis, que par des phrases évasives et des faux-fuyants. L'astucieuse Florentine, prenant ensuite chaque député en particulier, essaya de les attirer par séductions et par promesses au parti de la cour, mais les trouvant incorruptibles et inébranlables elle les fit reconduire dans leur pays par des grands seigneurs en apparence favorables à leur cause, et feignit de renvoyer l'examen de leurs griefs au maréchal de Damville. Comme il est probable que les protestants ne comptaient pas beaucoup sur le succès de l'ambassade, ils avaient pris leurs précautions. Dans le Vivarais, le Gévaudan, le Dauphiné, le Languedoc, l'Albigeois, le Quercy, les Cévennes et le Rouergue ils possédaient cinquante places fortifiées, une centaine de forts et deux ou trois cents villages de difficile accès ou enclos de murs. Tout le Béarn était lié en outre à leur confédération, qui, s'appuyant sur Monflanquin, Tonneins, Clairac et Sainte-Foy, allait aboutir à l'Océan et s'adosser à La Rochelle. La résolution de se défendre vigoureusement une fois prise, toutes ces places furent armées. Vingt-quatre capitaines résolus à repousser l'ennemi ou à mourir, Pierre Gourde, Poujet, Boron, Saint-Agrève, Bouillargue, Saint-Côme, Grémian, Sauvé, Beaufort, Chavagnac, Fougiers, Sénégas, les vicomtes de Panat, de Caumont, de Lomagne, de Paulin, de Verlhac, Regniés, Mirabel et Monbrun, prirent le commandement du Pouzin, d'Aubenas, de Villeneuve-de-Berg, d'Uzez, de Nimes, d'Anduze, Marvejols, de Florac, du Vigan, de Ganges, Lodève, Castres, Millau, Mazères, Villemur, Caussade, Capdenac, Minerbe, Nions, Saint-Ambroix. Privas, Puy-Laurens, Buzet et Montesquieu étaient gouvernés par des gentilshommes du pays, le Béarn par le baron de La Caze, Montauban par ses consuls, et La Rochelle par son maire. Il avait été impossible de faire accepter d'autre autorité au peuple de ces deux villes. Toutes ces populations ayant de nouveau juré solennellement l'union dans l'assemblée politique tenue à Millau, le 16 décembre sur l'invitation de Damville, la guerre commença.

Ce mot, il faut le dire, avait une signification toute particulière au seizième siècle, ainsi, par guerre, il ne faut point entendre un plan de campagne arrêté d'avance, et une série plus ou moins étudiée, plus ou moins habile d'opérations stratégiques exécutées par deux armées. La guerre d'alors n'était rien moins que cela. Des courses rapides sur le territoire ennemi, des chevauchées de deux ou trois cents hommes, des surprises de petites villes, des escalades de châteaux, et de temps en temps quelques rencontres fortuites entre partis de diverses couleurs où restaient sur le champ de bataille une trentaine de cadavres, voilà toute la guerre de 1573. Quand donc le vaillant Montbrun eut surpris en Dauphiné, par lui-même ou ses adhérents, Audances, l'Oriol, Livron, Granes, Roynac, Glandage, Aubenas et Orange, lorsque les protestants du Languedoc se furent emparés de la même manière de Florensac, de Miramont et d'un château près de Saint-Antonin, la campagne fut brillamment ouverte. L'énergie d'un vieillard allait lui imprimer cette teinte héroïque dont les grands caractères marquent les petits événements.

On venait d'annoncer l'arrivée de Grammont, envoyé par Charles IX pour faire rentrer le Béarn, de gré ou de force, au giron catholique. Cette nouvelle avait jeté la terreur dans le pays, et le peuple se pressait en foule autour de ses ministres, suppliant le Seigneur avec pleurs et prières d'être le bouclier de Samarie. C'était surtout à Pau, qui devait s'attendre aux plus grandes violences, que la douleur était le moins contenue. Tous les habitants étaient dans le temple, pleurant et gémissant, et ils désespéraient peut-être dans leur cœur du salut qu'ils imploraient des lèvres, quand Dieu leur suscita un de ces défenseurs qui ne semblent choisis que pour faire éclater son pouvoir et confondre la vanité des hommes. Au banc des anciens était le vieux seigneur d'Auros, aveugle et à moitié paralysé, impassible en apparence et comme étranger à la calamité publique. La prière finie, il se fit reporter dans sa maison, et, ayant demandé son fils, lui dit d'une voix solennelle :

« Baron, qui t'a donné l'être et la vie ?

» — Monsieur, répondit le jeune homme, c'est Dieu, par votre moyen.

» — Eh bien ! dit le vieillard, cette vie qu'ils t'ont donnée, Dieu et ton père te la redemandent : le premier, qui en a une meilleure pour te rendre avec la couronne éternelle de gloire; le second, qui te suivra de près si tu meurs, et, après avoir témoigné en terre ta vertu et ton obéissance, témoignera pour toi au jugement de Dieu. Va, n'ouvre point les yeux pour voir combien te suivent ni pour compter les ennemis, mais seulement pour les frapper avec ce fer que Dieu bénira en tes mains ! »

En achevant ces mots il détacha son épée, la remit à son fils et le serra silencieusement dans ses bras : le jeune homme, ne répondant que par une inclination respectueuse, courut aussitôt se mettre à la tête de ceux qui se sentaient le courage de le suivre. Ils n'étaient que trente-huit, mais, sans regarder au nombre, le fils de l'aveugle les mène droit au château de Yémau, descend dans la cour, qui se trouvait si encombrée de noblesse catholique que personne ne prit garde à lui, chasse, blesse ou tue tout ce qu'il rencontre, et prend Grammont. Cette capture était le fleuron de la journée, et cependant elle fut blâmée par le vieillard : « Baron, baron, dit-il à son fils quand il se présenta devant lui avec son prisonnier, il ne fallait pas amener ce Nicanor : tu as sauvé le corbeau qui te crèvera les yeux. »

Le récit de ce coup d'audace retentit dans toutes les villes protestantes, et ne contribua pas peu à y réveiller l'ardeur belliqueuse : La Rochelle seule hésitait encore, mais une voix qu'on ne prévoyait sans doute pas devoir entendre dans cette circonstance, s'éleva tout à coup et l'entraîna. Par une de ces contradictions, fruits ordinaires des guerres civiles qui, selon le flux et le reflux de l'amour-propre ou de l'intérêt, changent si facilement l'opinion des hommes, ce même La Noue qu'on avait vu naguère partisan frénétique de la paix quand la guerre était heureuse, ne respirait plus que la guerre à cette heure où l'on jouissait d'une bonne paix. Prenant pour prétexte une Cène qu'on y célébrait le 3 janvier 1574, cet homme osa reparaître en compagnie de quelques gentilshommes dans la ville qu'il n'avait pu vendre et d'où il était sorti en transfuge. Et ce qui prouve combien le temps affaiblit l'odieux des mauvaises actions, et combien la mémoire du peuple est parfois généreuse, sa présence y fut soufferte et bientôt applaudie. L'aristocratie bourgeoise qui oublie la première les crimes de lèse-patrie, et dont la majorité, d'ailleurs, avait fait cause commune avec lui pendant le siége, s'empressa de redorer son ancienne popularité. Une espèce de compte-rendu de sa conduite précédente balbutié dans le consistoire, acheva de lui concilier les suffrages, et chacun, effaçant du souvenir la flétrissure si justement imprimée sur son visage par la main de La Place, ne songea plus qu'à sa valeur et à sa grande réputation militaire. Celui-ci profita si *dextrement* de ce retour inespéré de confiance, que vingt jours après La Rochelle était déclarée, et toute la Saintonge en armes. Les hostilités furent reprises par ses ordres, car il agissait comme lieutenant secret du duc d'Alençon en Poitou et en Saintonge, le jour du mardi-gras. Puis, après avoir réparé à la hâte les fortifications de La Rochelle, il couvrit l'Océan d'une nuée de corsaires qui, faisant la course sous le pavillon de la ville depuis le détroit de Gibraltar jusqu'au pas de Calais, écumaient et pillaient tout. Ce genre de guerre, peu dangereux et très-lucratif, était fort du goût de la noblesse protestante, mais il ne tarda pas à soulever d'énergiques réclamations à La Rochelle même. Les citoyens honnêtes ne purent voir long-temps cette piraterie déshonorante et d'autant plus coupable qu'elle ne s'exerçait qu'aux dépens de pauvres marchands complétement étrangers à la querelle religieuse. Ils portèrent plainte au grand conseil vers le commencement de juin 1574 et le supplièrent pour l'honneur du nom Rochelais de retirer au plus tôt les lettres de marque. Le maire y semblait très-enclin, et déjà il avait empêché la sortie de quelques navires, lorsque La Noue, représentant au peuple, dans un grand conseil tenu à cet effet, qu'il n'était pas plus illicite de courir sur les voisins avec lesquels on était en guerre, que sur des marchands espagnols ou portugais vivant paisiblement de leur négoce, et que d'ailleurs on violerait, en empêchant la piraterie, *l'association faite avec la noblesse*, changea toutes ces bonnes dispositions. Il fut seulement convenu pour sauver les apparences qu'on ne pillerait plus désormais ceux des catholiques qui n'auraient ni porté les armes ni participé aux massacres. Exception vraiment dérisoire, car en pleine mer, loin de tout contrôle et aux yeux de telles gens, partout où il y avait butin, ne devait-il pas y avoir crime?

Pendant que ces choses se passaient à La Rochelle, et que Montauban était bloqué pour ainsi dire par son ancien évêque, un événement important venait de s'accomplir. Charles IX était mort, et en laissant le trône au roi de Pologne, son frère, il avait ouvert cette sombre période de troubles qui pendant vingt ans devaient ensanglanter et couvrir de deuil chaque page de notre histoire. Quand le nouveau souverain, qui avait pris le nom d'Henri III, et qui s'était évadé de Warsovie à la nouvelle de la mort de son frère, entra dans son royaume par le Dauphiné, il se heurta dès les premiers pas aux armes protestantes. La position de la royauté était critique. Dans le sud et le sud-ouest une faction formidable était armée contre elle; le clergé, sourdement hostile, mettait déjà son existence aux voix, et des princes étrangers, les Guise, s'unissant dans l'ombre à la bourgeoisie, aux parlements et aux évêques, tendaient hardiment, sous couleur de rétablir l'union catholique, à supplanter la dynastie de Valois et la famille de Bourbon. Plus que jamais alors la royauté avait besoin d'une tête sage et ferme à la fois, et d'une main de fer pour prévenir les défiances, encourager les dévouements timides, éteindre les mauvais vouloirs, étouffer en germe les projets ambitieux, et briser les résistances coupables; mais, malheureusement pour la paix de la nation, elle était échue à la mollesse incarnée, à l'incapacité faite homme, sous les traits d'Henri III. Abandonnant les soins si difficiles du gouvernement à la vieille Catherine de Médicis, dont toute l'habileté consistait à opposer les petites ruses féminines et l'astuce italienne aux passions brutales de la noblesse mises sans cesse en effervescence par l'envie, l'amour-propre ou la soif d'argent, il traînait, au milieu de ses mignons flétris par le mépris public, une existence plus honteuse que celle des rois fainéants, car elle était plus immorale. Si l'on cherchait le roi, si les yeux des populations écrasées se tournaient vers le trône, le trône était vide, et l'on apercevait avec surprise ou un feuillant de plus dans les processions d'Avignon, ou un sybarite effréné voguant avec ses favoris en bateau peint sur les eaux de la Saône.

Et cependant, tandis qu'Henri III oubliait avec tant d'abandon la noble couronne de France pour une couronne de moine, les événements se précipitaient, le double mouvement des faits militaires et des faits politiques s'engrenait tous les jours avec une rapidité de plus en plus grande, de plus en plus menaçante pour le salut de la monarchie. En Dauphiné, Montbrun écrasait les Suisses au pont de Royans; le drapeau delphinal flottait en vain sous les murs de Livron; les femmes même, sans retrousser leurs manches rouges, venaient le déchirer à coups de piques. Non moins heureux dans le Vivarais, le capitaine Saint-Romain surprenait Annonay, Saint-Félix était forcé de rendre Castres aux vaillants soldats de Terride et devant les cornettes de Langoiran secondé du brave baron d'Auros et du vicomte de Turenne, La Valette levait à la hâte le siége du Mas-de-Verdun et fuyait Montauban. Pour un échec essuyé par Rohan en Poitou dans le château de Lusignan, qui fut mis avec sa fameuse tour de Mélusine au niveau de l'herbe, les réformés comptaient le succès de Montflanquin, l'assaut de Thiviers et les surprises de Brives, d'Uzerche et de Périgueux, enlevé le 6 août 1575, à force de ruse et d'audace, par une poignée de soldats de Vivens, cachés dans l'hôtellerie du Châpeau-Vert. Les brillants exploits de la dame de Miraumont, qui, nouvelle Clorinde, et reconnue seulement aux blonds cheveux flottants sur son armure, allait tenant la campagne en Limousin avec ses soixante amants malheureux, et jetant sur un champ de bataille jonché de morts le lieutenant du roi en Auvergne, paraient le drapeau de la Réforme d'une sorte de prestige chevaleresque. Enfin le sang de Besme, ce lâche meurtrier de Coligny, payait le sang de Montbrun, pris les armes à la main, et décapité, le 12 août, au mépris du droit des gens et de la foi jurée, par arrêt du parlement de Grenoble. Ce n'était pas tout : aux troubles religieux se mêlaient les troubles populaires et féodaux ; les paysans s'insurgeaient dans le Périgord, les *Razats* (rasés) prenaient les armes contre les gabelleurs en Provence, et ce dernier pays, où le prêche d'ailleurs ne retentissait que dans quelques villages, servait de champ de bataille incessant, acharné, aux rivalités de la noblesse. Qu'on juge, par un seul trait pris au hasard, de l'état violent et presque sauvage de cette société :

« Le comte de Montassier, qui était venu avec le grand-prieur, s'étant départi du camp de Minerve pour aller à Aix, il logea au logis de la Cloche, et fut suivi peu après par le sieur de Saint-Martin, qui alla audit logis accompagné de plusieurs gentilshommes et d'un laquais qui portait un pistolet dans sa main, et entra dans la salle où dînait ledit comte, et icelui laquais gagna le derrière de la chaise où il était assis et lui lâcha le pistolet qui *lui brisa* le grand os de l'échine, de manière que ce pauvre seigneur ne put bouger de sa place. Le sieur de Saint-Martin entra aussi dans ladite salle l'épée au poing, de laquelle il donna un grand coup sur la tête dudit comte, et se voulant sauver passa devant la porte de la cuisine, où il reçut un coup de broche au travers du corps, qui le porta par terre. Il fut aussitôt porté à ladite salle par les gens du comte, lequel voyant rendre l'esprit au sieur de Saint-Martin, lui dit : « Pauvre gentilhomme.... » Ledit comte mourut de ce coup. Le maréchal de Retz s'en retourna *en France*, et il avertit le roi que le comte de Suze eût le gouvernement de Provence. De quoi averti, le comte de Carces délibéra de l'empêcher et y résister de tout son pouvoir, et de fait manda à tous ses parents et amis de venir à Salon où il était. D'autre part, M. le grand-prieur, qui commençait de s'aimer en Provence, donna ordre que messieurs du parlement et de la noblesse mandassent députés au roi pour supplier Sa Majesté laisser ledit sieur grand-prieur au gouvernement, ce que le roi ne voulut faire mais. Le baron de La Garde étant mort, le sieur grand-prieur fut pourvu de l'état de garde-général des galères [1]. »

Les événements politiques avaient encore plus de gravité. Les ferments ambitieux et cupides échauffés par le feu des guerres civiles venaient de faire éclore une nouvelle faction qui se qualifiait politique, mais dont le peuple, grand ami du mot propre, appelait les membres *les malcontents*. A la tête de cette espèce de tiers-parti marchaient les Montmorency, rivaux naturels des Guise, et le lieutenant du roi en Poitou, Jean de la Haye. La cour ayant agi dès le début avec vigueur et mis à Vincennes les maréchaux de Cossé et de Montmorency, tandis qu'elle faisait tuer de La Haye dans sa maison, l'ardeur des mécontents se calma tout à coup, et des rangs d'une faction qui se fût montrée d'autant plus exigeante qu'elle était plus égoïste, on n'entendit dès lors sortir que des protestations de dévouement et de fi-

---

1. Mss. de la Bibliothèque royale, fonds Dupuy, v. 655.

delité. Parmi ceux qui s'empressaient de manifester leur zèle on distinguait à la chaleur de ses paroles Montmorency-Damville, gouverneur de Languedoc. Espérant échapper à la disgrâce de sa maison, il sépara d'abord sa cause de celle de ses frères proscrits ; ensuite, après avoir fait dire au roi que *les fautes étaient personnelles,* et qu'il disposât des prisonniers selon sa justice et son bon plaisir, il écrivit le 18 mai 1574 au parlement de Toulouse, pour se plaindre avec amertume des bruits calomnieux répandus sur sa fidélité. « On me veut, disait-il, *jeter le chat aux jambes* à cause de la détention de mon frère aîné à Vincennes ; mais *je ne serai si mal avisé de ma vie d'oublier à son occasion le devoir que j'ai à Dieu, à mon roi et à mon honneur.* »

Deux mois et demi après avoir signé cette lettre, il en adressait une autre, ainsi conçue, à l'assemblée générale des protestants de France réunie à Milhau depuis le 1er juillet :

« Messieurs, voici l'estat auquel les affaires se disposent en ce païs, au grand préjudice du service du roy et la totale ruine de ses sujets. J'ai délibéré, comme officier de la couronne de France et gouverneur de cedit païs, de m'y opposer et remédier par toutes voies licites et d'employer tous les bons sujets de Sa Majesté, sans exception de religion. Pour cette cause, je vous prie de dépêcher diligemment quelqu'un de votre part par devers moy avec pouvoir suffisant et amples instructions de vos volontés. »

Que s'était-il donc passé dans ce court espace de temps, qui pût faire oublier à Montmorency ce qu'il devait à Dieu, à son roi et à son honneur? Un événement de bien plus haute conséquence à ses yeux que toutes ces choses: Catherine avait disposé du gouvernement de Languedoc en faveur du dauphin d'Auvergne : or Damville, qui trouvait fort légitime le bon plaisir du roi tant qu'il ne s'agissait que de ses amis ou de ses frères, le regarda comme le comble de l'injustice quand il s'agit de lui. Il n'hésita donc nullement, pour conserver sa charge, à violer ses serments et à solliciter, lui, le descendant des barons très-chrétiens, l'alliance des hérétiques. Ceux-ci avaient passé un mois à réglementer longuement à Milhau, selon la coutume des ministres, rédacteurs ordinaires de ces sortes de factums, les affaires de leur république. Après y avoir élu chef, protecteur et gouverneur-général des églises de France, le prince de Condé, occupé alors en Allemagne à organiser une invasion, et lui avoir nommé un conseil militaire, civil et financier, sans l'avis duquel il ne pourrait rien entreprendre, l'assemblée s'ajourna au premier août pour examiner les propositions de Montmorency. Quelques-uns opinaient à les repousser, mais la majorité des députés protestants fit accepter l'union à des conditions très-dures pour Damville, qui dut recevoir, comme le prince de Condé, un conseil nommé par les églises, choisir tous ses secrétaires parmi ceux de la religion, et livrer, afin de prouver sa bonne foi, les meilleures places du Languedoc. A ce prix, le gouvernement dont venait de le dépouiller le roi lui fut rendu par les protestants. Ces derniers ne faisaient point un mauvais marché. Outre la force morale apportée par le concours de Damville, ils gagnaient Beaucaire, Lunel, Montpellier; voyaient entrer dans le parti deux puissants seigneurs, le vicomte de Turenne, son neveu, et le comte de Ventadour, gouverneur du Limousin, et se délivraient d'un ennemi dangereux qui, opérant sur leurs flancs pendant que le roi les aurait attaqués du côté de la Provence, pouvait rendre leur position très-difficile en Languedoc. A ce point de vue, la portée du traité de Milhau, qui avait été confirmé à Nîmes au mois de janvier 1575, fut parfaitement appréciée à la cour. Mais le roi n'était pas assez fort pour dissoudre cette ligue, et il fallut recourir aux négociations. Damville et ses confédérés furent priés d'envoyer leurs députés au Louvre. En conséquence, on en nomma trois, qui allèrent d'abord à Bâle se concerter avec le prince de Condé, et présentèrent ensuite au roi une requête en quatre-vingt-onze articles, tellement pleins d'exagération que ce prince, tout faible qu'il était, ne put en entendre la lecture, et congédia les députés. Ceux-ci ayant donné avis à Condé du mauvais succès de leur voyage, le protecteur se mit en mesure de passer la frontière avec dix-sept compagnies de Suisses qu'il était parvenu à réunir. Alors, Monsieur, frère du roi, piqué de ce qu'on lui refusait la lieutenance générale, jugea le moment favorable et s'enfuit à Dreux, où il publia une belle déclaration dans laquelle, en appuyant sur son amour pour les protestants, il promettait de remettre l'église et la noblesse en leur splendeur, et de soulager le tiers-état. Ces magnifiques promesses, auxquelles les gens sages refusaient seuls de croire, en prétendant que c'était la guerre du bien public ressuscitée, et que le prince ne désirait au fond qu'un meilleur apanage, attirèrent auprès du nouveau rebelle une foule de mécontents des deux religions. La Noue y parut des premiers ; mais il ne put lui donner La Rochelle, car il venait d'en être chassé avec ses amis. Se croyant assez fort pour renouer ses anciennes trames, il poussa les siens à demander que *l'entier gouvernement et conduite de la cité* fussent mis en la disposition de la noblesse, et que l'on s'y gouvernât par son autorité et conseil, auquel toutefois la noblesse permettait généreusement au maire et à quelques échevins d'assister. Les Rochelais répondirent à cette requête en ouvrant les portes et renvoyant les gentilshommes.

Il s'agissait cependant de fermer la frontière aux Reîtres et d'étouffer la guerre civile dans le cœur du royaume. Catherine de Médicis y parvint en signant avec son fils une trêve de six mois, qui fut chèrement payée par ce Tiers-État qu'il avait promis de soulager; bientôt, quoique six nouvelles places eussent été données aux protestants et cinq cent mille livres comptées à leurs Reîtres, ces étrangers se remettant en mouvement, et le roi de Navarre qui s'était enfui de la cour, faisant craindre le renouvellement des troubles, le roi fut forcé de conclure, le 27 avril 1576, la paix dite de Monsieur. C'était la plus avantageuse qu'eussent obtenue les protestants. La requête de Bâle, qui avait tant irrité le roi par ses exigences, était admise dans son entier. On leur accordait par l'édit du 14 mai :

L'exercice de la religion et le droit de bâtir des temples partout sans restriction, excepté à deux lieues de Paris;

La reconnaissance des mariages des prêtres;

Des chambres mi-parties à Aix, Grenoble et Montpellier;

L'annulation des procédures faites depuis la Saint-Barthélemy;

L'exemption de toutes tailles et impositions pendant six ans pour les enfants et les veuves des victimes du 24 août;

La réhabilitation de la mémoire de l'amiral;

La convocation des états-généraux dans la ville de Blois, qui devait être démantelée à cet effet;

Aigues-Mortes, Beaucaire, Senne-la-Grand'-Tour, Nions, Serres, Issoire, le Mas-de-Verdun et Périgueux, comme places de sûreté,

Et des articles secrets portant promesses de pension et récompenses aux principaux du parti pour réparer leur ruine [1].

---

1. D'Aubigné, *Histoire universelle*, liv. II, p. 814.

LIGUE CATHOLIQUE.

On ne peut disconvenir qu'un traité semblable ne fût un triomphe pour la Réforme, un échec pour la royauté. Mais celle-ci, en la supposant de bonne foi, n'avait-elle pas droit à des éloges pour avoir, au risque de compromettre le principe de son autorité et sa dignité même, sacrifié sans balancer ses ressentiments et ses griefs personnels au devoir de rétablir la paix et d'écarter l'étranger des frontières [1]? Les catholiques ne le crurent pas. Comme, après tout, le calvinisme ne formait qu'un groupe faible encore au sein de la nation, des conditions aussi avantageuses leur parurent une insulte pour la majorité. Ils craignirent (et l'on doit avouer que l'audace et les progrès des réformés légitimaient ces craintes), que la religion et l'unité monarchique ne fussent en péril; et dès lors, à l'exemple de leurs adversaires, la noblesse catholique, le clergé, la bourgeoisie et les parlements, formèrent une association pour maintenir l'une et l'autre. Tel fut le but des ligueurs du midi, but dégagé des projets ambitieux qui se mêlèrent à celui des ligueurs du nord, et qu'exprimait avec franchise le serment de l'Union, prêté en ces termes à Toulouse :

1. « J'ay été contrainct de faire la paix quand j'ay veu que les moyens de continuer la guerre me defailloient, et lorsque j'ay cogneu que tous les estats de mon royaume estoient recreuz et las de calamités. » (Déclaration du Roi, avril 1588.)

« Du nom de la Sainte Trinité et de la Communication du précieux corps de Jésus-Christ,

» Nous soussignés, habitants de la ville et viguerie de Tholose, avons promis et juré par serment solempne et sur nos vies, honneurs et biens, de garder inviolablement les choses accordées et par nous soubsignés, sur peine d'estre à jamais déclarés infâmes et pour gens indignes de toute noblesse et honneur :

» Premièrement jurons et promettons de nous employer de toutes nos puissances à remettre et maintenir l'exercisse de notre Religion catholique, apostolique romaine, en laquelle nos prédécesseurs et nous avons esté nourris et volons vivre et mourir.

» Aussi promettons et jurons toute obéissance, honneur et très humble service au roi Henri à présent régnent que Dieu nous a donné pour notre souverain roy et seigneur, et qui est légitimement appelé à la succession de ses prédécesseurs par la loy du royaulme, et après luy à toute la postérité de Valoys.

» Et outre l'obéissance et service que nous sommes tenus par tout droict de rendre à notre roy Henry à présent, promettons de nous tenir prests, bien armés, montés et accompaignés, selon nos qualités, pour, incontinent que nous serons advertis, exécuter ce que nous sera commandé par le roy notre souverain seigneur ou par ses lieutenants ou aultres ayant de lui pouvoir et authoricté tant pour la conservation de notre pays que pour aller ailleurs, s'il est besoing, pour la conservation de notre religion et service de sa dite Majesté.

» Promettons ne donner à ceux de la nouvelle oppinion, ny aux ungs ny aux aultres ennemis de Sa Majesté et du pays, aucune ayde, secours ny faveur de vivres, armes, chevaux, munitions, logis, passage, advertissements, ne aultre chose quelconque. Nous soubmettons, en cas de contravention, d'estre punys comme parjures, infidèles, et ennemis de Dieu, du roy et du pays.

» Nous avons promis et juré de tenir les articles susdits et de les observer de poinct en poinct sans jamais y contrevenir et sans avoir esgard à aucune amityé, parentaige et alliance que nous pourrions avoir à quelque personne de quelque qualité et religion qu'il soit, qui vouldroit contrevenir aux commandementz et ordonnances du roy, bien et reppos de ce royaume, et semblablement de tenir secrette la présente association sans aulcunement la communiquer, n'y faire entendre à quelque personne que ce soit, sinon à ceux qui sont de la présente association. Ce, nous jurons et affirmons encore sur nos consciences et honneurs et sur les peynes dessus mentionnées, le tout soubs l'authorité du roi renonceant à toutes aultres associations, si aulcunes en avoient cy-devant faictes[1]. »

---

[1]. Archives municipales de Toulouse. — Annales manuscrites, t. III, p. 213 et 214. — Ce serment diffère complétement par la forme de celui de Péronne. Il ne paraît pas, du reste, avoir été connu des auteurs de l'Histoire générale du Languedoc.

Ce serment fut juré avec enthousiasme à Carcassonne, à Narbonne et bientôt au Pont-Saint-Esprit, dont le gouverneur, bien que nommé par Damville, s'assura pour la Ligue. Il n'en fallait pas tant pour alarmer les réformés toujours sur le qui vive : se croyant trahis par le maréchal, ils reprennent les armes au moment où s'ouvraient à Blois les états-généraux. Henri III ne les avait convoqués, selon la croyance commune, qu'afin de se faire forcer la main au sujet de l'édit de pacification, — il voulait avoir l'air de céder au vœu des états, en retirant les concessions arrachées par la nécessité. Cette manœuvre assez habile eut tout le succès désirable : la noblesse et le clergé demandèrent expressément qu'il ne fût souffert qu'une seule religion en France, et cet avis ayant passé à la majorité de deux voix parmi les députés du tiers-état qui n'étaient que douze et la plupart sans qualité sérieuse[1], le roi s'empressa de l'adopter et d'envoyer, de concert avec ce simulacre de représentation nationale, des députés au roi de Navarre et au prince de Condé, pour les engager à se convertir, et à Montmorency pour le détacher de l'Union. Le roi de Navarre et le prince de Condé répondirent comme ils le devaient et protestèrent avec raison contre les actes d'une assemblée d'où les réformés avaient été exclus. Quant à Montmorency, bien qu'il élevât la voix plus fièrement encore, il continuait ses négociations occultes

---

[1]. Il n'y avait, par exemple, pour tout le Languedoc révolté aux deux tiers contre le roi, qu'un avocat du parlement de Toulouse.

avec la cour et l'assurait d'un dévouement sans bornes, pourvu qu'on lui donnât en propriété le marquisat de Saluces. On le lui promit : ne croyant plus dès lors devoir garder aucun ménagement avec ses confédérés, il se rendit à Beziers pour y faire exécuter la délibération des états en interdisant le prêche. A peine eut-on connu ses projets que les capitaines Saint-Romain, Bannières et Senglar sortirent de la ville. Le premier allait surprendre Aiguesmortes, le second soulever les Cévennes, et le troisième, suivi de tous les fugitifs, porter à Montpellier la première nouvelle de la trahison de Montmorency. A son arrivée il s'éleva, ainsi qu'il était facile de le prévoir, un tumulte effroyable : l'exaltation méridionale, surexcitée par les orgies du mardi gras et le fanatisme religieux, éclate comme la bombe; le peuple se soulève, s'empare des postes, ferme les églises en maudissant le maréchal : Châtillon est nommé gouverneur, et les bâtons huguenots appelés à cette occasion *époussettes de Montpellier* forcent les malheureux ecclésiastiques à prendre la hotte et la pioche pour réparer les fortifications de la ville. Ceci se passait le 19 février 1577; huit jours après, les députés des églises du Bas-Languedoc, réunis à Lunel, proclamaient la rupture de l'Union avec les politiques dans une déclaration qu'ils envoyèrent par Clausonne et les consuls de Nîmes et d'Usez, au maréchal, en l'exhortant néanmoins à revenir sur ses pas. Montmorency répondit d'abord par un manifeste plein de récriminations et d'aigreur; mais, voyant que son traité avec la cour traînait en longueur, il se rapprocha bientôt des églises et feignit de se réconcilier avec elles, le 29 mars, dans l'entrevue solennelle de Montagnac. Ce n'était toutefois dans sa pensée qu'un moyen de presser les négociations; car, après avoir obtenu tout ce qu'il demandait et surtout le marquisat de Saluces, il leva le masque et publia une apologie dans laquelle, *se fondant sur les tendances démocratiques des réformés*, il ne rougissait pas d'engager le prince de Condé et le roi de Navarre à suivre son exemple.

Le maréchal de Bellegarde arriva sur ces entrefaites en Languedoc pour partager le commandement avec le défectionnaire, justement suspect aux deux partis. Ces deux généraux, agissant de concert, s'efforcèrent d'écraser les protestants avant qu'ils eussent réuni leurs forces. Bellegarde tourna vers Nîmes pour brûler les blés, et le maréchal prit la route de Montpellier. Il y avait eu déjà quelques escarmouches entre la Réforme et la Ligue. Les protestants avaient ensanglanté les brèches de Cessenon, d'Angles, de Villeneuve, de Carcassonne et des châteaux de Penautier, Montmaur, Laudun de Cours, tandis que les ligueurs forçaient Saint-Pons de Tomiers, Lombers, Montagne et Roquemaure. Le 1er juillet, Montmorency arriva devant Montpellier; et pour souhaiter la bienvenue à ses anciens confédérés, il fit promener au bout d'une pique, sous les remparts, et planter ensuite devant la porte de Villeneuve la tête du brave capitaine Senglar, pris l'épée à la main dans une sortie. Acte de barbarie aussi odieux qu'inutile, et qu'il renouvela l'année suivante, après la levée du siége, à Beaucaire, où tous ceux qui passèrent le Rhône virent un matin avec terreur une tête clouée à la porte de la ville, et ceinte, par un affreux sarcasme, d'une couronne de paille. C'était la tête du beau Parabère, vaillant capitaine gascon, puni par le maréchal pour avoir été trop hardi dans sa capitale et trop heureux en son absence auprès de la dame de Pézenas. Après ces sanglants défis jetés aux églises, on n'aurait pas cru un rapprochement possible : on se serait trompé, car on aurait compté sans l'ambition du maréchal et sans les passions crédules de la Réforme. Dans cinq ans, Henri III, qui déjà fléchit sous la pression de la Ligue, voudra ôter le gouvernement à Damville, devenu duc de Montmorency par la mort de son frère aîné, et celui-ci tendra de nouveau la main aux protestants; or cette main ne sera pas repoussée malgré les leçons de l'expérience, grâce à l'intercession du roi de Navarre.

Ce jeune prince, dont il est temps de s'occuper, jouait dans le pays un rôle pénible, embarrassé, souvent équivoque. Depuis son évasion de la cour, c'est-à-dire depuis neuf mois, sa position dans la république protestante n'avait pas cessé un instant d'être gênée et fausse. Elle semblait du reste calquée sur l'indécision de son caractère qui rappelait peu avantageusement celui d'Antoine de Bourbon, son père, par son penchant à l'inertie et ses éternelles fluctuations. Après s'être tiré des mains de Médicis, on l'avait vu rester trois mois à Niort, flottant entre la religion dans laquelle il était né et celle qu'on lui avait imposée sur les cadavres de ses frères : l'exemple de sa sœur qui, dès Palaiseau, revint courageusement à la réforme, les exhortations de ses bons serviteurs, et plus que tout cela l'impérieuse nécessité qui ne lui laissait pas de choix entre les deux partis, l'avaient enfin ramené au prêche. Pour rentrer à La Rochelle, dans ces mêmes murs, où en 1569, sept ans auparavant la noble Jeanne d'Albret, sa mère, l'avait fait déclarer chef du protestantisme, il fut forcé d'implorer la médiation du duc de Rohan. Encore ne passa-t-il le pont-levis de cette porte de Cognes devant laquelle il s'était présenté après la Saint-Barthélemy, sous la bannière sanglante du duc d'Anjou, qu'en laissant à une portée de canon les catholiques qui l'accompagnaient et qui étaient tous des massacreurs d'août. A la vérité, une fois dans la ville ses sentiments religieux se réveillèrent tout à coup : il fit une repentance publique, et ses prières parurent si éloquentes, ses larmes si naturelles, ses regrets si vifs, que le peuple ému lui pardonna. Ce n'était là que le début de cette existence tourmentée, triste, aventureuse, pleine de privations, de périls, de déboires, qu'il fallait forcément traîner avant d'avoir gravi un à un les dix-huit ans qui le séparaient de son but. En quittant La Rochelle, il voulut visiter Périgueux; les habitants qui n'avaient point à s'applaudir d'être tombés aux mains des réformés, le jugeant trop faible et trop pauvre pour lui cacher la vérité, peignirent les résultats de la conquête calviniste par une noble et courageuse allégorie. A la porte Taillefer était dressé un arc de triomphe nu, peint en noir et décoré pour toute parure d'un grand écriteau blanc sur lequel le roi de Navarre lut trois mots latins sans les comprendre et sans que personne de sa suite pût ou osât lui dire qu'ils signifiaient : *Cadavre méconnaissable d'une ville* ¹. Moins respectueux encore, Bordeaux, où il se présenta avec son titre de gouverneur-général de la Guienne, lui ferma ses portes et il dût s'estimer heureux de pouvoir établir sa petite cour à Agen. Là, son plus grand soin semblait être au commencement de faire illusion aux peuplades de la Guienne et de leur apparaître comme le lieutenant-général du roi de France : il s'était entouré à cet effet d'un conseil catholique et ne faisait rien sans l'avoir communiqué, le croirait-on? au vieux maréchal de Montluc! Mais l'orage de la Ligue, grondant aux états de Blois, vint mettre fin à toutes ces incertitudes. La Rochelle l'ayant reconnu comme protecteur des églises, il se résolut aux devoirs d'une telle charge, et commença la guerre.

Elle ne pouvait être fort sanglante, car il y avait dans sa petite cour plus de courage que de moyens. Quelques gentilshommes animés de la confiance et

---

1. « Urbis deforme cadaver. »

du feu de la jeunesse, n'ayant d'ailleurs rien à exposer, comme d'Aubigné, sauvés du poignard comme La Force, ou avides de gloire comme Turenne; des aventuriers audacieux comme Favas, qui revenait pacha de l'Orient; trois ou quatre vieux capitaines blanchis sous le collet de buffle, tels que le manchot La Noue, Yollet, Langoiran, et une poignée de noblesse gasconne aussi vantarde, aussi brave et aussi ruinée que son prince, voilà tout ce qui composait, en 1577, la cour, le conseil et l'armée du roi de Navarre. Avec ces forces et ces ressources on entra hardiment en campagne, et le siége de Marmande fut décidé. Vers le 15 janvier, La Noue investit la ville avec cent vingt chevaux et soixante arquebusiers; les assiégés en avaient sept fois autant sous les armes. Le lendemain parut le roi de Navarre avec l'artillerie, qui consistait dans un mauvais canon, une couleuvrine, deux fauconneaux et un fourgon contenant de quoi tirer une centaine de coups. On s'occupait gravement à braquer ces pièces tant bien que mal, lorsque le maréchal de Biron, grand-maître de l'artillerie de France, arriva avec une mission d'Henri III, et ne put retenir ses éclats de rire à la vue de la terrible batterie. Le roi de Navarre, tout honteux, l'ayant prié d'engager ceux qu'il assiégeait à lui faire quelques vagues promesses de neutralité, se hâta de lever le siége et de retourner à Agen pour entendre ces propositions des députés des états de Blois dont nous avons déjà parlé. Après leur départ la petite guerre reprit. Téméraire jusqu'à la folie, Langoiran s'était mis en tête d'enlever Saint-Macaire. Deux cent soixante braves, l'élite des troupes du roi, se jettent dans deux bateaux couverts de voiles et arrivent, entre dix et onze heures du matin, au pied du vieux roc miné par la Garonne sur lequel est perchée la ville. Ils avaient répondu *Blad* (blé) au Qui vive de la sentinelle. Arrivés sous ses pieds ils amarrent tranquillement leurs bateaux et plantent les échelles. Par malheur elles se trouvèrent trop courtes. Sans se déconcerter de ce contre-temps, ils se poussaient les uns les autres, lorsque les fenêtres du château se garnissent tout à coup d'arquebusiers, et une triple salve de mousqueterie salue les assaillants. Le capitaine More roule au bas du roc étourdi d'un coup de chevron; une barrique lancée par une femme écrase le capitaine Guerry, et des deux cent soixante partis le matin avec Langoiran, il n'en revint que douze dans un bateau criblé de balles et conduit par un homme blessé à mort. Favas et le vicomte de Turenne avaient été plus heureux, l'un à La Réole, et l'autre à Figeac et au Calvinet en Auvergne. Mais peu s'en fallut que la garnison de Limeuil ne fit chèrement payer au dernier le sac de ces deux villes. Accompagné de huit gentilshommes seulement, désarmés et en pourpoint, il se rendait à Bergerac pour assister aux conférences renouées par les députés de la cour. Le hasard voulut qu'en sortant de Bénac il fût découvert au moment où il prenait la direction de Badefol, par dix-huit Stradiots qui, se lançant à sa poursuite, chargent ses gens avant qu'ils aient pu prendre leurs épées, tuent son page, et le laissent acculé, avec son cheval, entre deux arbres de la route, sans connaissance, et percé de dix blessures. En revenant à lui il essuya le sang qui lui couvrait le visage et eut encore assez de force pour reconnaître le chemin de Badefol, où il arriva en même temps que ceux qui l'avaient abandonné. Les autres incidents de cette guerre de détail n'offraient pas plus d'importance. Tantôt c'était le siége de Villefranche de Louchapt; tantôt la double et plaisante surprise de cette bourgade et de Montpazier, dont les garnisons, sorties en grand mystère une nuit, allèrent chacune emporter la ville ennemie, qu'il fallut échanger ensuite à l'amiable, sans parler, bien entendu, des conséquences réciproques de la victoire. Tantôt, enfin, c'était la prophétie lugubre de la demoiselle de Casteljaloux, courant échevelée après le capitaine Vachonnière, qui allait à l'escarmouche vers Marmande et le suppliant à mains jointes de lui laisser son cousin et son fils. Elle avait rêvé qu'un prêtre arrachait les yeux au premier et achevait de tuer le second, qu'elle venait de voir, disait-elle, étendu mort sur un coffre à avoine. Ce rêve fut une vérité. Les compagnons de Vachonnière ramenèrent son cousin Lacortège aveugle, et furent forcés d'abandonner le cadavre de son fils aîné sur un coffre derrière le portail de Malvirade.

Pendant que les argoulets[1] du Béarnais faisaient

---

1. Arquebusiers à cheval.

fumer leurs pistolets autour des bicoques de la Garonne, l'armée royale, commandée par Monsieur rentré depuis peu en grâce à la cour, et par le duc de Guise, forçait La Charité-sur-Loire et emportait Issoire d'assaut. Au même temps Villars paradait pour la Ligue avec quelques centaines d'hommes dans le Bordelais, le duc de Mayenne se rendait maître de Brouage, second port militaire des protestants, et un traité de paix beaucoup moins avantageux que le précédent était signé à Bergerac le 17 septembre 1577, sous les auspices du roi de Navarre, et suivi, au grand mécontentement de son parti, de l'édit de Poitiers.

Il n'était pas à croire que les réformés se tiendraient long-temps dans leurs maisons : Catherine de Médicis, qui le prévit bien, choisit ce moment pour faire un voyage en Guienne et tâcher, sous prétexte de lui mener sa femme, de brouiller son gendre avec ses amis ou de semer la division parmi eux. Vers la fin d'août 1578 elle arriva donc au château de Langoiran, où le roi de Navarre s'était avancé, pour la recevoir, à la tête de six cents gentilshommes. L'escorte de Catherine, quoique moins nombreuse et désarmée, n'était pas la moins redoutable. On voyait à sa suite, *en haut et superbe appareil, et cela tout brave, tout éclatant, tout reluisant comme estoilles au ciel en temps serain*, ces soixante demoiselles qui, par un étrange abus des mots, étaient appelées filles d'honneur. En même temps que sa femme Marguerite, la vieille Florentine avait eu l'attention d'amener à son gendre ses deux maîtresses, la blonde dame de Sauves et la belle Dayelle aux cheveux noirs. Puis, dans la crainte que l'absence n'eût effacé de son cœur ces images autrefois si chères, elle avait pris comme réserve une enfant, la charmante et douce Foceuse, que ni son innocence, ni son âge si tendre ne sauvèrent du déshonneur, et la brillante Gabrielle d'Estrées, vendue déjà et revendue, mais dont l'astre honteux ne devait luire que long-temps après sous les plafonds du Louvre. Le reste de ce sérail ambulant, où se distinguaient par leurs mœurs faciles et leur beauté les demoiselles d'Atrie, d'Auteville, de Brissac, de Cypière, de Châteauneuf, de La Châtre, de Saint-André, de Montal, de Flamin (Écossaise), et de Grammont, était destiné aux amis du roi. En peu de temps leurs intrigues portèrent fruit : le vieux capitaine d'Ussac, malgré sa laideur et ses blessures, s'était épris de la séduisante et dangereuse Atrie : pour lui plaire et se venger de quelques railleries échappées au roi de Navarre, il se fit traître et renégat et livra La Réole en abjurant sa religion. Quelques jours après on ramassait sur le Gravier, à Agen, le brave vicomte de Turenne appelé en duel pour une querelle d'amour, et qui avait été assailli à l'improviste par dix-sept assassins, dont chacun lui donna un coup d'épée.

Cependant Catherine menait de front avec une activité incroyable l'intrigue et les plaisirs qui la voilaient. Après avoir visité Agen, Auch, Nérac, non sans y laisser, comme traces de son passage, l'assassinat, la trahison et la discorde, elle songea *aux cœurs d'airain* et prit la route de Montauban. Mais là, ses filles lui devenant inutiles, et ne pouvant être aux yeux de ces vieux puritains et de ces ministres rigides qu'un objet de mépris et de scandale, elle changea de batterie. Guy Dufaur, seigneur de Pibrac, son chancelier et l'un des hommes les plus diserts du siècle, reçut ordre de préparer un discours approprié à la circonstance. De son côté, elle composa avec des textes de l'Écriture et des sentences empruntées aux Psaumes, ce qu'elle appelait le soir en riant son éloquence consistoriale ou le langage de Canaan ; puis, quand elle sut bien son thème, et que Pibrac eut assez étudié le sien, vers la mi-octobre elle arriva à Montauban, où étaient réunis les députés des églises. Tout ce qu'elle avait de souplesse, d'astuce, de connaissance profonde du cœur humain, de ressources en fait d'intrigue, d'habileté dans la pratique de la corruption individuelle, fut mis en œuvre dans les conférences publiques et particulières qu'elle eut avec les députés, et cependant tout échoua. Elle eut beau répéter d'un ton larmoyant que *les pieds sont d'or de ceux qui portent la paix*, et qu'il fallait *faire choir la verge de fer des mains du Dieu vivant*, l'assemblée garda le silence. Pibrac discourut en vain avec une merveilleuse subtilité de logique et une ravissante délicatesse de langage. Les calvinistes, qui entendaient retentir encore à leurs oreilles le bourdon de la Saint-Barthélemy, et qui croyaient voir surgir derrière la chaire de Catherine l'ombre sanglante et plaintive de Coligny, admirèrent l'éloquence du harangueur ; mais de la payer de leurs gorges, ils n'en virent pas la raison.

La reine alla se consoler de cet échec à Toulouse, où, pour se purifier sans doute du contact d'Israël, elle commença par assister en compagnie des pénitents blancs à une procession solennelle. Montmorency lui donna ensuite une fête magnifique dont l'éclat fut encore effacé, au dire des minutieux chroniqueurs du temps, par celle que lui offrit Guy Dufaur dans son château de Pibrac le jour qu'il eut l'honneur de l'y recevoir. Elle ne tarda guère cependant à regagner Nérac où de nouvelles conférences aboutirent à la paix du 28 février 1579, qui accordait entre autres avantages onze places de sûreté aux protestants, en dehors de celles qu'ils possédaient déjà[1]. La paix signée, Catherine de Médicis fut régalée par son gendre d'une chasse aux ours dans le pays de Foix; Castelnaudary la vit deux mois après présider les états du Languedoc, et repartir enfin pour le nord, en traversant la Provence et le Dauphiné.

Son départ donna le signal d'une autre réunion des églises à Montauban. Le roi de Navarre y rendit compte des conférences de Nérac, et il faut croire qu'on jugea la paix qui en était issue comme peu solide, puisqu'il fut arrêté que le parti se préparerait à la guerre et qu'elle éclaterait partout quand

---

1. Revel, Briatexte, Alais, Saint-Agrève, Bays-sur-Bays, Bagnols, Lunel, Sommières, Aimargues et Gignac.

le roi ferait remettre aux chefs la moitié d'un écu coupé pareille à celle qu'ils emportaient eux-mêmes. L'assemblée d'Anduze, tenue le 22 novembre suivant par les églises du Bas-Languedoc pour confirmer l'union avec les églises du Haut-Languedoc, Dauphiné, Rouergue, Quercy et La Rochelle, n'eut pas d'autre but. Chacun semblait pressentir la reprise des hostilités qui recommencèrent en effet le jour de Noël en Gévaudan. Le bruit d'une grosse cloche sonnant à toute volée la messe de minuit, empêcha les habitants d'entendre les pillards du capitaine Merle, qui escaladaient les murailles. Les catholiques toutefois avaient donné l'exemple en se saisissant de Figeac, mais on doit dire pour être juste que si les protestants s'étaient laissé devancer en cette occasion, il n'y avait nullement de leur faute, car au moment où Figeac fut surpris, ils entreprenaient eux-mêmes sur Limoges [1].

Malgré ces mouvements partiels, la masse des réformés répugnait à la guerre : elle éclata cependant, parce que la reine Marguerite voulait à tout prix se venger de son frère en lui suscitant des embarras, et qu'elle employa, pour atteindre ce but, l'influence de la maîtresse de son mari et celle du vicomte de Turenne, son amant. Jamais motif de rupture ne fut moins noble, jamais source de désordre ne fut plus impure, aussi les églises, qui savaient tout, ne bougèrent pas ; et à l'exception de Châtillon, qui

---

1. La Beaumelle (Mémoires de madame de Maintenon, t. 1, p. 25) dit à tort qu'Aubigné surprit Limoges ; l'affaire manqua.

fit quelques courses contre Montmorency, cette guerre fut soutenue par les seules forces du roi de Navarre et s'éteignit bientôt, faute d'aliment; il n'en resta qu'une vaine tentative sur Blaye par l'audacieux d'Aubigné et le sac de Cahors.

Sous prétexte que cette dernière ville lui appartenait, le Quercy ayant été donné en dot à la reine Marguerite, le roi de Navarre, qui se serait bien gardé d'élever les mêmes prétentions sur Montauban, résolut de s'en emparer. Dans la nuit du 29 mai 1580, et par un orage épouvantable, il arrive à un quart de lieue de la ville avec quinze cents hommes d'élite et deux pétards. C'était la première fois qu'on faisait usage de cette machine dans le Midi. En entrant dans les gorges que ferment à droite d'énormes lames de rochers grisâtres étagés en tout sens, le long desquels serpente en descendant de la montagne la route de Montauban, les troupes mirent pied à terre et avancèrent en silence vers le pont neuf. Cahors, bâti au fond d'une vallée sur la presqu'île que vient y former le Lot, était rattaché à la rive gauche par trois ponts; deux portes, une à chaque extrémité, et deux éperons au milieu défendaient celui que menaçaient les protestants. La place ayant été reconnue, quelques jours auparavant, par un capitaine de Cajarc, nommé Jean Robert, on avait jugé ce point le plus favorable pour l'attaque. En conséquence, le pétard fut attaché à la première porte; et bien qu'il n'eût pas produit tout l'effet qu'on en attendait, l'ouverture se trouva cependant assez grande pour que le baron de Salignac, y passant avec dix-huit hommes choisis, tuât ou fît sauter dans le Lot la garde des demi-bastions. Jean Robert court aussitôt à travers les arquebusades appliquer le second pétard à l'autre porte; et celui-là joua si bien qu'en éclatant avec un horrible fracas il la coucha sur le pavé du côté de la ville, où se précipitèrent courageusement les six hommes du pétardier et sur leurs pas ceux de Salignac et de Roquelaure. A peine avaient-ils traversé la place du marché, qu'ils virent arriver en bon ordre Vezins, le sauveur de Regniés, avec quarante gentilshommes et trois cents arquebusiers. La rencontre fut meurtrière : on se battait à bout portant, dans l'obscurité, au milieu de la fumée, du bruit des balles, des cris des soldats, des éclats de l'orage, du sourd tumulte qui agitait la ville. Déjà les piques avaient remplacé les mousquets, lorsque les soldats catholiques, voyant tomber leur chef assez grièvement blessé, reculèrent; ils allaient tourner visage sans une troupe de bourgeois qui accourut à leur secours et les ranima en leur montrant les trois capitaines huguenots mis hors de combat, et qu'on emportait couverts de sang. A cette vue, ils reprennent courage, se serrant avec les bourgeois, et, formant une phalange compacte, ils fondent sur les assaillants et les forcent à reculer à leur tour malgré un puissant renfort, qu'ils venaient de recevoir, commandé par Terride et le vicomte de Gourdon. Les soldats de ce dernier, qui ne s'attendaient pas à une aussi vive résistance, lâchent pied et repassent le pont en courant; le reste, rudement poussé vers la porte, essaie en vain de disputer le terrain, les capitaines mêmes crient que tout est perdu et conjurent le roi de Navarre de remonter à cheval. Loin de suivre ce conseil de la peur, ce prince appelle le capitaine Chouppes, qui arrivait en ce moment de la vicomté de Turenne avec ses vieilles bandes, et avait fait quatorze lieues dans la journée, et lui ordonne d'entrer dans la ville. Chouppes, repoussant les fuyards à coups d'épée et répondant des injures à ceux qui lui disaient qu'*il s'allait perdre*, donne dans la place tête baissée, et après avoir laissé reprendre haleine à ses hommes fond sur une barricade derrière laquelle s'étaient retranchés les habitants, l'emporte à l'arme blanche et les poursuit l'épée dans les reins jusqu'à l'Hôtel-de-Ville, dont il s'empare. Cela fait, il mande au roi que les bourgeois se sont ralliés devant le collége, et qu'il y marche. Le roi y fut aussitôt que lui; mais on ne put avancer d'un pouce de tout le jour, et il fallut se borner à prendre position devant le collége. Les Cadurciens avaient mis le temps à profit : comme ils n'ignoraient pas qu'ils défendaient, outre leur religion, leurs vies, leurs biens et l'honneur de leurs femmes et de leurs filles, ils étaient déterminés à opposer une résistance désespérée. Toutes les rues étaient hérissées de barricades, tout ce qui pouvait manier une arme combattait. Aussi, le second jour et la nuit suivante, les protestants ne purent gagner que dix pas devant le collége Pellegri, d'où partait un feu continuel; tout le troisième jour fut employé par Chouppes à repousser du faubourg La Barre un secours de quatre cents hommes arrivé le matin. Le quatrième enfin, on prit le collége. Ses défenseurs chassés par le feu qui avait été mis aux portes, se rallièrent dans la grand'rue, derrière quatorze barricades vaillamment disputées tout le jour, et qu'il aurait fallu emporter l'une après l'autre comme la première, si, harassés de fatigues et ne voyant venir aucun autre secours des bourgs voisins, ils n'eussent profité de la nuit pour quitter la ville. Les assaillants eux-mêmes n'en pouvaient plus; mais la victoire leur redonna des forces pour le pillage, le massacre et le viol. Malheur aux familles qui n'avaient pas fui! — Elles payèrent, bien que, peut-être, innocentes, les cruautés exercées dix-huit ans auparavant sur les calvinistes dans la maison de d'Oriole. L'histoire avoue de grands excès, et la tradition, non moins fidèle, parfois, quoique plus passionnée que l'histoire, raconte invariablement depuis trois siècles que pendant sept jours le sang coula dans la place escarpée du palais comme dans les rigoles d'une boucherie [1].

---

1. Cette surprise, que d'Aubigné place au 5 mai (*Histoire universelle*, t. II, p. 997), l'auteur de l'*Histoire d'Aquitaine*, t. III, p. 74, au 2; celui de la *Statistique du département du Lot* (t. I, p. 318), au 22; D. Vaissète (*Histoire générale du Languedoc*, t. V, p. 380) au 5; de Thou (Historiarum, lib. LXXII, p. 804) au même jour, eut lieu, comme l'a dit *Dominici* de Cahors dans son *Histoire manuscrite*, — *le 29 mai*. On en trouve une preuve singulière dans l'inscription suivante gravée sur une

L'aveugle passion d'une princesse avait allumé cette guerre, l'ambition d'un prince l'éteignit : Monsieur, qui espérait trouver une couronne dans les Pays-Bas, et voulait être secondé par toutes les forces de la France, ménagea une nouvelle paix, qui fut signée au mois de novembre, en Périgord, dans le château de Fleix. Elle garantissait une prolongation de six ans pour les places de sûreté, sans parler des articles secrets, ou, en d'autres termes, des dédommagements pécuniaires accordés aux chefs. Malgré ces avantages, les protestants du Dauphiné refusèrent de poser les armes; mais, comme ils n'étaient pas plus unis entre eux qu'avec leurs frères des autres cercles, ils ne purent empêcher le duc de Mayenne, envoyé par la Ligue avec dix-sept mille hommes, de démanteler toutes leurs places une à une, et d'élever dans la citadelle de Valence un trophée fastueux de ses victoires.

Toute cette effervescence guerrière avait jeté son feu, toutes ces intrigues de ruelle s'étaient dénouées sans ébranler, comme nous l'avons dit, la masse protestante, et cela pour une bonne raison. — Qua-

---

châsse d'argent qui renfermait la sainte coiffe sauvée miraculeusement, disait-on, le jour du pillage, des mains des Huguenots :

Sanctum capitis Domini XQI.
Sudarium urbe ab Huguenotis
Perduello capta et ecclesiæ
Ceimilio direpto 4°— KL. Jun
1580 divinitus conservatum
Ant. San Sulpicio epo et comite
Caduico, canonici arcula condebant.
Argentea. 1585.

tre intérêts, représentés par autant de partis, divisaient alors la Réforme : l'intérêt religieux qui passionnait les ministres et le peuple; l'intérêt de la noblesse et des soldats vivant de la guerre civile; l'intérêt des cités municipales dont la bourgeoisie s'était enrichie des biens de l'Église et affranchie de toute autorité étrangère; et l'intérêt du roi de Navarre, héritier présomptif du trône de France, Henri III n'ayant pas d'enfants et n'allant plus avoir de frère. Ce dernier parti était le plus faible. Depuis six ans, c'est-à-dire depuis son évasion de la cour, le prince béarnais n'avait ni action générale, ni influence décisive dans la république protestante. Il y était souffert plutôt qu'adopté par des considérations particulières à chacune des trois factions : le peuple et les ministres tenaient au prestige de sa couronne, mais sans lui accorder leur confiance à cause du relâchement de ses mœurs et de ses liaisons avec les bourreaux d'août; la bourgeoisie municipale plus éclairée se servait de son titre de premier prince du sang comme d'une arme en temps de guerre et d'une excuse en cas d'échec. La noblesse seule paraissait lier sa cause à la sienne et l'appuyait en général, mais c'était à la condition que les intérêts du roi fussent les siens; car dans le cas contraire elle lui forçait la main ou l'abandonnait comme venait de faire celle du Dauphiné.

Dans cet état de choses, le véritable centre d'action se trouvait dans les assemblées. La représentation calviniste composée de ministres députés naturels du peuple; de consuls, chefs libres de la bourgeoisie; de vieux capitaines et de gentilshommes, organes de la noblesse et de l'armée, était à la fois la tête, le cœur et le bras du parti. Rien d'un peu important ne pouvait se mouvoir que dans sa sphère. C'est ainsi qu'entre les deux grands synodes tenus en 1581 et 1584 à Montauban, où l'on pencha si fort du côté de la démocratie que la proposition de constituer les églises de France en république fédérale comme les Pays-Bas, sous la protection de l'électeur palatin, fut sérieusement discutée, la surprise de Mont-de-Marsan par les gens du roi de Navarre viola seule la paix de Fleix. Mais la misérable France, couchée sur le fumier sanglant de la guerre civile, était comme Job dévorée de plaies. Quand une se fermait au côté gauche, l'autre se rouvrait au côté droit. A peine l'assemblée de Montauban fut-elle dissoute que la Ligue prenant pour prétexte cette réunion extraordinaire des églises, la mort de Monsieur, qui plaçait le roi de Navarre sur les marches du trône, et le voyage à Nérac du duc d'Épernon, favori d'Henri III, élut pour chef le vieux cardinal de Bourbon, publia son manifeste et se mit en selle. Comme naguère, cette audace effraya l'âme pusillanime d'Henri III. Il fléchit sous le duc de Guise et signa, le 9 juin 1585, non sans mouiller le parchemin de larmes de rage et de faiblesse, le fatal édit de Nemours, qui, révoquant tous les traités précédents, abolissait le protestantisme, et donnait un mois aux ministres pour vider le royaume, et six mois aux réformés pour se convertir sous peine de bannissement. C'était vouloir soulever tout le calvinisme français, que la Ligue se croyait assez forte pour saisir corps à corps et étouffer dans ses bras. Mais elle avait compté sans l'énergie de son adversaire. Dès que les premiers brandons de ce feu nouveau furent tombés sur le Languedoc, le Dauphiné, le Limousin, la Saintonge et la Guienne, ils y rallumèrent la guerre civile. Henri III, comme nous l'avons déjà dit, songeait depuis long-temps à punir les perfidies de Montmorency, en lui ôtant le gouvernement de Languedoc sollicité avec ardeur par Joyeuse son favori. Celui-ci, qui remplissait déjà les fonctions de lieutenant-général de la partie haute de la province et s'appuyait sur les sympathies catholiques du pays, dont il était du reste l'enfant, sur le parlement, la Ligue, et Toulouse, ne négligeait rien pour affaiblir l'autorité du gouverneur. Cette rivalité s'envenimant de jour en jour, finit par amener une collision. Ils prirent les armes, et alors le duc, dans la prévision d'un échec, se rapprocha subitement des protestants. Une conférence eut lieu le 5 juillet 1585, à Castres, entre le prince de Condé, le roi de Navarre et ce *politique*, comme l'appelaient ses contemporains en prenant le mot dans le mauvais sens ; et l'ancienne union fut rétablie à peu près sur les mêmes bases. De son côté le parlement, averti de ces déportements, en instruisit sur-le-champ le roi et chargea son président Duranti d'écrire aux consuls des villes et lieux clos de son ressort de faire bonne garde [1].

Lesdiguières, reconnu enfin commandant général par la jalouse noblesse de l'Isère, avait déjà ouvert la campagne en brisant les portes de Montélimart et d'Embrun : pendant ce temps, le roi de Navarre, après s'être escrimé de la plume à Bergerac pour prouver à l'Europe qu'il n'avait jamais cessé d'être bon huguenot, et que l'édit de Nemours l'obligeait impérieusement à défendre avec l'épée la religion chérie de sa mère, tint un simulacre de conseil au vieux prieuré de Guitres, afin de décréter la prise des armes. Mais, malgré ce bruit, et malgré une escarmouche heureuse sous les murs de Nérac avec le maréchal de Matignon, malgré le coup de main de l'infatigable Chouppes sur la ville de Tulle, l'édit prenait les réformés au dépourvu. Leurs affaires étaient dans un état déplorable en Poitou et en Saintonge. La Rochelle seule essayait d'y relever les esprits par sa fermeté, lorsque le prince de Condé, qui arrivait d'Angleterre, où il était allé chercher du secours, parvint à dégager Saint-Jean-d'Angely. Mais ni ce faible avantage, ni la reprise de La Réole enlevée de nouveau par Favas avec des échelles de plus de soixante pieds de haut, ne pouvaient arrêter la Ligue. Au commencement de 1586, le duc de

---

1. « Cejourd'hui étant la cour duement avertie des déportements du duc de Montmorency, lieutenant et gouverneur en Languedoc, a délibéré et délibère qu'il en sera donné avis à Sa Majesté, et que néanmoins de la part de la cour sera écrit aux consuls des villes et lieux clos dudit païs, à ce qu'ils tiennent les dites villes et lieux en sûre garde. — 31 juillet 1585. » (Archives du parlement de Toulouse, t. ix, p. 289.)

Mayenne passa la Charente avec six régiments et 1200 chevaux et se dirigea sur le Périgord. Une telle armée à cette époque, où la concentration de forces respectables était si difficile, devait ébranler le sol sous ses pas et faire crouler dans tout le pays les murailles calvinistes, mais, peu entreprenant de sa nature, le guisard se contenta de promener le drapeau de la Ligue sous les murs de quelques bourgades, et quand il eut forcé Montignac, Saint-Géniès, Baynac, et visité Périgueux, qui venait de se reprendre lui-même, il se rapprocha du Quercy. La reine Marguerite soupçonnant son mari d'être d'intelligence avec son frère, pour lequel elle montrait une haine ardente et contre-nature [1] s'était jointe à la Ligue. C'était un divorce prononcé à coups de mousquet : ces nœuds funestes se dénouaient où ils avaient été formés, dans le sang. Par bonheur pour les Agénais le pouvoir de Margot n'égalait pas son désir de nuire; repoussée à Tonneins, dont les habitants aguerris lui tuèrent la plupart de ses gardes, elle échoua honteusement devant le noble patriotisme d'un homme à Villeneuve-d'Agen. Elle était maîtresse de la moitié de cette ville divisée en deux par le Lot; Cieutat, le premier consul, commandait dans l'autre et refusait de l'y recevoir : Marguerite le mande auprès d'elle; le chef du peuple obéit à la fille de France, mais la rebelle le trouve sourd. Alors, pour vaincre son obstination, elle le fait traî-

1. Voir les ordures de Henri III et ses amours avec sa sœur. (Mss. de la Bibliothèque du Roi, fonds Dupuy, v. 661.)

ner sous la tour du pont défendue par son fils avec cent arquebusiers, et l'on dit par son ordre à ce jeune homme que s'il ne se rend pas son père va être égorgé. — Non, mon fils, non; crie à son tour le brave consul, fais ton devoir, conserve la place! — Impassible en apparence, le jeune Gieutat descend comme pour parlementer, vers les soldats de la reine, et, tirant tout à coup l'épée, il fond sur eux avec les siens, leur arrache son père, et les chasse de Villeneuve. Peu de jours après, les bourgeois d'Agen, scandalisés avec raison de la vie dissolue de cette femme, la forcèrent rudement à la retraite; et un petit noble auvergnat, la prenant en croupe sur son courtaud, la retira de la scène politique pour aller l'ensevelir au château d'Usson.

C'est au moment où elle disparaissait pour vingt années que sa mère Catherine repassa la Loire: comme la vieille Sabine, elle venait se jeter encore entre les combattants. Ses instances furent vaines: une trêve de quelques jours; voilà tout ce qu'elle put obtenir du roi de Navarre, qui, tenant glorieusement tête à Biron en Saintonge, avait sauvé Marans, Lusignan et Tonnay-Charente. Cependant Mayenne continuait son mouvement sur le Quercy, mais avec l'irrésolution d'un homme qui n'a pas de plan arrêté. On le vit d'abord passer la Dordogne vis-à-vis l'immense rideau calcaire de Creysse, regagner ensuite l'autre rive à Souillac et, toute réflexion faite, revenir à Creysse pour prendre livraison de ce château de Montvalent si riant au milieu de son île, et qui lui fut vendu par un capitaine flamand à la solde de Turenne. De là il se porta à travers les neiges sur Gourdon, redescendit par Villefranche dans le bassin du Lot, prit Monségur en passant, reçut la capitulation de Castets assiégé par Matignon, et, après avoir manqué le roi de Navarre dans l'Entre-deux-mers, assiégea Castillon. Depuis cent trente-trois ans ou pour mieux dire depuis que Talbot et la bannière d'Angleterre étaient tombés au pied de ses murailles, cette cité d'illustre souvenir n'avait pas vu se déployer autant de blanches tentes, ni entendu hennir autant de chevaux. Toutes les forces de la Ligue en ce pays, montant avec les régiments du duc et ceux de Matignon à plus de 25,000 hommes, se pressaient devant le vieux mur baigné par la Dordogne, et sous les cinq bastions qui couvraient le faubourg : un millier de braves seulement commandés par Savignac défendaient la ville. Pendant cinquante jours, ils suppléèrent à force d'intrépidité à la faiblesse des remparts ; leurs courtines étaient rasées, leurs bastions n'offraient plus qu'un monceau de ruines, les canons ennemis enfilaient leurs fossés de bout en bout, la ville entière n'était plus enfin qu'une grande brèche, ils repoussaient tous les assauts, et, malgré la destruction de leurs défenses, malgré les horreurs de la peste sévissant avec une telle furie que les habitants, comme à Saint-Jean-d'Angely, avaient déserté les maisons et couchaient roulés dans des draps le long des débris de leurs murailles, Mayenne ne serait pas entré si toutes les villes protestantes eussent imité cet héroïsme. Mais, tandis que les mères de Clairac menaient elles-mêmes leurs enfants au secours de Castillon, les bourgeois rochelais, marchands infâmes, méritant bien en cette occasion les noms odieux dont les accablait parfois le peuple, vendirent à la Ligue, tant que dura le siége, la poudre et les boulets qui battaient leurs frères. Sans cette trahison la ville était sauvée[1]. Il n'y restait plus, quand elle se rendit, que 140 soldats pâles comme des spectres, et 22 habitants qui avaient échappé au fléau, mais qui n'échappèrent pas à la Ligue. Au mépris de la capitulation, Mayenne les fit tous pendre devant le temple.

Tel fut le grand exploit de la Ligue en Guienne; en Provence, elle allait gagner du terrain. L'année suivante elle s'était déjà emparée de Marseille, et, sans la brusque énergie de Bouquiers, Daries le consul qui avait soulevé le peuple en jetant de la plate-forme du fort Saint-Jean les cadavres de cinq huguenots aurait fait de cette importante place un des boulevards de l'Union; mais Bouquiers eut le temps d'appeler le grand prieur, frère utérin d'Henri III, et gouverneur de Provence, qui fit pendre Daries et comprima le mouvement. Par malheur, ce chef violent, despotique et sanguinaire, qui, par

---

1. « Ce que je dis à aussi grand regret, qu'étant prisonnier en Broüage je vis passer un tel négoce devant mes yeux avec les risées de mes maîtres et les mauvais noms qu'ils donnoient aux premiers de la ville. » (D'Aubigné, *Histoire universelle*, t. III, p. 47.)

sa brutale décision et sa vigueur, convenait parfaitement aux circonstances et aux hommes qu'il gouvernait, manqua tout à coup à la cause royale. « Il tenoit, dit-on dans un récit qui peint avec une admirable naïveté les rudes mœurs du temps, il tenoit une assemblée à Aix, où estant on lui fit tant de rapports qui le mirent en furie contre Altivyty de Marseille, capitaine de galère, que ledit seigneur alla lui-même au logis dudit Altivyty, qui estoit près les Carmes, et monta dans la chambre d'Altivyty, qu'il trouva assis sur son lit, auquel il montra une lettre, lui demandant s'il ne l'avoit pas faite? Soudain, ledit Altivyty lui demanda pardon. Le sieur grand-prieur lui sauta dessus et s'embrassèrent de telle façon qu'ils tombèrent tous deux. Ledit Altivyty fourra au petit ventre du sieur grand-prieur une courte dague qu'il portoit. Chacun y accourut; même le chevalier de Meyragues, qui entra premier. On releva le grand-prieur et Altivyty n'eut point fauté de coups, car, après l'avoir tué, on le jeta par la fenêtre. Le sieur d'Avenere de Marseille estoit d'aventure en ce logis, où il fut aussi tué par ceux de la garde du grand-prieur. Le grand-prieur mourut le lendemain. Ceux de la ville de Marseille envoyèrent demander les corps, qui furent refusés; et aussitôt renvoyèrent les redemander, disant que si on ne les leur donnoit ils les reviendroient querir si bien accompagnés qu'ils en seroient les maîtres. Pour obvier à plus grand mal, ils leur furent délivrés; et les portèrent à Marseille, où ils leur firent un magnifique convoi. Il faut noter que le jour que le grand-prieur fut blessé, il arriva une si grande et si extravagante rumeur meslée d'effroi que toute la ville en général et en particulier fut troublée, chacun fuyoit, qui deçà, qui delà, avec un confus désordre et sans savoir pourquoi. Comme aussi à la même heure, le lendemain quand il rendit l'esprit, il y eut une pareille et plus grande confusion[1]. »

Lesdiguières s'efforçait de profiter de cet événement tragique, lorsque le duc de Joyeuse, premier mignon du roi, son beau-frère, et le plus fastueux des chefs de la Ligue, arriva en Gévaudan avec une éblouissante armée de cour. Malzieu, petite cité cachée humblement dans les gorges de la Lozère, attira d'abord l'effort de ses armes : il la prit et fit tout pendre pour l'exemple, même les capitaines. A Marieuse, ce fut pis encore, le soldat ivre de sang commit des excès atroces et livra la ville infortunée aux flammes, comme pour détruire les marques d'une brutalité si aveugle, qu'elle n'avait distingué dans sa fureur ni âge, ni sexe: Le bruit de ces représailles avait violemment exalté l'esprit des populations catholiques de ces montagnes, alors presque sauvages; elles étaient descendues en foule de leurs paroisses avec la bannière de leur saint, et, marchant sous les ordres des curés, à la suite de l'armée de Joyeuse, elles massacrèrent, au

---

[1]. Mss. de la Bibliothèque du Roi, fonds Dupuy, t. 655.

château de Peyre, à Marvejols et à Salvagnac, tout ce qu'avait laissé vivant le bras épuisé des ligueurs. Ces brillants faits d'armes accomplis, Joyeuse les grava pompeusement sur une colonne de marbre dressée au milieu des ruines fumantes de Marvejols, et, après s'être reposé quelques jours dans son triomphe à Toulouse, il revint en poste à la cour. Ce n'est que l'année suivante que, songeant à cueillir de nouveaux lauriers, il reparut en Poitou à la tête de 6,000 arquebusiers et de sa cavalerie albanaise. La reprise de Saint-Maixent et de Tonnay-Charente, mais surtout le massacre de La Mothe-Saint-Héray où 200 soldats protestants furent égorgés de sang-froid, annoncèrent le retour du vainqueur de Marvejols. Sur ces entrefaites, une forte armée de reîtres levée pour le compte des réformés entrait en France. Le roi de Navarre, le prince de Condé et le vicomte de Turenne se hâtèrent de rassembler leurs troupes, afin d'aller la rejoindre sur la Loire. Joyeuse s'avançant alors pour leur barrer le passage, les deux armées se rencontrèrent le 19 octobre 1587 à Coutras.

Le duc de Joyeuse était si impatient d'en venir aux mains, qu'il fit battre aux champs à onze heures du soir, et le jour ne paraissait pas encore que déjà ses chevaux légers attaquaient ceux des réformés. Ceux-ci, après avoir passé la soirée à charger leurs pistolets avec des carreaux d'acier, s'étaient reposés dans la ville et se trouvaient tout frais pour la bataille. Demi-heure avant le lever du soleil les trompettes retentissant dans les rues de Coutras les appellent à cheval, les troupes se forment ; et le roi de Navarre, suivi du prince de Condé, du brave vicomte de Turenne, de Favas et d'Aubigné, va les ranger en bataille dans une petite plaine adossée à la ville, et bordée à gauche par la Drône, à droite par une garenne. Toute l'infanterie, composée d'à peu près deux mille hommes, reçut ordre de s'étendre de ce côté dans les taillis pour faire face aux fantassins de Joyeuse : la cavalerie placée à la suite en forme de croissant présentait trois carrés longs flanqués de 150 arquebusiers d'élite, qui s'échelonnaient sur cinq de front et quatre de file. Dans le premier carré, qui partageait le champ de bataille, était le vicomte de Turenne avec les Gascons, dans le second le prince de Condé, et dans le troisième, qui touchait au chemin à gauche, le roi de Navarre. L'artillerie composée de deux pièces de canon venait de passer la rivière et d'être montée sur une butte de sable à droite de l'infanterie, grâce à l'activité de Clermont d'Amboise. Lorsque Joyeuse déboucha avec son armée, les rangs en étaient si brillants, les salades damasquinées, les armures d'argent et d'or, les caparaçons de la cavalerie reluisaient d'un éclat si vif aux rayons du soleil levant, les banderoles armoriées de 1,400 gentilshommes qui entouraient la cornette blanche du duc déroulaient au vent du matin, en flottant au bout des lances étincelantes, une telle profusion de couleurs que les huguenots en furent éblouis. Mais rien ne pouvait ébranler leur contenance ferme et grave; pendant que Joyeuse déployait avec confiance ses régiments dans le même ordre, de ces quatre masses sombres, compactes, couvertes de fer, d'armes rouillées, de vieux habits de chamois ou de buffle, s'éleva tout à coup ce psaume chanté d'un ton solennel par mille voix :

> La voici, l'heureuse journée
> Que Dieu a faicte à plein désir;
> Par nous soit joye démenée,
> Et prenons en elle plaisir!
> Dieu est puissant, doux et propice,
> Et nous donra lumière à gré,
> Liez le bœuf du sacrifice
> Aux cornes de l'autel sacré.

A ces mots répétés à la fois par les échos de la garenne, de l'Isle et de la Drône, répondirent les canons de Clermont d'Amboise, qui engageaient l'action et provoquaient heureusement Joyeuse en lançant le premier boulet dans sa cornette blanche. Sous cette pluie de fer tout s'ébranle du côté des courtisans; Joyeuse fait sonner la charge, et deux de ses maréchaux-de-camp, Montigny et Lavardin, arrivant au galop avec les Albanais et les croix blanches, rompent le carré du vicomte de Turenne, l'emportent vers le village et ne laissent sur le champ que La Trémouille, le vicomte, un gentilhomme et le vieux Chouppes. En voyant le succès de cette charge le duc de Joyeuse crut la bataille gagnée et fondit, en criant victoire, sur les deux escadrons du prince de Condé et du roi de Navarre. On le laisse, par le conseil d'un vieux capitaine, approcher à dix pas;

puis, quand il n'y a plus, entre les deux bataillons, que trois longueurs de lance, les arquebusiers protestants tirent et abattent presque tout le premier rang; le second essuie à bout portant une décharge de coups de pistolet, qui le met en désordre, et les deux corps d'élite, les princes en tête, lançant alors leurs chevaux à toute bride contre cette cavalerie arrêtée net et à moitié rompue, la renversent du choc. Autant en fit l'infanterie réformée à celle qu'elle avait en tête, et dont la masse, labourée incessamment par les boulets de Clermont d'Amboise, offrait de toutes parts des éclaircies sanglantes. Il n'était pas dix heures, et le combat était fini : 400 gentilshommes et 3,000 fantassins gisaient sans vie sur le champ de bataille, et de toute cette armée si éblouissante au lever du soleil il ne restait plus que quelques prisonniers, une poignée de fuyards sur la route de Chalais, des tronçons de lances, des cornettes souillées de sang, et le corps du général tué d'un coup de pistolet, en représailles de La-Mothe-Saint-Héray. En rentrant à son logis, après avoir rendu grâce à Dieu sur la place, le roi de Navarre trouva les cadavres de Joyeuse et de Saint-Sauveur son frère, qu'on avait étendus au bout de la table pour égayer le festin. Mais comme il ne partageait ni les idées de Vitellius, ni le sombre enthousiasme de ses vieux compagnons, qui voyaient avec joie dans les deux morts les *bœufs du sacrifice* promis par le psaume, ce spectacle lui fit horreur et il fit porter son couvert dans une autre salle.

Ce ne fut pas le seul dissentiment que ce jour vit éclater entre le roi de Navarre et les siens. Jamais l'opposition des quatre intérêts principaux qui divisaient la réforme ne se dessina plus franchement; jamais les ministres, les bourgeois et les gentilshommes ne reconnurent avec plus d'évidence que le roi de Navarre suivait une ligne particulière et combattait pour sa propre cause. D'après le droit de la guerre, les prisonniers appartenaient à ceux auxquels ils s'étaient rendus : une bonne capture était, dans ce cas, toute la fortune des pauvres mestres-de-camp huguenots. Ceux de Coutras s'applaudissaient déjà, mais au moment où ils comptaient sur de grosses rançons pour remonter leurs équipages, le roi, obéissant à l'égoïsme impérieux et sec qu'on retrouvait dans toutes ses actions, et songeant plutôt à se faire des amis pour l'avenir qu'à soulager la misère des braves qui venaient de lui donner leur sang, délivra gratuitement les prisonniers les plus riches. Cette générosité exercée à leurs dépens et envers leurs ennemis mortels, excita parmi les capitaines de violents murmures; mais ils se plaignirent bien plus haut et plus amèrement quand le roi de Navarre, au lieu de profiter de la victoire pour aller rejoindre les reîtres et écraser la Ligue dans le Nord, disloqua sa petite armée, en renvoya une partie en Guienne perdre le temps au siége de Guitres, l'autre en Périgord recevoir un échec sous les murs de Sarlat, et revint lui-même en Béarn pour faire hommage de ses lauriers à la comtesse de Guiche. C'était ou une impardonnable impéritie ou une trahison. Henri de Béarn voyait alors trop bien les choses, et il était entouré d'hommes trop capables, pour supposer le défaut de lumières; d'autre part, il avait trente-quatre ans, et ce n'est plus à cet âge que le cœur mollit pour une femme au point de faire oublier des devoirs aussi saints, aussi graves, aussi importants que ceux dont il était chargé. Il faudrait donc soupçonner, dans l'inaction subite de Coutras, l'effet de cette intelligence secrète avec Henri III qui s'était déjà trahie par le voyage clandestin du duc d'Épernon et les nocturnes entrevues de Montauban. Lié à la cause du roi de France depuis la mort de Monsieur, comme héritier présomptif de la couronne, le prince de Navarre ne voulait pas mettre la Réforme en position d'abaisser la royauté, et voilà pourquoi il étouffa dans son germe le succès de Coutras et en neutralisa avec soin toutes les conséquences. Il n'est pas besoin de dire qu'une telle conduite, à peine blâmable à son point de vue personnel, si l'on juge d'après les idées du temps, constituait une véritable trahison par rapport à son office de chef de la Réforme. En cette qualité il encourut la responsabilité la plus grande. Ainsi, pendant que Châtillon, parti du Languedoc avec 2,000 hommes, traversait le Dauphiné et la Bourgogne et parvenait à joindre les Allemands; tandis que Condé l'attendait en vain en Poitou, et que l'armée étrangère, ne trouvant personne au rendez-vous de la Loire, rebroussait chemin pour s'enfoncer dans la Beauce et aller tomber à

Auneau sous les coups du duc de Guise, il perdait vingt jours dans les délices de Pau et envoyait, le 12 novembre, la lettre suivante aux consistoires et aux consuls des villes du Midi :

« Messieurs, vous avez été bien avertis qu'après plusieurs longues poursuites que j'ay faites, l'armée étrangère est entrée en la France pour notre secours, laquelle j'ai délibéré d'aller joindre au plus tôt et lui faire faire une montre, suivant ce qui a été convenu et accordé avec eux; moyennant laquelle j'espère qu'ils nous serviront bien et longuement. Mais d'autant que je ne puis seul y satisfaire, tant parce qu'il n'est raisonnable qu'à cause des grandes et extraordinaires dépenses que j'ay faites et suportées pour lesquelles je n'ay épargné la vente et engagement de mes propres biens, ny le crédit que j'ay peu avoir et trouver dedans et dehors le royaume; et que maintenant il s'agit plus que jamais de la conservation ou ruyne des églises et de tout ce que les gens de bien peuvent avoir de plus précieux, je ne puis croire qu'il y en ait de si ingrats, froids ou stupides qui veuillent refuser d'y aider selon les moyens que Dieu leur a donnés. Qui est cause que je vous priray de considérer ce qui est de votre devoir en affaire si importante, et vous représenter vivement la nécessité publique à laquelle je ne puis résister si chacun ne s'efforce de la surmonter et y aporter partie de leurs moyens pour sauver le reste, ayant été le tout confisqué par le cruel édit de juillet. *De sorte qu'il se faut garentir par les voyes et moyens légiti-*

mes que Dieu nous met en main. Lequel a retourné son visage vers nous nous ayant donné une si heureuse victoire qu'il est besoin de la poursuivre, et que tous ceux qui y ont intérêt s'y employent de cœur et affection, comme je prétends y exposer ma vie, laquelle j'ay vouée à la gloire et l'intérêt des Églises. Partant, Messieurs, je vous prie, au nom et comme protecteur de toutes les Églises, et en outre comme tenant le lieu du Roy, le pouvoir du Roy mon seigneur cessant parmy ces troubles, de ne pas faillir à m'envoyer le mois prochain la somme de 20,000 écus pour ledit paiement de l'armée étrangère, ce qui vous sera facile dans ledit temps si vous prenez ladite somme sur les plus aisez de tout le bas Languedoc, en leur paiant l'intérêt, lequel sera joint au principal pour incontinent après, le despartir et esgaller sur tout ledit païs pour être paié à deux ou trois termes, selon que vous aviserez en vertu des commissions que je vous mettray en main comme pour les propres deniers du Roy, avec l'autorité de mon cousin le duc de Montmorancy qui y tiendra la main [1]. »

Le simple rapprochement des dates commente cette précieuse lettre plus éloquemment que ne sauraient le faire les meilleures dissertations : elle fut écrite le 12 novembre, le roi de Navarre y annonçait

---

[1]. Archives municipales de Nîmes. — Troubles du royaume, t. II. — Cette lettre, qui eût été si bien placée dans la correspondance de Henri IV (Recueil de documents nouveaux de l'histoire de France), a été trouvée par moi à Nîmes, le 3 septembre 1842.

son intention de ne partir que le mois suivant, et huit jours après les reîtres étaient écrasés à Auneau; et l'armée étrangère, battue, désorganisée et abandonnée en apparence par ceux qui l'avaient appelée, regagnait la frontière. Or, comme il est improbable que le roi de Navarre ignorât la défaite de Vimori, le découragement de ses auxiliaires, et qu'en l'état des choses il crût pouvoir attendre un mois, serait-on mal fondé à croire qu'il songeait seulement à escompter les lauriers de Coutras? — Ce qui prouve au surplus que cette demande d'argent n'était qu'un prétexte, c'est qu'il était déjà parti un mois auparavant pour aller rejoindre les reîtres; et qu'il ne serait pas revenu sur ses pas s'il n'eût rencontré Joyeuse. Il avait donc avant la bataille ce qu'il demandait vingt jours après, où il ne croyait pas en avoir besoin, et dans les deux cas rien ne l'obligeait à retourner en Béarn.

Cette éclipse de l'astre des princes entouré peu de temps après par la mort de Condé d'un cercle funèbre, annonça le lever radieux du soleil de la Ligue. Les triomphes du duc de Guise avaient rempli les populations catholiques du Nord d'un tel enthousiasme que sa présence suffit pour couvrir Paris de barricades. Henri III, chassé par le peuple, fut contraint de plier devant son sujet et de signer, le 16 juillet 1588, les articles que le Lorrain lui dictait, l'épée d'Auneau sur la gorge. Mais, tout en paraissant céder avec indifférence, tout en paraissant tendre la tête aux ciseaux de la sœur des Guises, le fils de Catherine de Médicis méditait une sanglante revanche, et pour la prendre avec éclat et sûreté, le 16 octobre suivant, il convoquait les États catholiques à Blois. D'un autre côté, les États généraux protestants s'ouvraient, le 12 novembre, à La Rochelle, sous la présidence du roi de Navarre. Ce prince eût bien souhaité sans doute décliner cet honneur, mais en vain essaya-t-il de prévenir les reproches en promettant dans son discours que *son bien marcherait désormais avec sa vie, et qu'ayant les mains nettes de l'autrui il serait libéral du sien, et chiche du public, à la honte de ceux qui disaient autrement,* il avait un compte sévère à rendre à son parti et ce compte lui fut demandé sans ménagement.

On lui reprocha en pleine assemblée les dons qu'il faisait aux catholiques de sa suite, tandis que ses capitaines blessés étaient morts faute de secours;

La vente d'Oleron à un courtisan;

Les dépenses de ses amours et ses vues particulières, auxquelles il avait sacrifié les fruits de la victoire de Coutras;

L'abandon des reîtres;

Le préjudice porté à ses mestres-de-camp languissants de misère par le renvoi des prisonniers;

Et enfin, le déréglement de ses mœurs. Ce dernier reproche développé par les ministres, entre lesquels se distinguait par sa rudesse le Montalbanais Gardèsi, qui lui appliqua avec aigreur la parabole de Nathan, lui fut si sensible, qu'il voulut se disculper sur-le-champ en citant comme preuve qu'il n'avait pas dissipé l'argent des Églises pour ses plaisirs, *deux de ses maîtresses et deux de ses bâtards morts depuis peu de misère* [1].

A part ce premier mouvement de dépit, il écouta tout avec une patience et un calme qui ne l'abandonnèrent que lorsque les députés, remettant la main sur l'autorité dont ils l'avaient investi, s'occupèrent de corriger ce qu'ils appelaient devant lui sa *tyrannie protectorale*. Alors il voulut résister, mais les Églises rendues sages par l'expérience qu'elles venaient de faire, restèrent sourdes à la prière et aux intrigues, et ne lui laissant qu'un vain titre, rétablirent leur confédération sur les bases démocratiques qui seules pouvaient la sauver.

La création de deux Universités protestantes, l'une à Montpellier, et l'autre à La Rochelle, fut d'abord décrétée; l'assemblée organisa ensuite un ordre judiciaire complet, tout à fait en dehors de l'ordre existant et composé :

De six chambres souveraines devant siéger à Die pour le Dauphiné, à Montpellier pour le Bas-Languedoc, à Montauban pour le Quercy, à Nérac pour la Gascogne, à Bergerac pour la Guienne, et à Saint-Jean-d'Angely pour les pays situés entre la Dordogne et la Loire;

D'un siége sénéchal à Castres pour tout le ressort du parlement de Toulouse dans le Haut-Lan-

---

1. D'Aubigné, *Histoire universelle*, t. III, p. 190.

guedoc, et d'un présidial à Lectoure pour les comtés de Comminges et d'Armagnac.

On décida qu'il y aurait dans chacune de ces chambres un président, dix conseillers, un procureur-général du roi, quatre huissiers recevant leurs gages au nom du roi de Navarre, et qu'elles pourraient connaître de toutes les affaires civiles et criminelles.

Après ces résolutions, pour enchaîner à l'avenir la marche douteuse du roi de Navarre, on lui choisit un conseil sans l'avis duquel il ne pourrait rien entreprendre. Les députés élurent en outre un comité spécial pour chaque province et un lieutenant de roi, puis, lorsqu'ils eurent voté le règlement des finances et le règlement militaire, ils jurèrent de nouveau l'union, firent la cène tous ensemble et se séparèrent [1].

Pendant que les représentants de la Réformation arrêtaient ces choses à La Rochelle, Favas agissait en Gascogne. Vic-Fezensac, Nogaro, Saint-Bertrand de Comminges tombaient en son pouvoir, et le capitaine Sus de son côté harcelait vaillamment les ligueurs de Villars sur les bords du Gers. La Ligue n'avait le dessus que chez les Poitevins, avec le duc de Nevers. Tout à coup une rumeur sinistre éclate en deçà de la Loire, et fait taire le bruit des armes. Henri III a vengé la honte des barricades, il a fait égorger le duc de Guise et

---

1. Procès-verbaux des assemblées politiques. — Soulier, *Histoire des progrès du calvinisme*, p. 227.

le cardinal, son frère, dans le château de Blois. Il est impossible de peindre la fureur de la Ligue à cette nouvelle. A Toulouse, capitale de la faction dans le Midi, cette fureur se manifesta par les mesures les plus violentes. En recevant la lettre que les Parisiens écrivaient à la ville pour l'engager à se joindre à eux et à refuser l'obéissance au roi, les Toulousains députèrent aussitôt à Paris un ancien capitoul, et à l'instigation de l'évêque de Comminges et de l'avocat Tournier échappés à grand' peine au guet-apens de Blois, ils s'empressèrent d'établir un conseil souverain composé de dix-huit membres qui devait concentrer dans ses mains toute l'autorité. De son côté, le parlement d'accord avec le peuple écrivit dans toutes les villes de son ressort pour les presser de suivre l'exemple de Toulouse, et gagna d'emblée à la Ligue, Alby, Cahors, Castelnaudary, Gaillac, Lavaur et Narbonne.

Un seul homme luttait contre le torrent, et, calme au milieu de la frénésie générale, osait soutenir le droit du roi. C'était un de ces caractères fortement trempés du vieux temps monarchique pour lesquels la royauté reflétait sur la terre l'image de Dieu. Resté avec une conviction opiniâtre dans ce côté du seizième siècle où se projetaient les ombres épaisses du passé, tandis que l'autre apparaissait tout radieux de la lumière de la Réforme, Étienne Duranti portait l'amour du catholicisme étroit et monacal jusqu'à la passion la plus aveugle et le dévouement à la royauté jusqu'au fanatisme le plus délirant. L'hésitation lui eût semblé crime : quand le roi avait parlé, il fallait obéir quel que fût le commandement. C'est ainsi qu'après le massacre d'août, il fit, lui avocat-général, égorger froidement, sur le perron de la Conciergerie de Toulouse, trois cents malheureux réformés et pendre en robe rouge, à l'ormeau du palais, trois de ses propres collègues, parce que tel était l'ordre du roi[1]. C'est ainsi que treize ans

---

[1]. « Voyant que la plupart des conseillers du parlement inclinaient à la clémence, il leur dit : Vous ferez ce que bon vous semblera; quant à moy, je vais exécuter de par le Roy ce que ma charge et mon devoir me commandent. » (Gaches, *Histoire manuscrite des troubles de la religion dans le Languedoc.* — D. Vaissète, *Histoire générale du Languedoc*, t. v, Notes, p. 639.)

La Faille, dans ses Annales (t. ii, p. 314), essaie de disculper Duranti en citant un passage de l'annaliste manuscrit de l'hôtel-de-ville, mais il suffit de lire ce passage du t. iii, 1571 et 1572, aux pages 124 et 125, pour se convaincre que le doute n'est pas possible. La simple inspection du volume que nous avons encore minutieusement relu dans les archives du Capitole l'année dernière, prouve que les pages 124 et 125 ont été écrites long-temps après le massacre pour disculper tous ceux qui l'avaient ordonné, car elles sont *d'une date très-postérieure* à l'événement, et l'annaliste *affecte de les rattacher à un commencement de relation qui n'existe pas dans son livre*, soit qu'il n'y ait jamais été tracé, soit qu'on lui ait substitué plus tard les pages 124 et 125. Or, cette hypothèse semble la plus probable en considérant la rédaction de l'annaliste, qui commence par dire que les lecteurs pourraient « demurer en peyne de ce que n'a esté narré la fin des murtres (il n'en avait pas été question avant!) commis par ledit Latour, *seul autheur de ceste audacieuse entreprise* »; et qui termine, après avoir atténué le fait en citant l'exemple de Mithridate, par cette phrase significative : « Un des compagnons de Latour lui tira aux flancs un coup de pistolle dont il morut tost après, reportant avec soy le guerdon très-juste des maulx qu'il avoit perpétrés. Mais Nostre Seigneur, par sa saincte grace, *voulant que tout prit fin en luy seul, comme seul avoit esté chef.* » Ainsi le mort payait pour tous. C'était lui, et non le parlement (Archives du parlement de Toulouse, t. viii, p. 153, et t. lxvii des Arrêts), qui avait fait le procès aux conseillers François de Ferrières, Jean de Coras et Antoine Lagier, lui qui avait ensuite ordonné de les pendre, lui qui avait fait incarcérer les 300 protestants à la Conciergerie, lui seul qui les avait égorgés le 4 octobre !

plus tard il courait, en sa qualité de premier président, à la vieille basilique de Saint-Sernin, faire chanter un *Te Deum* devant les corps saints, suppliait le parlement de faire allumer un feu de joie, et convoquait au Capitole toute la noblesse du pays pour lui proposer de prendre les armes et d'aller ravager les environs de Montauban et de Castres, parce que le roi avait signé la Ligue. Quand donc le roi lui écrivit de brûler ce qu'il avait adoré, et de renverser cette Ligue dont il avait lui-même, neuf ans auparavant, en 1580, rédigé l'acte d'association[1], il obéit à l'ordre du roi. Mais le peuple, qui ne se rend jamais bien compte des revirements d'opinion, par cela même qu'il est étranger aux motifs personnels dont ils émanent, ne comprenant pas pourquoi l'agitateur fougueux, qui le poussait la veille dans les voies de la Ligue, voulait l'arrêter tout à coup au moment même où la Ligue perdait son chef par un assassinat, se cabra avec violence et lui échappa. Une assemblée démocratique réunie au Capitole mit en délibération la déchéance d'Henri III, mais Duranti, qui la présidait, ayant dirigé les débats de façon à rendre tout vote impossible, elle se sépara au bout de trois jours sur la promesse formelle qu'il ferait décider la question par le parlement. Cette promesse, Duranti n'avait garde de l'exécuter, il temporisait sous divers prétextes, afin de laisser tomber la première effervescence populaire. Mais ce

---

1. Mss. de M. de Colbert, évêque de Montpellier.—Mém. de Charretier.

n'était pas ce qu'entendait la Ligue. Du matin au soir les chaires retentissaient de malédictions contre le transfuge; les curés, les jésuites, les minimes ne cessaient d'exciter le peuple; toutes les portes des églises étaient tapissées de libelles virulents et de menaces de mort. Enfin, le 27 janvier, il en parut un sur le portail de la basilique où était peinte une épée nue [1], et comme si les ligueurs n'eussent attendu que ce signal, ils se précipitèrent en armes vers le palais où Duranti, pressé par la clameur publique, n'avait pu s'empêcher de convoquer le parlement. Toute cette foule attendait à la porte, frémissante de colère et d'impatience, lorsqu'on vint annoncer que les avis s'étant partagés, Duranti avait levé la séance; à ce moment on le vit sortir de la cour et monter dans son carrosse. Mais il n'y fut pas plus tôt assis, que tous ceux qui portaient des haches, des piques ou des épées, l'assaillirent avec fureur. Ce n'est qu'en s'accroupissant au fond du carrosse qu'il put échapper aux coups de pointe qui percèrent les mantelets. Le cocher cependant avait lancé ses chevaux à toute bride, et il aurait gagné sans encombre ce majestueux hôtel à tourelles qui décore la rue des Pénitents-Bleus, si une roue, heurtant la margelle d'un puits, n'avait, en se brisant, arrêté sa fuite. Quoique suivi de près par le peuple, il eut le temps de

---

1. « Quorum postremus depictum ensem habuit certum necis præsidis judicium.» (Narratio fidelis de morte Steph. Duranti, senatus tolosani principis. — Mss. de Gagnières et *Preuves de l'hist. du Languedoc*, t. v, p. 303.)

se réfugier au Capitole, où il resta cinq jours, tandis qu'on barricadait la ville et que les chaînes se tendaient dans toutes les rues, sans que personne osât le visiter. Le 1er février 1589, il fut conduit par deux capitouls, entre l'évêque de Comminges et l'évêque de Castres, au couvent des Jacobins. Là 25 soldats s'établirent devant sa cellule, qui ne s'ouvrit pendant dix jours que pour Rose Caulet, sa jeune femme. Sur ces entrefaites, des lettres de Daffis, son beau-frère, qui demandait du secours au maréchal de Matignon, ayant été interceptées, les têtes se montent, et, le 10 février, dans l'après-midi, deux mille personnes se portent tumultueusement aux Jacobins: on met le feu à une des portes du couvent, qui tombe bientôt avec fracas et livre passage aux ligueurs. Alors Chapelier, le chef de ses gardes, entra dans sa cellule, et lui dit que le peuple le demandait. Duranti s'agenouilla, fit une prière, et, ayant pressé sa femme sur son cœur, sortit d'un pas ferme, et se présenta au peuple avec un visage si assuré qu'il y eut un moment d'hésitation. Mais quelqu'un lui ayant tiré un coup de pistolet, on l'assaillit de tous côtés et il tomba au même instant percé de mille coups. A la vue de son sang, la fureur populaire ne connut plus de bornes : on se jeta sur son cadavre, on le traîna ignominieusement par les pieds à la place Saint-Georges en suivant un des ligueurs, qui portait au bout d'une perche, en forme de bannière, le portrait du roi arraché du Capitole, et n'y trouvant pas de potence, on pendit le cadavre à la grille du pilori, après lui avoir attaché au dos ce portrait d'Henri III. Là ces furieux, dont il avait si souvent aiguillonné le fanatisme contre les protestants, le secouant par la barbe et pinçant son nez aquilin, lui criaient avec d'affreuses railleries : *Eh bien! le voilà avec ton roi qui t'était si cher : comment vous trouvez-vous ensemble?* Durant cette exécution Daffis était massacré sur ce même perron du palais, où seize années auparavant son beau-frère Duranti avait jeté trois cents cadavres ; et tandis que les mêmes assassins attachaient au pilori le corps de l'avocat-général de 1572, le sien restait exposé aux outrages soufferts par les victimes du 4 octobre, comme pour prouver que la dette du sang est imprescriptible, et que celui qui frappe du glaive périra par le glaive[1].

La Ligue avait eu le même bonheur à Bordeaux, mais le maréchal de Matignon, accouru à temps avec un renfort de 800 réformés, fit sauter les murailles aux factieux; ce succès important seulement pour la paix de la Guienne, ne pouvait rétablir les affaires d'Henri III : odieux à chacun depuis le double assassinat de Blois, et abandonné de tout le monde, même de Catherine sa mère, dont cette affreuse tragédie avait hâté la fin, il se rapprocha du roi de Navarre. S'il n'avait tenu qu'aux protestants, ses avances au-

---

1. « Cettui-ci (Duranti) en sa jeunesse avoit fait profession d'une sanglante haine contre les réformés. Aux massacres et séditions il ne se pouvoit saouler de meurtres... Il fut mis en pièces devant une maison où, en haine de la religion réformée, il avoit exercé ses inhumanités. » (D'Aubigné, *Histoire universelle*, t. III, p. 231.)

raient été repoussées, mais le roi de Navarre qui *avait des conclusions à part*, les accepta avec empressement et unit sa cause à la sienne. Le 28 avril 1589, l'armée protestante passa la Loire sur le pont de Saumur, et vint rejoindre Henri III au Plessis-lès-Tours. Partis de là pour assiéger la capitale, les deux beaux-frères arrivaient à Saint-Cloud lorsque le poignard d'un Jacobin, vengeant, le 1er août, l'assassinat du duc de Guise, fit tomber la couronne des rois très-chrétiens sur la tête d'un huguenot. En apprenant ce crime, la Ligue tressaillit d'enthousiasme dans le Midi. Le parlement de Toulouse s'empressa de rendre un arrêt pour perpétuer la mémoire de ce miraculeux événement, et déshériter le roi de Navarre. Le clergé de son côté célébrait par une procession solennelle le martyre de Jacques Clément, dont l'image fut exposée sur les autels à la vénération des fidèles. Les autres cités dévouées à la Ligue suivirent cet exemple.

Voici quel était alors l'état politique du pays.

Montmorency, gouverneur pour le roi, et le maréchal de Joyeuse, lieutenant-général pour la Ligue, se partageaient à peu près le Languedoc. La partie supérieure de la province jusqu'à l'Orbe, renfermant Toulouse, Alby, Gaillac, Narbonne, Castelnaudary, Carcassonne, Lautrec, Lavaur, Rieux, Alet, Saint-Papoul, soutenait l'union catholique. Les autres villes importantes comme Nîmes, Montpellier, Beaucaire, Castres, appartenaient aux protestants; Montmorency commandait à Béziers, Pézenas, Mirepoix,

Lodève et Saint-Pons. Presque toute la Provence reconnaissait la Ligue représentée par de Vins, Nemours, la comtesse de Saulx et Cazaulx, le premier consul de Marseille. En Dauphiné, Grenoble, Die, Montélimart et la plus grande partie du pays portaient également l'écharpe verte, et s'appuyant sur Lyon, un de ses foyers les plus ardents, la Ligue, à l'exception de Clermont-Ferrand, d'Issoire et d'Usson, enlaçait l'Auvergne. Faible en Limousin, où elle n'avait su ni garder Tulle et Brives, ni prendre Limoges, elle s'étendait d'un côté, par Périgueux, Agen, Villeneuve-d'Agen, Cahors, Figeac, Villefranche, Rodez, dans le Périgord, le Quercy et le Rouergue; et de l'autre, en longeant la Dordogne, elle poussait jusqu'à la mer par Rions, Villandraud et Blaye. Bordeaux, contenu à grand'peine par le maréchal de Matignon, ne criait en apparence ni Vive le roi, ni Vive la Ligue, mais ses vœux secrets étaient pour ce dernier drapeau.

La situation des deux partis semblait donc nettement tranchée, en 1590, sur le terrain politique déblayé par la mort d'Henri III. La Réformation et la Ligue se trouvaient seules en présence. La première ayant à sa tête le roi légitime, l'issue de la lutte ne pouvait rester long-temps douteuse; à partir, en effet, du moment où la question fut posée ainsi, où le roi de Navarre s'appela Henri IV, la Ligue ne fit plus que tomber d'échec en échec. Pendant que les Gascons de Coutras bloquaient Paris, et en donnaient largement à leur prince pour ses quatre deniers, Lesdiguières chassait les écharpes vertes du Dauphiné, s'emparait de Grenoble et détruisait, de concert avec La Valette, en Provence, l'armée des ligueurs composée de 1,000 reîtres et de 1,800 arquebusiers provençaux, espagnols ou savoyards. Au mois de septembre de l'année suivante une nouvelle victoire signalait le zèle de ce général. Comme inspiré par le génie de Bayard, il écrasait sous son château les troupes du duc de Savoie, qui laissa deux mille soldats, portant la croix rouge, dans les sillons du Graisivaudan. En vain, pour ramener la fortune, les Espagnols eurent-ils recours à la trahison et formèrent-ils, en 1592, une entreprise sur Bayonne; leur dessein échoua, et le drapeau qu'ils soutenaient mal assuré en Auvergne sur les clochers de Riom, abattu à Issoire et à Limoges le jour même de la bataille d'Ivry, échappait, le 19 octobre 1592, en Languedoc, aux mains sanglantes de Joyeuse. Antoine-Scipion, qui avait succédé au duc, son frère, mort à Coutras, venait de ravager les environs de Montauban, de forcer les faibles courtines de Montbequi, Montbartier, Montbeton, La Barthe, Saint-Maurice, Mauzac, et d'assiéger Villemur, en passant au fil de l'épée 400 hommes laissés à Thémines, sénéchal du Quercy, par le duc d'Épernon. Le brave Regniés, celui de la Saint-Barthélemy, était dans la place avec 250 soldats qui, renforcés de 200 arquebusiers et de 120 reîtres amenés de nuit par Thémines, avaient déjà repoussé vigoureusement l'assaut et essuyé deux mille coups de canon, lorsque Missillac,

7.

gouverneur d'Auvergne, arriva à leur secours. Attaqué à la fois à l'improviste dans la nuit du 19 octobre, du côté de Montauban par les royalistes et les réformés, et du côté de Villemur par la garnison, Joyeuse fut complétement défait, et perdant la tête il ne pût gagner la croupe des chevaux que lui présentaient deux de ses officiers pour passer le Tarn à la nage, et se noya. Huit cents de ses soldats eurent le même sort; on en compta mille autres le lendemain, pour la plupart Allemands, sur le champ de bataille. Après ces échecs successifs de la Ligue, on croyait respirer enfin! On espérait que cette pauvre France, à qui, depuis trente et un ans, la guerre civile tenait le pied sur la gorge, aurait quelque temps de répit pour reprendre ses forces; mais au moment où s'apaisait la tempête religieuse, au moment où le grand duel du prêche et de la messe allait finir par la conversion d'Henri IV, des troubles d'une nature bien plus grave éclataient dans le Sud. Réveillé par le cri de la faim que poussaient du fond des entrailles les malheureuses populations rurales, folles de misère et de désespoir, le vieil esprit des Bagaudes, dormant depuis cinquante ans dans la tombe des Guitres, souffla l'insurrection de 1593.

Les Croquants, ainsi appelés parce qu'ils portaient de vieux crocs ou arquebuses à fourchette, ou parce que les nobles avaient renouvelé pour eux le sobriquet méprisant des *coquins*, ou bien encore parce qu'ils s'étaient premièrement assemblés, dit un contemporain, dans la paroisse de Croc, n'en voulaient d'abord comme leurs prédécesseurs de 1541 qu'aux sangsues populaires. Leur soulèvement s'était fait de la même manière. Un dimanche, le tocsin avait sonné dans une paroisse du Limousin, et, répété de proche en proche dans tous les clochers, depuis la Vienne jusqu'à la Charente, depuis Saint-Yriex jusqu'à Agen, il avait mis sous les armes cinquante mille paysans. Ce soulèvement, qui s'était étendu en un clin d'œil dans le Périgord, le Quercy, l'Agénais et l'Angoumois, pouvait devenir très-dangereux : dirigé par le clergé et le tiers-état, car la plupart des capitaines des paroisses étaient des prêtres comme dans l'insurrection des Guitres, et les chefs des notaires et des médecins, il suffisait pour renverser de fond en comble l'édifice social vermoulu déjà, chancelant sous le poids de cette noblesse rapace et luxueuse, de ce haut clergé opulent et corrompu, de cette royauté avide et égoïste, qui en occupaient pompeusement les trois étages, tandis que le peuple, misérable, dépouillé, méprisé, criait en bas et vainement comme le Lazare, la douleur et la faim.

La simple raison des choses, en effet, menait là ; tandis que les réformés, de bonne foi, luttaient à travers le fer et le feu depuis un demi-siècle pour aboutir en réalité à un résultat puéril, au droit de prier Dieu sans cloches, et de chanter en français les Psaumes que l'Église dit en latin, les Croquants plus logiques marchaient vers cette liberté civile dont les rayons perçaient déjà les ténèbres du seizième siècle. Les paysans, se confondant avec le tiers-état, agitaient cette masse inerte et indifférente toutes les fois que ses intérêts ou ses priviléges n'étaient pas menacés. La Réforme avait montré à tous les yeux les plaies du haut clergé. La guerre civile venait de mettre à nu la cruauté, l'orgueil, la dureté de la noblesse; le malheur des temps étalait sous son jour le plus odieux cette longue tradition d'abus, de tyrannies, d'oppressions publiques et particulières, qui s'appelait alors le gouvernement. Les Croquants étaient donc parfaitement dans la vérité quand, laissant aux protestants la réforme théorique et creuse du catholicisme, ils se déclaraient les *réformateurs de l'État.* Pour atteindre ce but, ils n'avaient besoin que d'une direction intelligente : chacun l'apercevait vaguement et aurait suivi. Mais ni le médecin Boissonnade, leur généralissime, ni le notaire de Limeuil, son lieutenant, ne surent employer ces masses d'hommes. Que fallait-il pourtant? Les laisser faire. Sur la pente où ils se trouvaient, les Croquants aboutissaient forcément à une réforme politique. — Cela est si vrai, qu'après avoir chassé du pays les maltôtiers et puni les méfaits des collecteurs des tailles, ils se trouvèrent en face des seigneurs, qui, protecteurs-nés des abus, avaient encore à défendre leur droit de propriété sur les populations rurales. Si donc, au lieu de s'amuser à brûler quelques châteaux, à se réunir au nombre de 40,000 hommes pour tenir conseil dans la forêt d'Abzac et à parader le dimanche dans les villes, ils avaient écrasé cette poignée de noblesse qui les attaqua en Limousin, et chargé ces 300 gentilshommes devant lesquels ils déployèrent leurs drapeaux sur le gravier d'Agen, cette ligue de paysans aurait eu des suites plus graves. Déjà Henri IV, qui en avait d'abord plaisanté en disant qu'il voulait se faire croquant parce qu'il trouvait la cause très-juste, comprenait la portée d'un semblable mouvement et ordonnait aux gouverneurs de l'apaiser à tout prix. Alors un émissaire adroit à qui on avait promis en cour de l'argent et la mairie de Périgueux, commença à jeter la discorde dans leurs bandes en ranimant les haines religieuses : d'un autre côté le maréchal de Matignon enrôlait les plus braves pour en former des compagnies d'élite ; et comme d'ailleurs tout ce qu'ils demandaient leur était accordé, que le roi leur faisait remise entière des impôts arriérés et allégeait par des édits les abus les plus lourds, les Croquants rentrèrent paisiblement dans leurs chaumières, et Boissonnade revint exercer sa médecine à Bordeaux.

Les choses étaient dans cet état lorsque Henri IV, trop bon compagnon pour se soucier plus du prêche que de la messe, et fatigué de *courir le guilledou* dans le nord avec ses prophètes de Gascogne, abjura par ambition comme il avait abjuré autrefois par crainte, et tout en protestant à ses privés, avec larmes et soupirs aussi sincères probablement que ceux de sa repentance publique à La Rochelle, *qu'en se perdant pour eux il n'était persuadé par autre théologie que la nécessité de l'état*, il alla à la messe à Saint-Denis, le 21 juillet 1593. Dès lors ce ne fut plus une guerre, mais un marché. La noblesse catholique de la Ligue, qui n'attendait que ce prétexte, se mit à l'encan. Brissac, pour réparer, disait-il naïvement, les brèches de sa maison, lui vendit Paris l'année suivante, et Meaux traita par l'intermédiaire de Vitry à d'excellentes conditions. Au milieu de cette enchère publique du devoir, de la fidélité et de la conscience, les villes associées se montraient seules conséquentes : elles étaient entrées dans l'Union pour maintenir le catholicisme, conserver leurs libertés, corriger les abus du temps; et elles n'en sortaient l'une après l'autre qu'après avoir atteint leur triple but.

Poitiers, par exemple, stipulant pour tout le pays, obtint que nul autre exercice que celui de la religion catholique ne serait souffert dans ses murs; qu'on rétablirait la messe dans tous les lieux d'où elle avait été bannie, et *particulièrement à La Rochelle*, que les habitants de ladite ville et faubourg conserveraient leurs priviléges, franchises et immunités;

Qu'ils jouiraient pendant six ans de leurs octrois, et recevraient en outre dix mille écus des deniers du roi;

Qu'il ne serait fait, construit ni bâti aucune citadelle ni fort à Poitiers, ni mis en la ville aucune garnison;

Qu'on rendrait les biens pris aux ecclésiastiques;

Que les Poitevins seraient déchargés de toutes tailles et impositions arriérées;

Et qu'enfin la mémoire de tous les troubles, séditions, meurtres, prises de deniers des recettes générales, fabrication de monnaie, ventes de biens, meubles et immeubles, rançons, butins, jugements, demeurerait éteinte et abolie [1].

Agen, Marmande, Villeneuve, Aix et son parlement traitèrent sur les mêmes bases. Toulouse, l'ultrà catholique, eut ce qu'elle voulut, défense absolue aux huguenots de prêcher dans ses murs, sa banlieue, les villes de son ressort, d'où ils étaient bannis; ordre de se tenir à quatre lieues de distance; rétablissement de la religion catholique partout où elle avait cessé, restitution des biens ecclésiastiques, maintien de tous les ligueurs dans leurs charges et dignités, confirmation formelle des libertés et priviléges des villes et communes, exemptions d'impôts pendant vingt ans, amnistie pour tout le passé, et notamment pour le meurtre de Duranti. Quant à frère Ange, le capucin, qu'on avait arraché de son couvent pour en faire un troisième duc de Joyeuse, il s'était borné pour sa part à présenter, en sa qualité de chef de la Ligue en Languedoc, une demande contenant *cent articles* qui furent accordés. Le premier lui donnait le bâton de maréchal; le second, la charge de lieutenant-général du roi en Languedoc; le troisième, les plus grands avantages pour son parent L'Estrange et la ville du Puy que celui-ci vendait; et le dernier, l'autorisation pour les jésuites

---

[1]. Recueil des édicts et articles accordez par le roy Henry IV pour la réunion de ses subjets.

de demeurer dans tout le ressort du parlement de
Toulouse, nonobstant l'édit du parlement de Paris
qui les bannissait de France à cause de l'attentat de
Jean Châtel. Dissoute dans toutes les provinces et
même en Auvergne, où Randan avait perdu Riom, et
dans le Rouergue, qui s'était soumis avec sa capitale au maréchal de Matignon, la Ligue tenait bon
en Provence, et, sans le capitaine corse de la Porte-
Royale, le drapeau blanc n'eût peut-être pas flotté de
long-temps sur les tours de Marseille. Pietro di Liberta, originaire de Calvi, où ses aïeux avaient jadis
gagné ce nom en sauvant la liberté de la ville, méditait secrètement de rendre le même service à sa patrie d'adoption tyrannisée à son avis par Cazaulx, le
premier consul, et Louis d'Aix. Ces deux hommes
voulaient, dit-on, vendre la ville à l'Espagne; accusation fondée trop légèrement peut-être sur la présence d'une flotte espagnole dans le port; car six
ans auparavant 6,000 hommes de cette nation
avaient bien débarqué au grau de Narbonne, venant au secours de la Ligue, sans que personne eût
imaginé que Sa Majesté catholique songeât à envahir
le Languedoc, et à la même époque la présence de
la flotte anglaise qui bloquait Bordeaux dans l'intérêt du roi de Navarre, n'avait pas inspiré plus de
craintes pour cette capitale de la Guienne, quoique
les Anglais méritassent bien moins de confiance. Le
jeune duc de Guise rallié au Béarnais arrivait alors
dans son gouvernement de Provence, devenu le prix
de sa défection à la cause scellée par le sang de son

père[1]. Déjà il avait chassé la Ligue de Riez, de Sisteron, de Grasse, de Martigues et de la tour de Boue, lorsque Liberta trouva le moyen de l'informer de ses dispositions et de prendre jour pour lui livrer la Porte-Royale. Le duc, agissant de ruse pour ne donner aucun ombrage aux Marseillais, mena sa petite armée à Toulon, fit reconnaître son autorité à Saint-Tropez, Hyères et Draguignan, et au moment où on le croyait occupé au siége de La Garde, revenant rapidement sur ses pas, il va coucher à Saint-Julien par Aubagne et La Cadière, et le 17 février 1596 s'achemine avant le jour avec son canon vers la porte où commandait Liberta. Celui-ci craignait déjà que la pluie qui tombait à torrents, n'eût fait manquer l'entreprise ; et il avait envoyé un de ses amis pour voir s'il ne paraissait personne, quand voici un minime qui arrive au jour à l'ouverture de la porte et, rencontrant Louis d'Aix et Cazaulx, les avertit qu'une douzaine de soldats sont embusqués à deux cents pas. Louis d'Aix sort aussitôt pour reconnaître avec vingt mousquetaires, et se trouve face à face avec l'avant-garde du duc de Guise, qui le charge si vigoureusement que ce n'est qu'à grand'peine qu'il put se couler le long des murailles et se jeter dans un bateau, avec lequel il rentra dans la

1. On ôta ce gouvernement au duc d'Épernon, qui était exécré à tel point que les Provençaux, conduits par Carcès, s'étaient révoltés contre lui ; mais il le défendit les armes à la main et, forcé de transiger, Henri IV ajouta aux trois gouvernements qu'il possédait, ceux d'Angoumois, de Saintonge et de Périgord, le gouvernement du Limousin, et en assura la survivance à son fils!

ville. Pendant ce temps une lutte désespérée était engagée à l'intérieur : Liberta, enfermant Cazaulx entre les deux portes, lui avait plongé son épée dans le cœur, et le consul, quoique blessé à mort, ayant tiré la sienne, était tombé presqu'au même instant sous les coups de Liberta, de son frère Bartolomeo et de ses amis. Ce guet-apens corse avait été exécuté si rapidement que les gardes du consul n'avaient pas même eu le temps de le défendre ; mais en le voyant tomber, quatre mousquetaires plus hardis que les autres déchargèrent leurs armes sur ses assassins, et alors un combat corps à corps et sans merci fut livré sous la voûte entre les Marseillais et les Corses. Liberta eut bon besoin d'aide pour repousser ces quatre braves, dont le dernier surtout le serrait de près avec sa demi-pique, et l'aurait tué sans le secours de ses amis.

Cependant Louis d'Aix parcourait les corps-de-garde avec le fils de Cazaulx pour rassurer les troupes et réunir ses partisans ; mais il mit trop de lenteur à se rendre à la Porte-Royale, et lorsqu'il s'y présenta le duc de Guise était déjà entré avec des forces supérieures. Il se replia donc sur l'Hôtel-de-Ville, où il espérait rallier les siens : mais la mort de Cazaulx et cette surprise avaient produit une panique si grande dans la ville qu'il reconnut que la résistance était impossible, et se jeta dans une barque pour gagner le fort de Notre-Dame-de-La-Garde ; tandis que le fils du consul se réfugiait dans celui de Saint-Victor. Les Espagnols poussés par les arquebusiers du duc de Guise se précipitaient de leur côté, les uns dans les embarcations pour rejoindre leurs vaisseaux, les autres vers la côte à la faveur des forts, abandonnant pour fuir plus vite les piques, les arquebuses et même leur drapeau. A leurs cris, aux blasphèmes des matelots, au bruit de la mousqueterie, aux longues rumeurs de la foule, qui ébranlaient les quais, se joignaient les hurlements des forçats, dont la majeure partie, ayant rompu ses fers dans le tumulte, se répandait dans la ville pour le pillage, et les volées de canon du château d'If saluaient la fuite de la flotte espagnole. Malgré la présence du duc de Guise, auquel s'étaient ralliés les bons citoyens, c'est-à-dire ceux qui n'embrassent jamais une cause qu'après son triomphe, il fallut quinze jours pour calmer la sourde agitation de Marseille. Le 3 mars, Henri IV était reconnu sans aucune opposition roi de France, et son drapeau se déroulait à la brise méditerranéenne sur Notre-Dame-de-La-Garde et Saint-Victor, comme sur le vieux fort Saint-Jean et l'Hôtel-de-Ville. Plus tard, dans ce dernier édifice, la reconnaissance royale consacra solennellement la mémoire du 17 février; et en gravissant les marches du prétoire consulaire, on s'inclina devant une statue en pourpoint, dont la main de marbre s'appuyait fièrement sur une lourde épée de fer : c'était le meurtrier du consul, le capitaine corse, naturalisé désormais, et appelé par la tradition, comme par le ciseau du sculpteur, LIBERTAT!

Après ce dernier soupir de la Ligue, et la dernière

défaite du duc de Savoie, Henri IV n'eut plus à compter qu'avec les huguenots; mais ceux-ci se montraient exigeants et trouvaient moins de bienveillance que les croquants et les ligueurs auprès du prince qui, sans eux, n'eût jamais été, au-delà de la Loire, qu'un simple gentilhomme. Henri, le meilleur des hommes du reste, et toujours prêt à se fondre en promesses, était le plus grand gascon de sa cour quand il s'agissait de tenir. Pensant contenter les églises au-dessus de leurs espérances avec l'édit de 1577, il traînait leurs demandes en longueur, et attendait du temps et de la lassitude des esprits la soumission à ses volontés. Mais ce calcul devait échouer avec un parti armé depuis cinquante ans pour obtenir des garanties sérieuses, et qui savait trop bien par cœur son ancien chef pour en croire ses hâbleries. Quelques mois après sa conversion, les députés des églises se réunirent à Mantes et dressèrent un cahier auquel le roi répondit en promettant de faire vérifier de nouveau l'édit de Poitiers. Ce n'était pas ce qu'ils espéraient de la victoire; aussi, une réunion plus nombreuse eut lieu l'année suivante à Sainte-Foy, et il en sortit des demandes plus pressantes que le roi crut satisfaire par une abolition générale des actes d'hostilité commis par les calvinistes du temps qu'il les commandait. Ces réponses paraissaient dérisoires : l'assemblée se mit en mesure d'en obtenir de plus sérieuses. Le rétablissement des conseils politiques dans les provinces et la saisie des deniers royaux furent décrétés tout d'une voix ; ensuite se déclarant en permanence, elle vint, le 24 février 1595, s'installer à Saumur, et décida :

Que le roi n'ayant point satisfait à ses justes demandes, ni pourvu à l'exercice libre qu'elle demandait dans toutes les villes et lieux de ce royaume, ni à l'établissement des chambres mi-parties, à la sûreté de ses places et entretien de ses ministres, les églises ne pouvaient se contenter de l'édit de 1577 ;

Qu'il serait dressé un manifeste pour apprendre à l'Europe ce qu'elles avaient souffert et leur grande patience ;

Qu'elles ne rendraient aucune place de sûreté ;

Et que les garnisons seraient payées avec les deniers arrêtés entre les mains des receveurs-généraux.

Malgré l'énergie de ces mesures, Henri IV ne se rendit pas ; et pendant deux ans l'assemblée erra de Saumur à Vendôme et de Vendôme à Châtellerault, entourée de caresses, de menaces, de prières, de séductions, sans que les protestations secrètes du roi, qui disait, en pleurant, *nos églises*, les manœuvres de quelques grands seigneurs tels que Lesdiguières, et l'or offert à pleines mains, pût la faire fléchir. Grâce à sa noble et loyale constance, l'édit de Nantes fut enfin signé le 30 avril 1598.

Outre les articles les plus favorables des précédents édits, celui-ci contenait des dispositions que les réformés ne cessaient de réclamer depuis cinquante ans ; savoir :

La liberté de s'établir par tout le royaume et d'y suivre leur religion, à peu d'exceptions près;

La permission de bâtir des temples;

La légitimation des enfants nés à l'étranger;

La validité des mariages des prêtres;

L'établissement de chambres mi-parties;

La restitution des titres et honneurs;

L'admission aux charges;

La réédification des villes démantelées et la conservation des places de sûreté. Ces places, en dehors de Montauban, Nîmes et La Rochelle, étaient au nombre de 43. Les garnisons, par un article secret, devaient en être payées et les gouverneurs entretenus aux dépens du roi. Il y avait ainsi, dans les généralités de Poitiers, Bourges, Limoges, Riom, Bordeaux, Montpellier et Toulouse, 2,531 hommes coûtant 18,000 écus par an et répartis dans la proportion suivante:

Thouars,	165	Taillebourg,	52
Niort,	210	Royan,	50
Fontenai,	87	Calvinet,	13
Châtellerault,	197	Lectoure,	120
Saint-Maixent,	46	Mas de Verdun,	61
Marans,	59	L'Isle-en-Jourdain,	64
Maillezais,	59	Lauze,	28
Talmont,	14	Mauvezin,	16
Beauvoir,	31	Figeac,	61
Argenton,	25	Capdenac,	10
St-Jean-d'Angély,	162	Castillon,	138
Pons,	160	Casteljaloux,	29

Monheur,	32	Montpellier,	128
Puymirol,	51	Aigues-Mortes,	127
Tournon,	10	Fort-de-Peccais,	18
Leirac,	13	Tour-Carbonnière,	3
Tartas,	7	Pignan,	13
Bergerac,	32	Sommières,	39
Caumont,	38	Meyrueis,	13
Mont-de-Marsan,	22	Clermont de Lodève,	32
Monflanquin,	13	Castres [1],	60
Clairac,	23		

Quarante-cinq mille livres, sous le nom d'affaires secrètes, étaient affectées à l'entretien des pasteurs et professeurs en théologie, sans parler des articles additionnels destinés à indemniser les grands du parti, qui furent loin, toutefois, d'être aussi bien traités que les ligueurs ou les politiques. Car, si La Force devenait gouverneur du Béarn, si on laissait en Dauphiné à Lesdiguières l'autorité qu'il avait conquise, Montmorency recevait l'épée de connétable pour prix de ses trahisons envers tous les partis [2], et gardait le gouvernement du Languedoc; celui de Provence était le prix de l'abjuration politique du fils de Guise; celui de Guienne la récompense de la neutralité hostile du maréchal de Matignon; et pour une justice rendue à Biron, dont les

---

1. Mss. de la Bibliothèque du Roi, fonds Saint-Germain français.
2. *Histoire générale du Languedoc*, t. v, p. 508. Il fut encore plus grand politique qu'excellent capitaine : ce qui parut dans toute la conduite de sa vie, durant laquelle il joua différents personnages, selon ses vues et ses intérêts.

services méritaient bien le gouvernement de Bourgogne, on accordait quatre faveurs à d'Épernon, l'ancien mignon d'Henri III, en lui abandonnant les gouvernements du Périgord, du Limousin, de l'Angoumois et de la Saintonge, comme salaire de ses dédains et de sa défection au camp de Saint-Cloud.

Il se passait alors quelque chose de parfaitement analogue au mouvement politique du neuvième siècle : à une distance de sept cents ans les idées, le but et les tendances de la féodalité correspondaient d'une manière exacte. La marche des pairs des Bourbons était la même que celle des leudes des Carlovingiens; et par une coïncidence qu'explique seule l'identité des positions et des époques, le fait capital du neuvième siècle, la création du royaume d'Arles ou de Bourgogne en 879 par un leude ambitieux faillit se reproduire en 1601, grâce à l'ambition d'un seigneur. Déjà, comme sous Ludwig-le-Pieux [1], les gouverneurs avaient songé sérieusement à s'adjuger la souveraineté des provinces qui leur étaient données en garde : le jeune duc de Montpensier s'était même ouvert à cet égard au roi, qui l'avait menacé du poignard en jurant son grand *ventre-saint-gris* de faire tomber les têtes d'où sortait cette idée. S'il faut même en croire l'un d'eux [2], les réformés, mécontents de l'ingratitude du roi, avaient été sollicités par un personnage, dans lequel on ne peut méconnaître l'ancien et brave vicomte de Turenne, devenu

---

1. Voir le t. II, p. 57.
2. D'Aubigné, *Histoire universelle*, t. III, p. 667, 670 et suivantes.

duc de Bouillon, d'entrer dans cette ligue féodale qui aurait eu pour objet la formation d'une république protestante bornée par la Loire au midi, et de principautés indépendantes ou électorats fédérés au nord. De l'aveu du même auteur, les réformés ayant refusé « de toucher à la main » à cause de la coopération suspecte du duc de Savoie, de l'empereur et du pape, leurs ennemis naturels, ce projet, éclos dans la première fermentation des mécontentements personnels, des ambitions déçues et des rancunes de parti, avait été abandonné. Mais comme il fallait un exemple pour affermir les bases tremblantes du trône, Henri IV résolut de sévir, et choisit avec une grande habileté une victime assez noble pour glacer d'effroi les catholiques, assez ennemie de la réformation pour que les protestants vissent tomber sa tête sans peine. Le maréchal duc de Biron réunissait, par malheur, ces deux conditions à un degré très-éminent : un des premiers dans le parti catholique et féodal, par sa réputation militaire, son influence en Gascogne et ses grandes charges, il s'était rendu odieux aux réformés par l'affectation de son zèle, qui était, disaient-ils, poussé si loin, que lorsqu'il apercevait *à cent pas de son chemin une croix de village, fût-elle cassée, il mettait pied à terre et se traînait à genoux pour en aller baiser le pied.*

Par ces motifs, Henri IV, bien certain de l'appui de ses huguenots, et satisfait, d'ailleurs, qu'en servant d'avertissement aux seigneurs catholiques le châtiment tombât sur un homme qui lui était insupportable par ses plaintes continuelles, ses jactances[1] et son orgueil, saisit, à l'aide d'un misérable agent nommé Lafin, le fil brisé de ce complot qui se rattachait en Bourgogne, attira Biron à Fontainebleau et le fit arrêter. Son sort était fixé d'avance; cependant, pour entourer l'acte politique de l'autorité et du caractère solennel de la justice, on chargea deux présidents du parlement d'instruire son procès. Ces commissaires l'interrogèrent à la Bastille, et l'accusé, dans sa naïveté rude et brutale, dévoila aussi clairement qu'on pouvait le souhaiter la faiblesse de son intelligence et les manœuvres du délateur infame appelé par le parlement lui-même une maquerelle, en répondant aux interpellations :

« Que ce méchant Lafin lui dit entre autres choses que le roi parlait fort mal de lui et de sa maison; qu'ayant perdu feu son père, Dieu lui avait fait la grâce de lui ôter un serviteur inutile... Que de vérité ces paroles, bien qu'elles ne fussent pas véritables, toutefois lui touchaient tellement au cœur, que de les dire seulement, cela l'offensait... que Lafin lui avait rapporté tant d'exécration à son accoutumée, qu'il était quasi forcé de les croire. *Que comme magicien ordinaire et en lui faisant boire d'une eau qu'il composait, il lui faisait croire ce qu'il voulait.* Que avait coutume à l'abordée de le baiser à l'œil gau-

---

1. « Egli è stimato di natura aloiera et ambitiosa et gloria moi lo gonfia davantaggio et credendo et predicando che la sua spada sia stata il principali instrumento della felicità et gloria del Re... » (Osservazioni nella prigionia del conte d'Overnia e duca di Birone. — Mss. du Roi, fonds St-Germain, n° 1373.)

che, l'appelant mon maître, mon Dieu, mon Seigneur. Qu'enchanté par ses sortiléges, ensorcelé par ses magies, il avait laissé glisser en son âme cette mauvaise opinion que le roi avait de lui, que nonobstant tous ces soupçons et ces défiances de Sa Majesté, il ne trouvait point qu'il eût fait manquement envers Sa Majesté; que de vérité il aurait pu dire ou écrire quelque chose, mais jamais rien fait contre le bien de l'État, ni de Sa Majesté [1]. »

Devant des juges moins prévenus, ces réponses seules eussent suffi pour le faire absoudre; mais on ne l'interrogeait que pour la forme, et, le 27 juillet 1602, un bateau couvert alla le prendre à la Bastille et le conduisit au Palais. Là, devant la cour assemblée, il se défendit avec tant de franchise militaire et de force, et prouva si bien qu'on ne pouvait le rechercher pour les vains projets d'un crime que le roi lui avait pardonné à Lyon, que, malgré l'absence des pairs, dont aucun n'avait voulu siéger, les juges allaient le déclarer innocent, lorsque le chancelier leva la séance. Deux jours après l'affaire fut reprise, le chancelier apporta des lettres-patentes du roi contenant révocation de la grâce qu'avait invoquée le prévenu, et le parlement contraint, en quelque sorte, condamna Biron à avoir la tête tranchée en place de Grève.

On avait tant de hâte de le voir mort que le lendemain l'arrêt fut lu dans sa prison, et l'échafaud,

---

1. Procès criminel de Gontaut-Biron. (Mss. de la Bibliothèque royale; fonds St-Germain, n° 579.)

couvert de drap noir, dressé dans la cour de la
Bastille; car il n'eût pas été prudent d'exécuter l'arrêt en Grève. Le 31, à six heures du soir, Biron,
que *ses gardes avaient ouï rire en dormant*, descendit d'un pas ferme, protesta une dernière fois de
son innocence, et après avoir demandé si La Force,
son beau-frère, capitaine des gardes, était en ville,
et maudit l'ingratitude du roi, il s'agenouilla et se
banda les yeux lui-même, à la prière de son confesseur. C'est alors, et pendant que le capitaine Baranton lui relevait les cheveux, que le bourreau effrayé
de la violence qu'il s'imposait pour ne pas éclater,
lui fit voler la tête par surprise. Le cadavre mis
dans un cercueil de plomb, et accompagné de douze
prêtres psalmodiant tristement les hymnes des morts,
fut inhumé aussitôt dans l'église Saint-Paul, où une
multitude incroyable vint faire des prières. Jamais
tombeau n'avait été arrosé de tant d'eau bénite! Jamais mort n'était advenue si douloureuse et si regrettée[1].

Qu'on juge maintenant par l'émotion de Paris de
celle qui dut se manifester à cette lugubre nouvelle
dans la patrie de Biron. Le Quercy, le Limousin, le
Périgord et la Gascogne, où ce nom était depuis longtemps populaire, se crurent atteints par le coup de
hache du bourreau. Une protestation ardente et unanime sortit de toutes les bouches, et bientôt les salles bruyantes des hôtelleries, les voûtes des châteaux,

---

1. De Thou, *Histoire universelle*, t. xiv. — Mémoires du duc de La
Force, t. i, p. 336.

les rues des cités municipales et les campagnes, retentirent de ce chant énergique, où le peuple du Midi peignait avec passion, comme il la sentait, l'Odyssée de son héros :

 Le maréchal à la Bastille
  S'était endormi pendant la nuit,
 Mais on fit du bruit à la grille
 Et tout à coup il se réveilla.
 — Qui est venu à cette heure,
  S'écria le grand capitaine,
 Pour troubler dans sa triste demeure
 Le repos du prisonnier ?...

 — C'est ton seigneur le roi de France,
  Lui répondit Henry-le-Grand.
 — C'est toi qu'a défendu mon épée,
 Toi pour qui je voulais mourir !
 Viens-tu insulter à ma misère,
 Rire du pauvre condamné ?
 Ah ! quand nous marchions à la victoire
 Tu me promettais mille bienfaits !

 J'ai commandé sur mer, sur terre,
 Et tes cavaliers en Piémont
 Disaient qu'ils n'avaient jamais eu
 Un commandant tel que Biron.
 Tu as oublié toutes les fatigues
 Que pour toi j'ai essuyées,
 Tu as oublié que mon corps
 N'a pas une veine qui n'ait saigné pour toi.

 — Je me souviens de tes campagnes,
 Je ne les oublierai pas, Biron !
 Mais tu as voulu me vendre à l'Espagno
 Et me trahir comme Judas.

— Biron n'a jamais trahi son roi,
Tu as écouté ses ennemis :
On me tranchera la tête et ensuite
Tu pleureras sur ta vengeance.

Et l'on dit qu'en poussant la porte
Biron vit le grand Henry
Pleurer devant ses gardes ;
Peut-être son cœur était ému !
Et maintenant levons-nous, frères,
Dans la chapelle de Biron
Allons prier pour le fils et le père,
Car on parle de leur gloire bien loin [1].

L'agitation des esprits irrités d'ailleurs par les impôts qu'inventait tous les jours l'avarice de Sully, éclata trois ans plus tard, et cette chanson devint le signal de maints conciliabules en Quercy, en Limousin et en Périgord, où la noblesse mit sérieusement sur le tapis le projet de venger Biron. Les circonstances paraissaient favorables : la convention protestante réunie à Châtellerault, malgré les défenses du roi, songeait, disait-on, à établir la république [2]. En Béarn, catholiques et réformés murmuraient des demi-mesures du gouvernement qui, en essayant de

---

1. « . . . .
Aro leben nous aous mous fraïre,
Din lo capélo de Biroun
Anen préga pel fil pel païre
Parlou de lour glorio ben loun ! . . . »

Cette curieuse complainte historique, conservée par la tradition en Périgord, avait été défendue à cette époque, comme on le voit par une ordonnance du sénéchal de Domme.

2. Mémoires de Sully, t. II, p. 380.

ménager les deux religions, se les rendait également hostiles ; le parlement de Paris ne cachait pas son mécontentement du rappel des jésuites bannis à cause de l'attentat de Jean Châtel, et parmi lesquels Henri IV venait encore de prendre un confesseur, et l'Espagne soufflant de loin avec son empressement accoutumé sur le feu de ces nouvelles discordes et les tisons mal éteints de la Ligue, se tenait en embuscade sur la frontière prête à profiter de l'incendie. Dans cette situation, Henri IV agit avec adresse et promptitude ; dépêchant Sully à Châtellerault avec un brevet portant prolongation des places de sûreté pendant quatre ans, il parvint à détourner l'orage de ce côté, et lorsque les églises se furent engagées à obéir aux puissances à condition *que l'empire de Dieu demeurerait dans son entier*, il partit pour Limoges précédé du régiment des gardes.

Quels contrastes bizarres engendre quelquefois dans la position des hommes la différence des époques. En arrivant à la Maison-Rouge, Henri IV se souvenait certainement de ce lugubre accueil que lui avait fait Périgueux vingt-neuf ans auparavant ; et s'il le compara mentalement à celui qui l'attendait à Limoges, il dut mesurer dans toute son étendue la distance qui séparait le puissant roi de France du pauvre prince de Navarre. Ce dernier n'avait trouvé personne sur la route, en 1576, pour lui dire la bienvenue ; et malgré la pluie qui tombait à flots, quand le roi de France parut dans la journée du 20 octobre 1605, les six consuls, le clergé, la noblesse ; la magistrature, la garde bourgeoise et cinquante gentilshommes à cheval suivis de toute la population, accoururent à sa rencontre. Le prince de Navarre était passé comme sous des fourches caudines sous un arc peint en noir, où étaient inscrits en termes amers une protestation et un reproche. Le roi de France passait entre l'autel de la clémence représentée par un lion jouant avec une biche, et l'autel de la force que figurait un autre lion déchirant un tigre, sous un arc de triomphe auquel il n'y avait à reprendre, selon les courtisans, que le dessin du génie tutélaire peint avec un casque de Romain et une cotte rouge de paysanne. De vieux huguenots aux fronts sévères, aux poitrines cuirassées, avaient levé devant le prince de Navarre la herse sanglante encore de la porte Taillefer, en criant Vive le Dieu fort et ses Églises; et une jeune fille d'une rare beauté, apportant les clefs de Limoges sur un plat d'argent, la harangue, et le dais consulaire le *Te Deum* joyeux de Saint-Martial, les médailles d'or du poids de douze marcs, tout ce qui pouvait le flatter ou le réjouir était prodigué au roi de France.

Huit jours s'écoulèrent rapidement dans les festins du palais du Breuil et les réjouissances de Mont-Jovi; le septième, le roi passant dans la rue des Combes devant la fontaine du Chevalet, apprit de la bouche d'un consul que la petite statue équestre, qui surmontait les cinq mascarons, représentait, au dire de l'inscription latine, Constantin foulant aux pieds un perfide serviteur[1], et il se rappela l'objet de son voyage. Un grand nombre de gentilshommes limousins, quercinois et du Périgord, accusés d'avoir conspiré pour venger Biron et comploté de surprendre Brives, Uzerche, Cahors, Riom, Clermont, Sarlat, Gourdon et Bordeaux furent livrés au présidial de Limoges, qui en condamna onze à la peine de mort et acquitta tous les autres. Le 16 décembre, cinq têtes tombèrent et six contumaces furent exécutés en effigie. Le duc de Bouillon non moins compromis que ses compatriotes reçut également l'année suivante la visite de son ancien frère d'armes dans sa ville de Sedan; mais le vieux souvenir de ses services le sauva. Quant à ce fils naturel de Charles IX, appelé le comte d'Auvergne, instigateur ou complice de tous les mouvements et de toutes les intrigues ourdies depuis la mort de Henri III, on fit rendre

1. Il y avait autrefois au-dessous de la coupe en pierre de cette fontaine l'inscription suivante :

« Constantino magno imperatori. Ob fusum, victum, prostratum ac tandem *imperatoris equi calce occisum Gallum Anaballianum*, Aquitaniæ præfectum qui consortem imperii Licinium adversùs illum ære et milite juverat. Ob idque ecclesiam Lemovicensem spoliaverat. Pop. Lemovic. in fonte perenni perennem D. M. ann. Christ. CCC. XVI. »

Cette inscription est un exemple curieux du travestissement que subissait l'histoire dans le cerveau des moines. Le « Gallus Anaballianus », prétendu préfet de l'Aquitaine, n'a point existé, et le P. Amable eut raison de remarquer que jamais Constantin n'avait eu affaire à un ennemi de ce nom. Voici d'où venait l'erreur des légendaires, qui songeaient peut-être à établir l'antiquité de l'église de Limoges. On se rappelle (t. I, p. 143) que Severus Septimus, après avoir vaincu Albinus, foula son cadavre aux pieds de son cheval : préoccupé de ce souvenir, l'auteur de l'inscription brouilla les dates et les époques, confondit l'an 196 avec l'an 316, appela Albinus *Anaballianus*, et attribua à Constantin le trait sauvage de Septime-Sévère.

par le parlement, tandis qu'il était à la Bastille, un arrêt qui le dépouillait de l'Auvergne et du Lauragais, et en ordonnait, après la mort de Marguerite de Valois, la réunion à la couronne.

A ces troubles ne tardèrent pas à succéder les agitations religieuses du Béarn; le Béarn et la Navarre détachés encore de la monarchie française et soumis à un régime particulier, avaient grand' peine à suivre dans ses oscillations la volonté souveraine de leurs princes. En trente ans, cette volonté s'était exprimée deux fois solennellement et dans des termes contradictoires. En 1569, la reine Jeanne avait aboli le catholicisme et confisqué les biens du clergé; en 1599, le catholicisme avait été rétabli et les biens des ecclésiastiques rendus par Henri IV[1]. Cependant *les bons semeurs, qui répandirent en Béarn le pur froment de la parole divine, avaient si bien arraché les ronces et les mauvaises herbes*[2], que la moisson calviniste couvrait tout le champ. Lorsque les ecclésiastiques revinrent, ils ne trouvèrent donc presque plus de place, et, comme la génération présente, née dans la Réforme, les voyait d'un œil ennemi, le gouverneur La Force ne fut occupé, de 1605 à 1608, qu'à pacifier les différends des États protestants et des évêques. Le temps que lui laissait cette tâche difficile, il le consacrait à repous-

---

1. « Premièrement que tous nos subjets catholiques dudit pays de Béarn auront liberté de faire exercice public de leur religion sans à raison de ce être troublés ou molestés. » (Mss. de la Bibliothèque du Roi, fonds Dupuy, n° 153.)

2. Ibid.

ser rudement les rôdeurs espagnols des frontières et à mûrir l'exécution d'une des plus grandes pensées politiques qui aient vu le jour dans le dix-septième siècle.

Douze cent mille morisques, reste infortuné des compagnons de Tharec, étaient parqués dans la Manche, la Castille et l'Estramadure. Depuis cent-dix ans la royauté et l'inquisition, dont ces derniers disciples de l'Islam blessaient les regards, les poussaient peu à peu hors de l'Espagne. Forcés, en 1501 et en 1525, de recevoir le baptême ou de s'expatrier; en 1566, de renoncer à la langue, aux noms, aux vêtements, aux bains et aux mœurs de leurs pères; et, en 1571, de quitter pour les sierras de Castille les plaines délicieuses de Grenade, ils étaient à la veille d'être expulsés définitivement, en vertu d'un édit de Philippe III rendu en 1605 et renouvelé en 1609. Il ne s'agissait donc de rien moins que de tendre la main à ce peuple réduit au désespoir, et d'envahir l'Espagne par le Roussillon, la Navarre et la Catalogne, pendant qu'il occuperait toutes les forces de Philippe à l'intérieur. Ce plan hardi et d'une portée immense dans l'état actuel de l'Europe, Henri IV et son gouverneur le conçurent; un émissaire habile fut envoyé chez les Morisques pour étudier sur les lieux l'état de leurs forces et de leurs ressources, et l'on assure que dans une assemblée secrète tenue à Toga, où s'étaient rendus tous les syndics des aljamas et les principaux chefs de la race more, on convint que cent-vingt mille ducats seraient comptés d'abord au gouverneur de Béarn, afin de garantir les frais de l'expédition; et que 80,000 proscrits se rangeraient sous le croissant[1]. Ces conventions arrêtées dans le plus profond secret, Henri IV fit ses dispositions, et il allait rendre aux princes protestants de l'Allemagne les services qu'il avait tant de fois reçus d'eux, comme chef des églises et prétendant; et sous le prétexte de la succession de Juliers, étreindre corps à corps le colosse autrichien sur le Danube; tandis que La Force avec 10,000 hommes le presserait en Espagne en donnant la main aux Morisques et que Lesdiguières l'attaquerait en Italie, lorsque, la veille de son départ et le jour même où La Force devait prêter serment de maréchal de France, le poignard d'un maître d'école effaça ce plan magnifique et sauva l'étranger.

Dans de telles circonstances la mort de Henri IV était une calamité publique, et Ravaillac méritait presque l'affreuse torture qu'on lui fit subir; cependant, à part le peuple, qui ne manque jamais de s'attendrir sincèrement sur les grandes infortunes, peu de personnes dans les hautes et moyennes régions de la société déplorèrent sans hypocrisie l'assassinat du 10 mai. Malgré la bonhomie de son caractère, la vivacité toute méridionale de ses saillies, et l'espèce de simplicité bourgeoise de son langage et de ses manières, Henri IV avait peu d'amis. Les grands le haïssaient en secret parce qu'ils le craignaient; les

---

1. Mémoires de La Force, t. I, p. 219. — Mém. de Fontenay-Mareuil, t. I, p. 46.— Archives du royaume, section historique.

catholiques pleins des mauvaises impressions de la
Ligue ne voulaient pas croire, quoiqu'il se fût jeté
dans les bras des jésuites, à la sincérité de sa conversion; les réformés, qui lui étaient les plus dévoués
au fond, s'en défiaient néanmoins autant que de son
prédécesseur, et ne lui auraient pas fait le sacrifice
d'une place de sûreté. Son pays de Béarn ne cessait
d'éclater en murmures contre sa politique à deux
visages, dont l'un était tourné respectueusement
vers Rome, tandis que l'autre souriait à Genève. Les
paysans qui, en attendant cette poule au pot encore
attendue par leurs arrière-petits-fils, se voyaient
enlever leur dernière gerbe par les collecteurs de
Sully et mouraient de faim dans leurs friches, ne
pouvaient bénir le nom du roi en se révoltant dans
toutes les provinces et en massacrant ses officiers;
et dans sa propre famille, le cynisme de ses mœurs,
bien qu'autorisé jusqu'à un certain point par l'exemple des rois ses prédécesseurs, lui avait fait de ses
parents, de sa femme et de ses jeunes enfants mêmes
autant d'ennemis domestiques. Aussi, lorsque le
poignard, qui s'était déjà six fois levé contre lui,
après avoir fendu ces lèvres par lesquelles avait été
renié l'huguenotisme, perça son cœur où il restait,
dit-on, encore, chacun laissa voir ses véritables sentiments. Les seigneurs, qui étaient dans son carrosse,
lorsqu'il fut frappé, n'attendirent pas même qu'il
fût mort pour en descendre, et courir auprès de la
reine, et le cadavre de celui que le parlement sur-
nommait grand dans ses préambules, était aban-

donné dans une salle basse, tandis que le duc d'Épernon faisait proclamer Louis XIII et donner la régence à sa mère.

LA ROYAUTÉ EN LUTTE AVEC LA NOBLESSE ET LA RÉFORMATION.

En tombant dans les mains de Marie de Médicis le pouvoir devait faire encore une chute. Comme la reine était en effet incapable de soutenir ce fardeau, elle le confia au mari de sa femme de chambre. On vit un faquin d'Italien prendre la place de Henri IV; et à cette politique aux grandes vues, qui eut mis la France à la tête de l'Europe, succédèrent la paix honteuse, les intrigues de ruelle et le règne de l'étranger. Comme si ce n'était pas assez d'abandonner les grands projets du roi, Concini prit le contrepied du système suivi jusqu'alors, et au lieu d'attaquer l'Espagne, il poussa la régente à s'unir avec cette puissance ennemie plus étroitement encore que du temps de la Ligue. On apprit donc bientôt avec le plus profond étonnement au-delà de la Loire qu'une double alliance allait se conclure entre les deux couronnes : Louis XIII épousait Anne d'Autriche, et sa sœur, Élisabeth, l'Infant d'Espagne. Le 7 octobre, en effet, de l'an 1615, une maison navale traînée à la remorque par soixante matelots portant la livrée de Bordeaux parsemée de croissants et de tours, prenait le roi à Guîtres et venait le débarquer à cinq heures du soir aux Salinières. Là, sans paraître comprendre l'ingénieuse allégorie de la jurade, qui, pour lui inspirer l'idée de diminuer les impôts, avait placé à l'un des flancs de la maison navale un homme nu figurant la Garonne, lequel, sortant à demi des ondes et tournant sans cesse vers le roi sa tête chargée d'un paquet énorme de roseaux et de joncs, semblait le supplier de le délivrer du fardeau, Louis XIII se rendit à l'église de Saint-André où l'attendait le cardinal de Sourdis, et ensuite à l'archevêché préparé pour le recevoir. Deux mois s'écoulèrent ainsi dans les fêtes du mariage de Madame avec l'Infant, et de celui de l'Infante que Luynes, gentilhomme provençal, était allé chercher à Saint-Jean de Luz, avec le roi. C'est pendant ces réjouissances de la cour, et lorsque Louis XIII s'amusait avec toute la naïveté de son âge à visiter les églises et à regarder les feux de joie allumés sur la place de l'Hôtel-de-Ville, que le fameux cardinal de Sourdis montrait à son hôte imberbe quelle énergie et quelle audace la Ligue avait laissées sous le rochet épiscopal et sous la pourpre. Treize ans auparavant le cardinal-archevêque s'était signalé par la violence de son caractère en excommuniant à propos de deux autels démolis par ses ordres, malgré le chapitre, les officiers du parlement et le parlement lui-même, et en enfonçant les portes des prisons pour en tirer ses gens au mépris de la loi. Il arriva qu'un bandit féodal du Quercy, le seigneur de Haut-Castel, fut par hasard condamné à mort dans ce temps-là pour crimes monstrueux. C'était un ami du prélat, qui s'empressa de demander sa grâce au roi. Louis XIII l'ayant accordée, sans savoir probablement ce qu'il signait, le grand prévôt alla réclamer le prisonnier; mais le concierge du palais refusa de le livrer sans l'ordre du parlement, et fit avertir le premier président : celui-ci accourut aussitôt auprès du chancelier avec ses principaux collègues, et en montrant la procédure n'eut pas de peine à obtenir la révocation de la grâce. Après ce premier succès, le parlement voulait faire exécuter sur-le-champ Haut-Castel; il fut impossible de trouver le bourreau : le cardinal s'était arrangé de façon qu'on ne le découvrit qu'à dix heures du soir dans un tel état d'ivresse qu'il fallut forcément remettre l'exécution au lendemain. C'est ce que voulait le prélat. Pour mieux braver les robes noires, il sortit à midi de l'archevêché suivi de cinquante gentilshommes à cheval, se rendit au palais dont ses gens brisèrent les portes à coups de marteau, fit tuer le concierge de la prison, délivra Haut-Castel et l'emmena tranquillement souper à son château de Lormont. Puis, malgré l'orage de paroles qui éclata dans la grand' chambre, malgré les arrêts fulminants que le greffier du parlement traça sur le parchemin, malgré l'indignation apparente du roi, et celle de monsignor Ubaldini, nonce du pape, Haut-Castel regagna, sans être inquiété, sa forêt de Bourlinges, et le cardinal revint s'asseoir impunément, quelques mois après, à côté de ces juges dont il avait traité la sentence avec tant de mépris.

On pliait ainsi devant l'Église, et en s'unissant à

l'Espagne où irritait au suprême degré les passions protestantes, exaltées déjà par le renvoi de Sully, par les réclamations des évêques en Béarn et l'apostasie du gouverneur de Lectoure converti par les jésuites. Les réformés se réunirent successivement à Saumur, Privas, Grenoble, Nîmes et La Rochelle, pour aviser au salut d'Israël! Dans ces diverses assemblées, qui pendant six ans ne furent que la continuation des États de Saumur, il avait été pris une suite de résolutions propres à remettre le parti sur l'ancien pied de guerre. Déjà le prince de Condé, fidèle aux traditions de ses devanciers, et pensant agrandir sa fortune par les mêmes moyens, avait quitté la cour et fait un traité d'union avec les protestants. Quelques grands seigneurs, d'un autre côté, indignés, non d'obéir au laquais de la reine, mais d'avoir la moindre part à ses faveurs, s'étaient retirés dans leurs gouvernements pour reconstituer cette faction du bien public ou politique dont Montmorency avait été pendant cinquante et un ans en Languedoc l'égoïste et honteux symbole. La guerre civile ne pouvait donc manquer de se rallumer au souffle des mêmes cupidités féodales et des mêmes alarmes religieuses, lorsque des concessions habiles et de l'argent apaisèrent tout. Quand les protestants, avec la confirmation de l'édit de Nantes, eurent obtenu un supplément de 45,000 livres pour l'entretien de leurs garnisons, une prolongation de six ans pour les places de sûreté, un nouveau brevet de 45,000 écus destinés à augmenter le traitement de leurs ministres, et

90,000 livres d'indemnité pour les frais de séjour des députés pendant les sessions de Saumur, Privas, Grenoble, Nîmes et La Rochelle, ils éteignirent la mèche de leurs arquebuses et laissèrent le prince de Condé se tirer d'affaire comme il pourrait. Celui-ci ne demandait pas mieux, car il était devenu le plus ardent instigateur de la paix, du moment où ses prétentions avaient été admises. Mais si on l'avait ménagé à La Rochelle, on le traita différemment à Paris. Cette paix, dite de Loudun, avait été signée le 4 mai 1616; le 7 septembre, Thémines le quercinois arrêtait Condé au Louvre et le menait à la Bastille [1].

Il n'en aurait peut-être pas fallu davantage pour tout remettre en feu dans les provinces où s'étaient retirés, aussitôt après l'emprisonnement de leur chef, les ducs de Vendôme, de Bouillon, de Mayenne et de Nevers, si le gentilhomme provençal dont nous avons parlé plus haut, Albert de Luynes, n'eût éteint la guerre civile avec le sang de l'homme qui la ranimait. Recourant à l'expédient favori de ces temps de troubles, à l'assassinat, il fit tuer Concini qui s'appelait déjà le maréchal d'Ancre, donna son bâton au meurtrier et s'empara du pouvoir comme de l'esprit de Louis XIII, incapable d'avoir autre chose que la chagrine jalousie du despotisme et la volonté du mal. Pendant que cet événement suscitait entre le

---

1. On le créa maréchal de France pour cet exploit, ce qui fit dire au satirique d'Aubigné dans son baron de Fœneste :

« Je troube que monsur de Thémines est parbenu à la maréchaussée par
» un vrabe moyen et vien noubeau. »

fils et la mère, reléguée après la mort de son Concini au château de Blois, une de ces querelles impies qui prennent leur source dans une honte et dont le plus grand poids vint tomber en 1619 sur l'innocente ville d'Uzerche, parce que le duc d'Épernon soutenait Marie de Médicis, des nuages s'amoncelaient sur l'horizon des provinces méridionales.

Après les fêtes superbes données par la ville de Toulouse à l'occasion du mariage de la sœur du roi, fêtes dont le poète Goudouli avait composé le prologue en languedocien, et auxquelles rien ne manqua, ni le ballet des quatre-nations, ni les courses de bague, ni les bouquets de diamants aux vainqueurs, distribués par la duchesse de Montmorency, ni même, afin de compléter les réjouissances, le tragique spectacle de la mort de Vanini, brûlé vif pour cause d'impiété, l'orage éclata enfin dans le Vivarais. La veuve du seigneur huguenot de Privas avait conçu une passion des plus ardentes pour le vicomte de Cheylane. Cet amour, qui était déjà par sa violence un scandale aux yeux des ministres, devint une monstruosité ayant un catholique pour objet. Le synode du Bas-Languedoc se réunit extraordinairement, et il fut convenu d'une voix unanime que la veuve d'Urie ne pouvait passer entre les bras d'un Philistin[1]. En conséquence le ministre Rovery fut chargé de notifier cette décision à la dame, en la priant, si elle tenait absolument à rompre son veuvage, de choisir un époux parmi les gentilshommes

---

1. Commentaires du soldat du Vivarais, liv. I, p. 7.

protestants. Or celle-ci, qui se défiait, avec raison, du bon goût des ministres, avait suivi son penchant et se trouvait la femme de Cheylane, qu'on avait introduit dans le château par une brèche, lorsqu'on lui apporta les ordres du synode. A cette nouvelle, la fureur populaire ne se contint plus : deux fois assiégé, le château tomba dans les mains des bourgeois ; et le duc de Montmorency, qui avait succédé à son père mort à Pézénas six années auparavant, ne put qu'exercer des représailles sur Villeneuve de Berg, Vals et Vallon.

Sur ces entrefaites, Louis XIII passait la Loire, tant pour achever de dénouer en Guienne les intrigues des amis de la reine-mère, que pour faire exécuter ses édits dont le Béarn protestant ne tenait aucun compte. Le sang d'un noble gouverneur, Fronsac, qui jaillit sous la hache du bourreau le 19 septembre 1620, devant le vieux palais de l'Ombrière, annonça aux Bordelais l'arrivée du roi. Trois jours après, le parlement était réprimandé dans un lit de Justice, et la jurade révoquée. C'est en se faisant précéder par ces actes de vigueur que Louis et son favori se dirigèrent sur Pau, où ils arrivèrent le 15 octobre. Les consuls et les députés des trois ordres étaient accourus pleins d'espoir à la rencontre du fils d'Henri IV, mais il les rebuta, et refusa d'entrer, autrement que comme particulier, dans une ville où Dieu n'avait pas d'église. L'antique château des d'Albret, cette Notre-Dame du bout du pont, qu'implorait en chantant, pour devenir mère, la courageuse Jeanne, la vue du berceau de son père et de ces coteaux du Jurançon aux reflets vermeils, où avait erré son enfance, rien ne put lui inspirer des pensées plus douces. Le surlendemain il fit célébrer à Navarreins la messe, qu'on n'y avait pas entendue depuis la défense de sa grand'mère, c'est-à-dire depuis cinquante ans, puis à son retour à Pau, le conseil souverain, changé en parlement, reçut ordre d'enregistrer la déclaration suivante :

« Les évêques et les abbés auront à l'avenir entrée et voix délibérative au parlement.

L'Église sera remise en possession de ses biens et de tous ses priviléges, afin que les évêques puissent avoir une existence conforme à leur dignité.

Le Béarn et la Basse-Navarre sont réunis à la France, et restent placés sous la juridiction du même parlement.

Les revues des persans (espèce de milice provinciale) demeurent interdites [1].

A ces vigoureuses mesures, le roi, par le conseil du jésuite Arnoux, son confesseur, ajouta la reprise du principal temple de Pau, et y reporta en triomphe le Saint-Sacrement, en suivant à pied, tête nue et un cierge à la main devant huit ou dix mille catholiques criant vive le roi, le dais éclatant de do-

---

[1]. Vous aurez tout le loisir d'aller tenir les états de la Basse-Navarre et de faire les revues que vous m'écrivez par les persans du Béarn, *chose que je trouve fort bonne et de quoi je vous prie.* (3 juin 1603, lettre autographe d'Henri IV extraite des anciennes Archives de La Force.)

rures, que soutenaient des princes, des évêques et des cardinaux [1].

« L'éclat de ce tonnerre mit, comme on pense bien, l'étonnement partout et contraignit les plus insensibles à dire que le masque était levé, que les ennemis de la réformation travaillaient ouvertement à sa ruine, et que le moment était venu de pourvoir au salut commun. » L'assemblée provinciale de la Basse-Guienne se tenait précisément alors à Montauban ; deux députés du Béarn s'y rendirent et firent une peinture si pathétique de l'état du pays livré de nouveau aux jésuites, qu'on résolut de convoquer un synode général à Millau. Cette convocation, indiquée pour le 25 novembre, était faite en ces termes :

Comme on ne peut s'oublier soi-même quand on s'occupe du sort d'autrui, la violente tempête qui vient de réduire nos frères du Béarn au désespoir, planant également sur nos têtes, grosse de menaces, nous a déterminés à convoquer un synode à Millau.

C'était pour nous un impérieux devoir, car la foi des édits est violée, les temples de ces malheureux pays sont déshonorés par les superstitions romaines, les bibles déchirées en haine de Dieu, les citoyens forcés de fléchir le genou devant les idoles, et la liberté mise dans les fers.

Nous vous conjurons donc, très-chers frères, au

---

1. Barth. Gramond. — (Historia prostratæ rebellionis, lib. I, cap. VIII, p. 65.)

nom de notre mutuelle charité, d'envoyer sans retard vos députés à ce synode. Vivons libres en ce monde, ne nous attelons pas au joug volontairement, n'allons pas nous rendre esclaves quand nous pouvons rester nos maîtres. Que si notre cœur se sent faible devant ce généreux dessein, fuyons dans quelque lieu sauvage pour y cacher nos cicatrices et nos corps à demi rongés par les cruautés de nos tyrans [1]. »

Tous se rendirent au jour fixé, on élut le comte d'Orval, gendre de Sully, chef militaire du Haut et Bas-Quercy ; le marquis de Malause accepta le commandement de l'Albigeois et du Rouergue, et quand on eut rédigé un règlement provisoire et que Montauban eût versé 38,000 livres dans la caisse commune, Castres 28,000, et Millau 6,000, l'assemblée se sépara pour se remettre sur pied quelques jours après à Montauban. Celles d'Anduze et de Nîmes venaient de prendre à peu près les mêmes résolutions au moment où s'ouvrirent à La Rochelle les États-généraux du parti. Là, considérant l'urgence du péril « et sur l'avis certain que le 19 avril 1621 avait été ordonnée dans le conseil du roi la levée de quarante et un mille hommes de pied et de six mille chevaux pour les employer contre les églises, » les députés réglèrent promptement l'ordre militaire et l'ordre financier.

Les provinces furent divisées d'abord en huit

---

1. Id., p. 70. — Fait à Montauban le 26 octobre 1620, signé par les trois orateurs de l'assemblée, Dalières, Burgades, Delguières.

cercles, commandés par autant de chefs généraux qui étaient :

Soubise pour la Bretagne, l'Anjou, l'Isle Bouchard, le Loudunois et le Poitou;

La Trimouille pour l'Angoumois, la Saintonge et les îles;

La Force pour la Basse-Guienne;

Castelnau son fils pour le Béarn;

Le duc de Rohan pour le Haut-Languedoc et la Haute-Guienne;

Châtillon pour le Bas-Languedoc, le Vivarais, le Gévaudan et les Cévennes;

Lesdiguières pour le Dauphiné, la Provence et la Bourgogne;

Le duc de Bouillon, avec le titre de généralissime, pour les autres provinces du nord.

Quant aux frais de la guerre, l'assemblée y pourvoyait au moyen de la vente des biens du clergé et des deniers royaux dont elle décrétait la saisie dans les huit cercles. Ces mesures importantes adoptées sous la présidence de Combort, les églises, qui attendaient la guerre de pied ferme, lancèrent au-devant du roi en marche pour le midi, une déclaration où se trouvaient résumés longuement, mais avec force et vérité, tous les griefs du protestantisme.

Après avoir remarqué, non sans amertume, que depuis la mort du grand Henri, leur zélé défenseur, les réformés, qui pouvaient se regarder, sans trop de jactance, comme les solides colonnes de la royauté, n'avaient cessé de se voir en butte à la haine et aux attaques de leurs ennemis, l'assemblée se plaignait que le roi eût juré à son sacre d'exterminer l'hérésie, et qu'il écoutât trop complaisamment les conseils de Rome et de l'Espagne. L'hostilité des parlements et des jésuites, et l'espèce d'ostracisme dont les cours souveraines frappaient la Réformation, étaient ensuite relevées en détail et précédaient l'exposé des réclamations du parti touchant l'enlèvement de Lectoure, l'interdiction du prêche à Clermont, la démolition par les catholiques du temple de Moulins, le bannissement des protestants de Baux en Provence, l'audace des moines de Millau qui avaient arraché des enfants à leurs familles, la violation des sépultures à Aix, Saintes, Saint-Georges d'Oleron, l'acharnement particulier du parlement de Toulouse, les attaques de Montmorency, l'expulsion de La Force de son gouvernement et le renvoi de la cour de Montpouillan son jeune fils. A ces faits incontestables, les trois orateurs signataires, Basnage, Combort et Rodil, ajoutaient une invocation à la mémoire d'Henri IV et une allusion à leurs services passés en disant :

« Tout le monde sait ce que nous avons souffert, et l'on ne craint pourtant pas d'incriminer nos intentions, bien que nous soyons prêts à défendre, jusqu'à la dernière goutte de notre sang, cette couronne conquise aux Bourbons par le bras de nos pères. Le triomphe d'Henri IV n'est-il pas là pour attester notre amour pour nos rois? et n'est-ce pas à nos efforts qu'il dut sa victoire sur les catholiques?...

Épargnez-donc, sire, pendant qu'il en est temps encore, épargnez le sang français : la calomnie cherche vainement à nous noircir, vous ne pouvez pas avoir oublié que nous sommes les enfants de ceux qui sauvèrent votre couronne lorsque la faction catholique se riait du droit des Bourbons. Et vous, ô princes étrangers, venez au secours d'un peuple opprimé contre toute justice, et qui va tomber écrasé par l'abus de la force si vous n'intercédez pour lui. Mais sans toi, Seigneur éternel, tout secours est inutile et toute force vaine : en toi seul est le salut et la vie : lève-toi donc, ô Seigneur, et couvre tes Israélites tandis qu'ils respirent encore ! [1]. »

Louis XIII ou plutôt Luynes, qui venait de se créer connétable, répondit en prenant Saumur et en assiégeant Saint-Jean-d'Angély. Alors les colères protestantes, long-temps comprimées, firent explosion. La populace commença les hostilités à sa manière. Les prêtres jetés dans les fers, les couvents forcés, les moines exposés tout nus aux outrages de la soldatesque calviniste, les églises changées en écuries, les vases sacrés profanés et fondus, tels furent les premiers actes des huguenots armés. Le sang coula ensuite, et, ce qui n'est pas extraordinaire dans un pareil moment d'effervescence, ce fut un protestant qui devint la première victime. Le président de la chambre mi-partie de Grenoble, Ducros, arrivait à Montpellier par ordre du roi pour essayer de calmer

---

1. Barth. Grammond, *Hist. à Ludovico XIII prostratæ rebellionis*, lib. III, cap. II, p. 132.

les esprits et de les retenir dans l'obéissance. Dès qu'il voulut toucher ce sujet, tous s'écrièrent que c'était un *escambarlat :* on nommait ainsi, dans l'idiome populaire, les réformés royalistes, par allusion aux gens qui ont les jambes écartées, parce que, disait-on, ils avaient le pied gauche dans le temple et le pied droit dans le camp du roi. Donner ce nom au président, c'était le condamner à mort : les catharinots, ou cardeurs de laine, se réunirent en effet un soir et, conduits par le ministre Siffrein, allèrent égorger dans sa maison le malheureux escambarlat. Pendant que cet assassinat terrifiait Montpellier, et que trois catharinots des plus coupables l'expiaient sur la roue, le duc de Rohan, apprenant que Saint-Jean-d'Angély s'était rendu et que l'armée royale approchait de la Basse-Guienne, accourut à Montauban et parla ainsi au peuple assemblé dans le temple :

« Je ne vous célerai point que la plus certaine conjecture qui se puisse recueillir des nouvelles qui courent, est qu'en brief l'armée royale campera autour de nos murailles, puisque Saint-Jean est rendu et ce qui reste jusqu'ici débilité, corrompu, prêt à faire joug par la faction de quelques méchants. Je ne crains point que l'étonnement et la lassitude des autres passe à vous par contagion ; le zèle qu'avez toujours témoigné et la nécessité de résister si importante, vous feront rechercher courageusement la gloire qu'en cette occasion vous pouvez acquérir. Car pour certain nous nous ferons donner ici la paix. Ces jours passés vous avez juré l'union des églises en ma présence : vous vaut-il pas mieux garder ce serment que de quitter la religion, et vendre chèrement votre sang à ceux qui en ont soif, qu'être honteusement traînés au supplice? Je vais préparer ceux de Castres et les circonvoisins à votre secours ; quelques malintentionnés interprètent sinistrement ce voyage, et par secrètes menées découragent ce peuple, mais je les avertis qu'il leur seroit meilleur de se taire ou de s'en aller. Que ce mot d'avis leur suffise. Quant à vous qui connoissez mon zèle et le soin avec lequel j'ai procuré l'avancement des églises, je vous prie de prendre cette confiance en moi qu'en cette occasion je ne vous abandonnerai point, quoi qu'il arrive. Quand il n'y auroit que deux hommes de la religion, je serai un des deux ; il ne me reste que l'épée et la vie, mais Dieu me fera la grâce de les employer pour vous en cette cause. Je vous laisse force bons hommes desquels l'expérience vous servira grandement, et ne suis point d'avis de retenir ceux qui voudront s'en aller ; trois bien résolus valent mieux que trente éperdus. J'ai dit à monsieur le premier consul le surplus de ce qu'avez à faire, et m'en remets à sa prudence [1]. »

Après ce discours écouté avec enthousiasme, Rohan s'éloigna, mais non sans avoir tracé auparavant un ouvrage à corne aux endroits les plus faibles ; il partait plein de confiance dans le courage des Montalbanais, et les talents vraiment supérieurs de leur

---

1. Histoire particulière des plus mémorables choses qui se sont passées au siège de Montauban, p. 16.

premier consul. Jacques Dupuy, un des représentants les plus intelligents et les plus fermes de cette bourgeoisie municipale, qui, en respirant l'air de l'indépendance derrière ses bastions, s'était familiarisée avec le péril et ne balançait pas à sacrifier vie et fortune pour conserver la liberté civile et la liberté religieuse, Jacques Dupuy était effectivement le seul homme capable de tenir tête aux circonstances. A peine Rohan eût-il tourné la tête de son cheval vers Castres, qu'à sa voix la population tout entière court avec la pioche et la hotte aux fortifications; nul ne s'y épargne : les premières dames de la ville remuent la terre jour et nuit, et à travers les flots de poussière donnent l'exemple; pendant deux semaines on n'entend que des coups de hache et de marteau, sous lesquels tombent à grand bruit dans un rayon de mille pas au delà des murs les maisons et les arbres. Quand ces travaux furent ébauchés, voici l'aspect que présentèrent les fortifications. La vieille ville, bâtie en forme de triangle dont le sommet s'inclinait vers le midi tandis que la base était tournée vers le nord, apparaissait sur un plateau assez escarpé entre le Tarn qui la baigne au couchant, le Tescou qui la rétrécit en serpentant au midi, et le ruisseau de la Garrigue par lequel elle est bornée du côté septentrional. Ceinte d'une haute muraille de briques, elle était flanquée par six portes percées dans d'énormes tours et appelées, l'une, qui regarde nord, porte du Grifoul à cause de la belle fontaine de ce nom; l'autre, qui fait face au levant, porte des

Cordeliers; la troisième, tournée vers le Tescou, porte du Moustier; la quatrième, placée tout à fait au midi, porte des Carmes; et les deux autres, bâties au bord du Tarn, la première à côté d'une construction massive nommée château de Regnaud, porte du Pont; la seconde à l'angle occidental de la ville, porte de Montmirat. Le bastion dit des Carmes, une demi-lune et les bastions de Paillas, du Moustier, de Rohan et de l'Écluse, ouvraient leurs angles habilement tracés entre cette première enceinte et le fossé, à partir du Château-Regnaud où le Tarn cessait de protéger le mur, jusqu'au bord du ruisseau de la Garrigue. Là ils se liaient au-dessus du fort des Jacobins aux bastions du fort, de la fontaine et de Saint-Antoine et à trois grandes tenailles aboutissant au Tarn en avant de la porte de Montmirat, et rattachaient à la vieille ville le faubourg de la ville nouvelle construit sur la rive droite du ruisseau de la Garrigue. Sur la rive gauche du Tarn, il existe un autre faubourg appelé Ville-Bourbon du nom de Henri IV son fondateur, qui, joint au corps de la place par un beau pont, était entouré de trois petits bastions et d'une demi-lune, élevés jadis sur le plan de ce prince et d'une fortification récente.

L'armement de tout cela se composait de quarante pièces de divers calibres, et la garnison pouvait bien se porter à 4500 hommes qui furent distribués dans trois quartiers : celui de Montmirat et Villenouvelle, dont Castelnau, le fils aîné de La Force, se chargea avec quinze compagnies, neuf sous ses ordres et six commandées par Saint-Orse et Savignac, qui gardaient les trois bastions du nord depuis la porte St.-Antoine jusqu'au ruisseau de La Garrigue; celui du Moustier, donné à Régniés et d'Ausseron, avec dix-huit compagnies établies dans les bastions de l'est et du midi à partir de l'écluse du ruisseau jusqu'au Tarn; et celui de Villebourbon, où le comte de Bourfranc, secondé d'un brave officier béarnais nommé Vignaux, s'apprêta à soutenir vaillamment avec dix compagnies les assauts de l'armée royale. Il restait dix-huit cents hommes sous les ordres du comte d'Orval, chef des gens de guerre, pour former la réserve et pouvoir se porter au besoin sur les points menacés. En outre, afin de retremper sans cesse l'enthousiasme religieux des soldats, treize ministres réfugiés, parmi lesquels brillaient les deux candélabres de la Réformation, Daniel Chamier, le savant rédacteur de l'édit de Nantes, et le jeune Caméron, une des gloires de l'Écosse, s'étaient partagé les quartiers et les corps-de-garde et devaient venir y faire la prière matin et soir.

L'ordre des divers services publics n'était pas établi avec moins de régularité, grâce à la prévoyance de Dupuy. De l'Hôtel de Ville où se tenaient en permanence le Conseil général et les consuls, partait la direction suprême. Mais dans le but d'éviter la confusion et d'imprimer partout à la défense un mouvement uniforme et rapide, le fardeau avait été divisé et les attributions de chacun fixées d'avance. Ainsi, tandis que le conseil de guerre devait présider, sous la surveillance d'un consul, du marquis de La Force, et des ministres, aux opérations militaires; les autres magistrats municipaux et des commissaires pris dans le sein du bureau central de l'Hôtel de Ville étaient chargés spécialement, les uns de la police, les autres des poudres, ceux-ci des vivres, ceux-là des logements des volontaires, les plus âgés du soin de faire panser les blessés, les plus jeunes de distribuer des munitions dans les quartiers, les plus actifs d'exciter les pionniers, les moins ingambes de recueillir le filet pour les mèches des canons et des arquebuses. Quant à Dupuy, il était partout, au conseil de guerre à l'Hôtel de Ville, dans les magasins, sur les remparts, embrassant le moindre détail dans sa vigilance infatigable et communiquant à tout ce qui l'entourait son activité et son ardeur.

Tel était donc au dedans et au dehors l'état de Montauban, lorsque les mauvaises nouvelles se succédèrent avec rapidité : presque coup sur coup on apprit les capitulations de Bergerac, Nérac, Sainte-Foy, villes trahies par leurs gouverneurs, et celle du vieux Clairac, le berceau de la Réformation méridionale, que le sergent-major Sauvage, profitant de l'ivresse perpétuelle du gouverneur, avait vendu au roi. On déplorait encore la mort de Lafargue, premier consul, pendu à côté de son fils avec son chaperon rouge et sa toque; la perte de trois cents bons soldats, noyés en violation de la foi jurée, tandis qu'ils traversaient le Lot devant les tours de l'abbaye; les viols et les excès commis par les soldats royalistes au moment où le duc de Mayenne partit pour reconnaître le terrain à la tête de cinq mille hommes. Pendant ce temps, le roi, qui était arrivé à Agen le 10 août 1621, se rendait le 16 à Moissac, et le 17, vers les trois heures, la vedette du clocher Saint-Jacques donnait l'alarme et annonçait l'approche de l'armée. Un sombre enthousiasme éclate alors de toutes parts dans la ville : les rues et les bastions retentissent du morne refrain de ce psaume entonné en chœur :

> Dieu nous rendra preux et vaillants,
> Encontre tous nos assaillants,
> Renversant, par sa vertu grande,
> De nos haineux toute la bande (1).

Au bruit du tocsin, chacun va prendre son poste sans confusion : les consuls à l'Hôtel de Ville, les commissaires à leurs bureaux, les soldats à leurs quartiers ; les travaux cessent hors des courtines ; une trentaine de mousquetaires, sortis pour saluer l'ennemi, aperçoivent bientôt à travers les nuages de fumée qui enveloppaient Montauban, car on venait de mettre le feu aux dernières maisons des faubourgs et aux meules de paille et de fourrage, la cavalerie légère du d'Angoulême s'avançant sur la route de Bordeaux entre le régiment des gardes et celui de Picardie, formés en colonnes et suivis de toute l'armée. Malgré leur petit nombre, les mousquetaires, à la faveur des haies et des plis du terrain, engagent

1. Relation manuscrite, p. 62.

l'escarmouche et la soutiennent jusqu'au soir. Castelnau profita de ce répit pour faire fermer l'enceinte de l'ouvrage à corne de Montmirat, qui était à peine tracée, et le peuple, d'abord un peu étonné, s'y porta, électrisé par l'exemple des femmes, avec tant de chaleur, qu'en vingt-quatre heures une barricade, composée de deux rangs de barriques pleines de terre, fut élevée au delà de la corne [1].

C'est de ce côté que fut établi le quartier du roi commandé par le connétable, bien que Luynes ne quittât pas Louis XIII, qui s'était logé à deux lieues de Montmirat, dans le château de Piquecos, délicieuse villa de l'évêque assise sur les collines de l'Aveyron en face de Montauban. L'armée royale formant un effectif de vingt-cinq mille hommes, s'était ainsi divisée en trois corps, afin de s'attacher à la fois aux trois parties de la place : les maréchaux

---

1. Voici comment le rapport de l'ingénieur de l'armée royale peint cette position :

« Sire, la place de Montauban du côté des gardes a quatre fortifications : la première au dehors est une grande ravine que les eaux, qui descendent par là dans le Tarn, ont creusée 15 ou 16 pieds, et ouverte en largeur de 35 ou 40, (la fontaine de M. Senil). La deuxième est un ouvrage de cornes dont la pointe droite, à notre regard, vient sur le bord de cette ravine; elle n'est point achevée, mais les ennemis y travaillent en grande diligence. La troisième est une enceinte de bastions, demi-bastions ou tenailles revêtues de briques, qui règne tout autour de la place; deux demi-bastions se rencontrent en cet endroit avec le grand fossé, contrescarpé et demi-lune au devant. La quatrième est celle de l'ancienne ville, qui n'est qu'une grosse muraille de briques avecque des tours carrées à l'antique; mais le fossé y est très-grand et creux extraordinairement pour ce qu'un torrent, nommé la Quarrique, passe par là pour tomber dans le Tarn. » (Le baron de Chabans, général de l'artillerie de la S. Républ. de Venise; Histoire de la guerre des huguenots, p. 121.)

de Praslin et de Chaulnes, avec les régiments des Gardes, de Piémont, de Normandie, de Chappes, et la moitié des Suisses, occupaient à l'est, devant Montmirat, le quartier du roi.

Le duc de Mayenne était, avec les régiments d'Ornano, de Languedoc, de Suze, de Barrau, de Francou et de Lauzun, sur la rive gauche du Tarn, devant Villebourbon, et le prince de Joinville, ayant sous ses ordres le maréchal de Saint-Géran, Bassompierre, Montmorency, et Lesdiguières, quoique huguenot, avec onze régiments qui ne tardèrent pas à être renforcés de ceux d'Estissac, de Vaillac et de Villeroy, avait pris son quartier au Moustier[1]; deux ponts de bateaux jetés sur le Tarn, un en amont vis-à-vis la corne du Moustier, et l'autre en aval à demi-portée de canon de Montmirat, reliaient ces trois camps placés à une très-grande distance l'un de l'autre. La contrescarpe de Villenouvelle, formant la moitié de l'enceinte, resta libre pendant un mois.

Ce mauvais placement des troupes aurait suffi pour compromettre le succès du siége, si les divisions jalouses des commandants des quartiers n'en avaient déjà rendu l'issue problématique. Ces messieurs

---

[1]. Le quartier de monsieur de Mayenne est un faubourg enfermé d'une muraille de briques, et fortifié de trois bastions et de deux demi-bastions non revêtus et fort petits; les fossés sont petits aussi; les contrescarpes sont faites et une demi-lune au devant la courtine qui est entre le bastion de main gauche et celui du milieu. (Le baron de Chabans, *loco citato*.)

Du côté de Picardie la place n'a que deux fortifications, à savoir : l'enceinte bastionnée et la vieille enceinte garnie de tours carrées. En cet endroit-là il y a un vieux ravelin de briques, mais le fossé n'est pas si grand que de l'autre côté, pour ce que le torrent n'y passe pas. (Idem.)

mirent quatorze jours à ouvrir leurs tranchées et à dresser les batteries, travail qu'interrompaient au clair de lune, à Montmirat, les piquiers de du Rozier et de Lesgelée, grands brûleurs de gabions; à Villebourbon, les terribles mousquetaires du capitaine Pierre, et au Moustier les volontaires de Peyrebosc. Pendant ce temps, on travaillait jour et nuit dans la ville à renforcer les défenses; les commandants ne bougeaient pas de leurs quartiers, où ils étaient plus mal encore que les soldats; car ceux-ci, lorsqu'il pleuvait, couchaient sous des hangars, et Castelnau, entre autres, depuis le commencement du siége, n'avait eu pour abri qu'une vieille cuve qu'on lui roulait d'un lieu à un autre, selon qu'il y croyait sa présence nécessaire [1].

Enfin, le 1er septembre, les batteries se trouvant prêtes tonnèrent à la fois dans les trois quartiers. Depuis six heures du matin jusqu'à cinq heures du soir, sept cents coups de canon furent tirés contre la ville. Au Moustier, il n'y eut pas grand dommage; mais à Villebourbon, les boulets écornaient déjà l'angle des bastions, et à Montmirat ils avaient tellement percé et labouré les deux rangs de tonneaux pleins de terre formant la corne, que des tranchées on pouvait voir de la tête aux pieds ceux qui la défendaient, et il s'était fait de si grands éboulements que la cavalerie même y serait entrée. Heureusement pour les assiégés, au moment où ils s'apprêtaient à l'abandonner, les flammèches des canons du maréchal de

1. Mémoires de Castelnau, chap. IV.

Praslin portèrent dans le parc des poudres, qui en renfermait bien dix milliers; et le firent sauter avec le lieutenant de l'artillerie et quarante gentilshommes. Le feu prit aux gabions et renversa la batterie. Presque au même instant, pareil accident arrivait au duc de Mayenne; mais, quoiqu'il eût deux milliers de moins, l'explosion fut si forte dans son quartier que les maisons de Villebourbon tremblèrent, toutes les fenêtres s'ouvrirent avec violence, et un immense tourbillon de fumée poussé jusque sur les bastions empêcha les corps-de-garde de voir les victimes qui étaient lancées dans les airs, et parmi lesquelles se trouvait, avec deux capucins, le frère de Mayenne.

Ce double contre-temps donna le moyen aux assiégés de réparer la corne de Montmirat, et leur rendit une telle assurance que le lendemain, lorsque le canon recommença à tirer, et pendant que les boulets passaient en *groumelant effroyablement* sur la ville et couvrant les rues de débris de toits, une multitude d'hommes et de femmes de tout âge et de toute qualité se pressaient tranquillement sur la place *des Couvertes* pour voir une exécution.

Le capitaine Sauvage, fils dégénéré du brave défenseur de La Rochelle et le Judas de Clairac, était venu à Montauban pour gagner six autres mille écus: pris en flagrant délit tandis qu'il s'occupait avec ardeur de ce négoce, il fut convaincu de son crime par des lettres du connétable trouvées sur lui, par les aveux de son valet et les siens propres. Dès lors son procès était tout fait : les premiers commissaires, après l'avoir interrogé, le remirent entre les mains du prévôt, qui deux jours plus tard le remit à son tour dans celles du bourreau. Quelques efforts inutiles avaient été tentés pour le sauver par le connétable et le comte de Bourfranc, commandant de Villebourbon, mais cette intervention malencontreuse n'avait fait que presser son supplice, et en ce moment même, les soldats réfugiés, qui avaient quitté leurs quartiers pour le voir mourir, frémissaient d'impatience en entendant le bruit de plus en plus fort du canon et maudissaient la lenteur du prévôt. Les bourgeois les apaisèrent en leur apprenant que Sauvage et son valet avaient dû subir préalablement la question, mais qu'ils ne pouvaient tarder : bientôt après, effectivement, un grand tumulte et des huées s'élevant du côté du Château Royal, annoncèrent les coupables; Sauvage, suivi de son valet plus mort que vif, les mains liées, en chemise, et portant en guise d'écharpe un écriteau ainsi tracé en grosses lettres : *Traître à Dieu, au roi, aux églises et à la ville*, parut entre les officiers du sénéchal, et fut conduit au pied de l'échelle. Là, il avoua d'une voix émue qu'il était venu dans la ville avec le projet de la trahir, mais il protesta que ce dessein lui était depuis sorti de l'esprit : en conséquence, sans se plaindre du châtiment qu'il allait subir, il s'adressa au peuple et et le supplia de chanter un psaume pour lui; mais ni le peuple ni les ministres ne voulurent prier pour le traître. Se plaignant alors de ce refus, il se mit à prier seul et à demander pardon à Dieu « en si beaux termes qu'eût pu faire aucun ministre, car il avoit un bel esprit, et mourut fort constant [1]. »

Cependant le duc de Mayenne avait fait brèche à la demi-lune de Villebourbon; vers minuit il l'envoya reconnaître par une troupe de volontaires qui firent une furieuse attaque : mais la défense était plus acharnée encore, et, précipités du haut de la brèche avec la pique et les tisons ardents, les gentilshommes de Palaret regagnèrent les tranchées sans leur capitaine et les plus braves de leurs amis. Un tambour roulant sa chamade lugubre vint le lendemain matin redemander les morts, qu'on rendit au duc nus et l'un après l'autre, afin que Marsolan, qui les accompagnait déguisé en carabin, eût le temps d'examiner tous les travaux. Cette journée se passa dans le camp à creuser des tombes; puis, au lever du soleil, la canonnade recommença avec une nouvelle furie et couvrit Villebourbon de poussière et de fumée. A deux heures on rapporta au comte de Bourfranc qu'il se faisait un grand bruit d'armes dans les tranchées, et qu'on y apercevait des piques droites de soixante en soixante pas. Jugeant dès lors que Mayenne allait donner l'assaut, il fit ses préparatifs à la hâte, mais beaucoup trop tard cette fois, car, avant que ses soldats

---

1. Relation manuscrite de Natalis, père du second consul. La relation de Leyde, p. 82, laisse entendre que les soupçons s'étaient élevés jusqu'aux chefs :

« Par règle d'état on *conniva* (on ferma les yeux) à la recherche des in-
» telligences qui s'enchaînoient dans celle de Sauvage, et *pensa-t-on qu'il*
» *suffisoit d'avoir battu le chien devant le lion.* »

fussent placés et qu'il eût sous la main les compagnies de réserve, voici les enfants perdus armés de pied en cap qui sortent des tranchées, l'épée dans une main, le pistolet dans l'autre, et, suivis de cent vingt gentilshommes volontaires devant lesquels un trompette habillé de velours rouge sonnait la charge, viennent, sous une effroyable grêle de mousquetades, dresser douze échelles contre l'épaule du bastion. Les jésuites, accourus au bruit de la trompette, enflammaient leur courage en proclamant heureux entre tous ceux qui allaient mourir pour la cause du ciel, et qui auraient assez vécu pour leur salut et pour leur gloire en rendant à Dieu, dans une aussi belle occasion, cette âme qu'il avait créée [1]. « Le signal est donné à ces mots, et, sans attendre trois régiments en marche pour les soutenir, vous eussiez vu cette généreuse noblesse, non comme des hommes, mais comme des lions magnanimes, monter deux à deux de front et faire tout ce qui étoit de la force du pouvoir humain en cette occasion. Mais aussi, d'autre part, vous y eussiez vu des ennemis en visages de dragons se défendre et repousser les royaux avec tant de feu et de furie, que l'on les estimoit plutôt être diables incarnés que vrais hommes naturels. Les femmes même, véritables tigresses, assommoient les assaillants à coups de pierres et de tonneaux pleins de grès, qu'elles rouloient sur leurs têtes du haut des murailles » [2].

1. Gramond, *Hist. prostratae rebellionis*, p. 402.
2. Histoire de la rebellion excitée en France pendant les années 1620 et 1621, p. 537.

Quelques-uns néanmoins étaient parvenus au bout
des échelles et s'attachaient aux barricades pour grimper ; mais une jeune fille qui était la première leur
coupa les doigts avec une faux et les fit retomber
dans le fossé [1]. Au même instant le brave Marmonié
y roulait avec le gouverneur de Chartres, qu'il avait
saisi corps à corps lorsqu'il posait le pied sur le rempart, et, sans lâcher son ennemi, trouvait le moyen de
lui plonger sa propre épée dans le cœur. Mais, malgré
ces vaillants exemples, la plupart des soldats protestants, étonnés de l'impétuosité de l'attaque, avaient
lâché pied; le cadavre du brave comte de Bourfranc,
frappé d'une balle à la tête au commencement de l'assaut, gisait couvert d'un manteau dans un coin du
bastion, et la demi-lune était au pouvoir de l'ennemi,
lorsque le vieux La Force et le comte d'Orval arrivent avec les compagnies de réserve, et le premier
consul, Dupuy, paraissant tout à coup devant les
fuyards, crie que le duc de Rohan entre avec le secours par Villenouvelle. A ces mots tous reviennent
au bastion, que disputait bravement Vignaux avec
quelques soldats et les femmes : ceux qui avaient
atteint la brèche en sont précipités, ceux qui tombent
dans le fossé s'y noient dans une mare de sang, ceux
qui regagnent la contrescarpe y sont écrasés à coup
de mousquets et de pierres. L'arc-en-ciel, étendant
soudain sa nuée éclatante sur la ville, exalte au plus
haut point tous les courages et achève de troubler les
ennemis. Les régiments commandés reculèrent en

1. Relation manuscrite de Natalis.

voyant ce carnage : les seuls gentilshommes s'y étaient fait tuer jusqu'au dernier, et de cette noble jeunesse conduite par le marquis de Thémines, de ces courageux enfants perdus menés par le sergent Conte, qui étaient sortis si intrépidement des tranchées deux heures auparavant, Mayenne n'en revit aucun vivant, pas même le trompette habillé de velours rouge.

Douze jours se passèrent sans qu'il fût plus avancé, les autres maréchaux ayant tenté inutilement une approche au Moustier et quelques attaques sur la corne de Montmirat, il voulut prendre les devants et prépara un second assaut; mais le dernier ministre qui était venu haranguer les corps-de-garde semblait avoir prédit son sort, en disant que « Dieu, qui avait donné la première victoire, en ferait trouver la matière d'une seconde en la témérité des assaillants. » Le 18 septembre, en effet, il montrait ses travaux, après dîner, au duc de Guise et au maréchal de Schomberg. Les tranchées étaient si mal faites, qu'on les voyait tous les trois jusqu'à mi-corps : nul, par amour-propre, ne voulant baisser la tête; les soldats du bastion tirèrent sur ces chapeaux à plumes, et une balle vint frapper le duc à l'œil gauche et le renversa roide mort[1]. Des mines, des contremines dont l'explo-

---

[1]. Le marquis de Castelnau dans ses Mémoires, chap. VI, s'attribue ce coup de mousquet; mais, outre que personne n'en a parlé que lui, la configuration des lieux rend le fait impossible. De Montmirat, en admettant même qu'une balle pût traverser la rivière et atteindre à cette distance, il ne pouvait voir le duc de Mayenne que par le dos : comment l'aurait-il frappé à l'œil gauche? — Le duc au contraire prêtait le flanc gauche au bastion.

sion ébranlait tantôt Villenouvelle, tantôt les bastions de la rive gauche, tantôt les ouvrages avancés du Moustier, et les éternels pourparlers des envoyés du connétable, allant et venant sans interruption de Piquecos à la corne de Montmirat, et de la corne de Montmirat à Castres, occupèrent les assiégés jusqu'à la fin du mois. Dans la nuit du 28 au 29, le secours du duc de Rohan arriva enfin ; il se composait d'environ onze cents hommes commandés par Beaufort, qui se présentèrent à la corne de Villenouvelle et donnèrent dans les barricades des royaux : il fallut combattre : les deux tiers, fidèles à la devise de leur drapeau, *Vi via fit,* passèrent ; le reste fut tué ou pris avec son chef par les chevau-légers et les Suisses de Bassompierre. Au point du jour cet adroit courtisan ayant barbouillé sa hongreline du sang des morts, bien qu'il n'eût reçu aucune blessure, et s'étant frotté les joues de terre, alla se présenter à Piquecos au roi, qui le reçut avec beaucoup d'honneur et le félicita de sa victoire[1].

---

1. Mémoires de Bassompierre, 1621. — Voici en quels termes le connétable annonçoit ce succès à Richelieu, alors conseiller d'État :

« Monsieur,

» Uous uerez par la relation que i'enuoie à la raine mère leureuse deffaite des troupes de Mʳ de Rohan, qu'il auoit fait passer à Saint-Antonin pour de là aller droit à Montauban ; ie ne maresteray point à uous dire les particularités de ceste affaire, me remettent audit mémoire ; ie uous diray seullement qu'il ne se passera rien de quoy sa magesté ne soit auertie, il ne se passera non plus aucune occasion ou ie ne uous face paroistre que ie suis, Monsieur, V. serviteur très-affectionné,

» DE LUYNES. »

Au camp deuant Montauban,
le 29 septembre 1621.

Nous devons la communication de cet autographe inédit à l'obligeance de M. le duc de Luynes.

Louis XIII s'ennuyait à mourir de ce siège, or, grâce aux prisonniers qu'on lui amenait, il entrevoyait enfin un moyen d'amusement. La plupart de ces malheureux avaient de grandes blessures : on les jeta pêle-mêle dans les fossés du château comme dans un lieu sûr ; et quoique ces fossés fussent secs et exposés à la réverbération ardente du soleil, on ne daigna jamais leur faire donner de l'eau. Ces infortunés expiraient lentement dans le plus affreux des supplices, les mouches les dévoraient avant leur mort; et c'était une des jouissances du roi que de regarder et de contrefaire de son balcon les convulsions et les grimaces arrachées aux agonisants par l'ardeur de la soif et les piqûres des insectes [1].

Tels furent ses délassements pendant les négociations du connétable, l'inutile explosion des mines et les querelles d'amour-propre des commandants de ses quartiers; ceux-ci, ayant fini par s'accorder, résolurent de donner un assaut général et prièrent le roi de venir assister en personne au triomphe de ses troupes qui devaient entrer par une brèche ouverte sur le flanc de la colline du Moustier. Le 16 octobre le dîner de Sa Majesté fut donc porté dans la tente du maréchal de Schomberg, et l'assaut commença au bruit d'une vive canonnade au Moustier et à Villebourbon. Mais les collègues de Schomberg furent si rudement repoussés, qu'il jugea convenable, avant de laisser marcher ses troupes, de renvoyer

1. Mémoires de Tallemant des Réaux, t. II, p. 66.

reconnaître encore une fois le bastion. Cette mission fut confiée au brave officier de Champagne. Celui-ci qui s'appelait Pontis, *après avoir mangé quelques bouchées* et pris un casque et une cuirasse, s'avança pas à pas à la vue du roi et d'une partie de l'armée, qui suivaient sa marche le long du plateau avec la plus grande attention. Arrivé au pied de la brèche, il se mit à genoux et pria Dieu derrière quelques-unes des pierres qui étaient tombées ; puis il commença à monter en grimpant ventre à terre, et quand il eut atteint le haut, se levant tout à coup, il courut rapidement jusque sur le bord du bastion et découvrit dans le bas un épouvantable retranchement dans lequel il y avait un bataillon de deux mille hommes, dont les premiers rangs étaient des piquiers et les autres des mousquetaires[1]. S'enfuyant alors au milieu d'une grêle de balles qui ne firent heureusement que blanchir sur ses armes, il revint présenter son rapport, après lequel le connétable ne pensa plus qu'à ramener le roi à Piquecos ; et le maréchal de Schomberg qui avait convié ses amis à souper dans la ville, qu'à contremander ses invitations. Malgré ce nouveau succès, le deuil n'en était pas moins dans Montauban. Prophétisant à son insu sa mort funeste, Daniel Chamier avait dit le matin que c'était le jour de son repos : il alla néanmoins au Moustier pour encourager les soldats. Armé d'une cuirasse et d'une pique, au moment où il posait le pied dans le bas-

1. Mémoires du sieur de Pontis, liv. III. Chabans se donne aussi cette mission attribuée par tous les historiens du siége à la Reynville.

tion, deux boulets y étaient lancés : le jeu bizarre du hasard voulut que l'un, qui portait incrustée la première lettre de son nom, frappât cet homme illustre, tandis que l'autre emportait à son côté, sans lui toucher la tête, le chapeau d'un soldat.

L'action finie, le peuple et les soldats, ayant à leur tête le marquis de La Force, les consuls et les principaux capitaines, se rendirent au temple, qui retentit bientôt de ce verset chanté en actions de grâces :

> Comme l'oiseau du filet se défait,
> De l'oiseleur nous sommes échappés;
> Voilà comment le grand Dieu, qui a fait
> Et terre et ciel, nous a développés [1].

Depuis cet échec le connétable ne parut plus compter que sur ses négociations, vivement appuyées par Sully : il mit sur le tapis un nouveau projet de traité et demanda qu'on envoyât des députés au duc de Rohan, avec lequel il n'avait pu parvenir à s'entendre, au château de Régniès; puis au bout d'une vingtaine de jours perdus par l'armée royale à faire jouer des mines et employés par les assiégés à les éventer ou à détruire les travaux de l'ennemi par des sorties continuelles, la levée du siége fut résolue. Dans la nuit du 5 au 6 novembre, on entendit retirer le canon du Moustier, et la nuit suivante l'incendie des baraques du camp éclaira le bastion comme en plein jour. A peine l'aube paraissait-elle, qu'en voyant les tranchées vides toute la population

---

1. Relation manuscrite, p. 131. — *Histoire de Montauban*, par le prévôt Le Bret, édition annotée, t. II, p. 204.

se précipita hors des murs. Les consuls, craignant quelque piége, avaient beau faire sonner le tocsin, rien ne pouvait retenir les habitants. Plus heureux que Noé en sortant de l'arche, ils chantaient et sautaient de joie, et ne cessaient d'aller et de venir, chargés de poutres, morions, corselets, piques, harnais et de tout ce qu'avait abandonné l'ennemi; funeste butin, qui, en portant l'infection du camp dans la ville, fit périr par la peste en trois mois plus de monde que n'en avait coûté tout le siége!

L'armée royale resta encore une semaine au quartier du connétable, ensuite elle s'en retourna, comme l'avait prédit Chamier, par le même chemin qu'elle avait tenu en venant après s'être épuisée trois mois au pied de ces murailles, après les avoir en vain battues de vingt mille coups de canon, avoir jonché les jardins, les prés, les vignes, les champs, les bois et les chemins de seize mille cadavres, moitié ensevelis, moitié nus, mangés à moitié des loups et des chiens, et en laissant ses huttes à demi brûlées, pleines de blessés languissants et de malades que la vengeance calviniste y abandonna sans secours et sans pitié à la mort [1].

---

1. Relation manuscrite, p. 87.

« Quant aux malades réclamants notre miséricorde et maudissants la cruauté de ceux qui les avoyent quittés, nous les laissâmes sans leur faire ni bien ni mal, à la vengeance qu'en prenoit la maladie pour les ruines préméditées contre nous. Notre douleur en une meurtrissure si récente empescha alors ce haut point de charité de faire du bien à ceux qui nous rendoyent tant de haine. » — (Histoire particulière du siége, p. 215.)

La pauvre bourgade de Monheurs sur la Garonne paya pour les Montalbanais. Bassompierre, le type parfait du courtisan foudre de guerre, humble et petit devant les forts, mais terrible devant les faibles, avait mené pompeusement sous les murs de cette bicoque le reste de l'armée. Il la prit au bout de douze jours; et pour que Louis XIII, un peu consolé par l'ovation que venait de lui décerner la population fanatique de Toulouse, en dressant sur son passage sept arcs de triomphe, pût achever de faire tomber sa colère sur les rebelles de Monheurs, il les livra indistinctement à toute la fureur du soldat. C'est non loin de ces murailles horriblement saccagées, de ces maisons teintes de sang, que mourut, le 14 décembre, d'une fièvre pourprée, dans le château d'Aiguillon, le connétable de Luynes. Il n'avait pas encore rendu le dernier soupir que tous ceux qui l'entouraient avec tant de respect, domestiques, créatures, flatteurs, médecins, quittèrent à la fois son chevet. Rien n'est aussi instable et aussi fugitif sur terre, que l'éclat du pouvoir, quand le front sur lequel il brillait tombe. En un clin-d'œil, la chambre mortuaire fut déserte; et les mêmes qui l'encensaient la veille comme un dieu, s'empressèrent de se venger de toutes leurs bassesses en maudissant sa mémoire. Certes, pendant le cours de sa faveur, personne ne doutait que Luynes, qui était bon au fond et le suprême dispensateur des grâces, ne se fût créé de nombreux amis; et cependant trois seulement, un Italien, Mony, et le fidèle Contades, restèrent pour lui fermer les yeux et prendre soin de ses obsèques. Il n'y avait ni drap funèbre pour envelopper le corps, ni cierges pour l'éclairer : Contades les acheta de son argent; et c'est avec peine qu'il détermina un moine à venir prier auprès de ce corps entouré de son vivant des hommages et des flatteries de tous les grands dignitaires de l'Église, dont pas un n'eut la pensée d'envoyer un prêtre dire une oraison pour celui qu'ils avaient tant flatté. Enfin cette mort fut si douloureuse, que lorsqu'on eut embarqué le cadavre du connétable, embaumé à la hâte, pour le transporter à Bordeaux, les femmes qui avaient lavé les linges sanglants des embaumeurs arrêtèrent le bateau, et, comme elles ne voulaient pas le laisser partir sans être payées et que Coniades n'avait plus d'argent, le pauvre pêcheur qui tenait les rames, ému de compassion, les renvoya en leur donnant tout le poisson qu'il avait dans sa barque [1].

L'année suivante, Louis XIII, que dirigeaient, depuis le 14 décembre, le cardinal de Retz et Schomberg, reparut en Saintonge. Soubise battu par ses maréchaux et Royan pris par d'Épernon, il remonta la rive droite de la Garonne et entra dans Tonneins, petite et méchante place devant laquelle Thémines et le duc d'Elbeuf se morfondaient depuis quarante jours. Son conseil avait adopté un plan de campagne beaucoup plus habile que le dernier et dont le succès était à peu près sûr. Deux cent mille écus et le

[1]. Gramond, *Hist. rebellionis prost.*, p. 484.

bâton de maréchal de France lui donnèrent La Force, qui fit de Sainte-Foy ce qu'il n'aurait pu faire, quand même il l'eût voulu, de Montauban. Sully, maître de Capdenac, suivit l'exemple de La Force. Lesdiguières, rallié depuis longtemps, reçut pour prix de sa fidélité l'épée de connétable; et il n'y eut pas jusqu'au petit-fils de Coligny, Châtillon, qui ne vendît Aigues-Mortes pour devenir maréchal de France. C'est au milieu de ces défections éclatantes et de ces honteux marchés de l'ambition ou de l'intérêt, que le rôle des deux frères Rohan fut beau. Tandis que Soubise, sourd à la voix de ces deux passions viles, défendait pied à pied, dans le Sud-Ouest, la liberté de La Rochelle, le duc de Rohan, non moins incorruptible, soutenait seul dans le Midi la bannière de la réformation; puis, quand Louis XIII, après avoir couché de nouveau, le 6 juin 1622, au château de Piquecos, et être passé sans rien dire sous le canon de Montauban, eut pris sa revanche en mettant à sac quelques bourgades, telles que Nègrepelisse, Saint-Antonin, Caraman, Revel, le Mas Sainte-Puelle, Lunel, et vint se heurter aux remparts de Montpellier, Rohan défendit noblement la ville et n'en ouvrit les portes, le 20 octobre, que lorsqu'on eut confirmé solennellement l'édit de Nantes et signé une paix générale.

Jusqu'à ce jour, la lutte engagée depuis douze ans par le pouvoir royal contre la féodalité et la réformation n'avait fait fléchir ni l'une ni l'autre de ces vigoureuses ennemies. Il fallait pour les renverser une tête plus énergique et des bras plus forts, il fallait une grande intelligence, un grand cœur, une grande volonté; or, en 1624, Louis XIII trouva tout cela dans le cardinal de Richelieu. Sous la main de fer de ce grand ministre, l'autorité monarchique prit un immense développement et devint comme le levier d'Archimède. Toutes les résistances, tous les troubles qui avaient éclaté périodiquement en France et agité presque sans interruption la société pendant deux siècles, ne manquèrent pas de se reproduire à point nommé; mais ils se brisèrent contre une répression rapide et ferme. Ainsi, comme la misère et la faim décimaient aussi cruellement les paysans de 1624 que ceux de 1593, les croquants reparurent dans le Quercy; mais, bien qu'on en comptât seize mille en armes, ils furent écrasés, et leurs chefs punis du dernier supplice : l'un à Figeac sur le billot, l'autre à Gramat à la potence. Comme, malgré l'édit favorable de 1626, Rohan voyait s'élever sur l'esplanade de Montpellier la citadelle réclamée avec tant d'ardeur par les catholiques, et devant les bastions de La Rochelle ce fort Louis destiné à les battre en ruines, il reprit les armes. Mais il eut beau réunir l'assemblée générale des églises à Uzès le 11 septembre 1627, pour renouveler le serment d'union et décréter la levée en masse du parti; il eut beau conclure un traité d'alliance offensive et défensive avec les Anglais, et faire déclarer, en dépit de la bourgeoisie, lasse de la guerre, Castres, Nîmes, Montauban et La Rochelle : ni les efforts des églises, ni les vaisseaux de l'Angleterre, ni les courageuses prises d'armes des républiques protestantes et des montagnards ne purent lutter contre le génie supérieur du cardinal. Le duc fut battu à Montpellier, Beaufort perdit Pamiers; ce brave baron d'Arros, l'intrépide vainqueur de Gramont, chassé de Mazères, eut la tête tranchée à Toulouse, et La Rochelle, étroitement bloquée par terre et à jamais séparée de la mer par une digue dont la pensée et l'exécution rappelaient les travaux gigantesques des Romains, après avoir défendu quinze mois ses fameux bastions du Gabus et de l'Évangile, et souffert avec une admirable constance l'âpre et lente torture de la faim, fut forcée d'ouvrir, le 1er novembre 1628, devant le cardinal ces portes qui pendant près d'un siècle étaient restées fermées devant les rois de France. Ce jour-là tomba pour ne plus se relever la première des républiques protestantes; ce jour-là et la liberté religieuse et la liberté municipale furent frappées au cœur par une déclaration royale qui ordonnait et prononçait :

Le rétablissement de la religion catholique;

La reconstruction des églises;

La restitution des biens ecclésiastiques;

L'érection d'une croix au milieu de la place du Château, sur le piédestal de laquelle serait écrite la capitulation de la ville ;

L'abolition *à perpétuité* de la mairie, échevinage, corps de communauté de ville, ordres des pairs et des bourgeois, sous peine, pour les contrevenants, du crime de lèse-majesté;

La fonte de la cloche servant à convoquer les assemblées municipales ;

L'abrogation, révocation et annulation de tous les droits, privilèges, franchises et exemptions, attribués à La Rochelle, corps, communautés et officiers d'icelle, maire, échevins, pairs et autres ;

La confiscation de l'Hôtel-de-Ville ;

La démolition, rez pied, rez terre, de toutes les fortifications, sauf les tours de Saint-Nicolas, de la Chaîne et de la Lanterne, et les murs tournés vers la mer ;

La suppression de la Prévôté ;

La défense à toute personne professant le protestantisme de s'y établir à l'avenir ;

Et la création d'un intendant de justice pour veiller à l'exécution et au maintien de l'ordonnance [1].

Privas fut traité plus rigoureusement encore : par la déclaration qu'il mit au mois de juin 1629 dans la bouche du roi, le cardinal confisquait toutes les propriétés et bannissait tous les habitants sans exception [2].

Ensuite vint le tour d'Uzès, de Nîmes, d'Anduze et de Montauban. Le duc de Rohan et son frère, pliant sous les armes victorieuses de Richelieu, avaient obtenu, avec une nouvelle confirmation de l'édit de Nantes une abolition générale pour eux et leurs fauteurs. Uzès, Anduze et Nîmes en étaient quittes pour démolir leurs fortifications; Montauban seul hésitait encore et ne pouvait se résoudre à ce sacrifice. Mais

1. Enregistrée au parlement de Paris le 15 janvier 1629.
2. Donnée au camp de Privas en juin 1629, et enregistrée au parlement de Toulouse.

le cardinal s'y étant rendu en personne, se fit apporter les clefs le 20 août 1629, y rétablit la messe, et n'en partit qu'après avoir vu raser le bastion du Moustier et commencer la démolition de tous les autres [1].

C'est dans ces circonstances que la haute féodalité crut pouvoir relever la tête. Prenant pour prétexte des intrigues de cour ourdies par la reine-mère, Monsieur, frère de Louis XIII, copia tout à coup en 1632 la prise d'armes de Monsieur, frère d'Henri III, en 1576. Comme son modèle qui s'était allié avec les Allemands pour agrandir son apanage, il traita avec l'étranger et ne tarda pas à entrer en Auvergne à la tête de deux mille chevaux espagnols. Malheureusement pour la riche Limagne, elle était alors couverte de moissons qui furent étrangement ravagées. Monsieur ne doutait pas que toute la noblesse n'accourût se joindre au premier prince du sang; mais les gentilshommes d'Auvergne savaient l'armée royale proche, et il n'en vint pas un. Alors il se dirigea vers le Languedoc, talonné par La Force et le maré-

---

[1]. Il paraît par la lettre suivante que les murs de Nîmes furent les derniers abattus : « Messieurs, un de MM. les consuls de cette ville s'en va à Nismes accompagner M. Aligre et sçavoir quel esgard vous aurés aux raysons de mondit sieur qui les vous fera entendre. Par lesquelles vous devez avoir soin de mettre promptement à exécution ce à quoy vous êtes obligez par la paix que le roy vous a donnée pour la démolition de vos fortifications et semble que vous soiés encore en dessein d'uzer aussi mal à l'advenir de vos fortifications que vous avez fait par le passé. Si vous n'avès esgard d'obéir après ce que vous aura dit M. Aligre je seray contraint de mander à la court votre conduite, qui ne sera aprouvée de personne puisque La Rochelle, Montauban et toutes les autres villes de la religion prétendue du royaume ont obéi. » (Lettre d'Étampe Valançay, maréchal-de-camp, 13 décembre 1629. — Archives municipales de Nîmes, Troubles du royaume, liv. II.)

chal de Schomberg. Envoyant le duc d'Elbeuf au-devant du premier, il marcha contre le second avec Montmorency, qui de son côté imitait la noble politique de son père, et croyait sans doute atteindre la même fortune en trahissant tantôt la cour, tantôt ceux qui la combattaient. Les deux corps d'armée se rencontrèrent le 1er septembre auprès de Castelnaudary sur les bords du Fresquel. Pendant que le canon s'avançait en lieu propre pour incommoder la cavalerie, le duc de Montmorency, en reconnaissant un poste, se fit blesser dans un chemin creux et, perdant sans doute la tête, au lieu de revenir vers ses escadrons mit les éperons dans le ventre de son petit barbe, franchit le fossé qui coupait le chemin, et alla se jeter tout seul au milieu des mousquetaires pour y frapper aveuglément d'estoc et de taille. Écrasé par une grêle de mousquetades et criblé de blessures, il ne tarda pas à tourner bride : mais le cheval qu'il montait, assez bon pour une reconnaissance, ne valait rien pour le combat ; épuisé par cette charge et trop vivement pressé, il s'abattit et, en entendant crier sous lui à pleine voix : Montmorency ! Montmorency ! les mousquetaires surent quel était le fou qui avait traversé leurs rangs. En lui ôtant son collet de buffle, son pot dans lequel il étouffait, sa cuirasse qui était percée de balles, on lui trouva dix-sept blessures dont la plus grave était à la bouche. Le capitaine des gardes le fit placer à la hâte sur une échelle où l'on avait mis de la paille et un manteau plié en double, et on l'emporta ainsi à Castelnaudary à la vue de ses troupes et de Monsieur qui ne bougea pas ¹. De cette ville dès qu'il put supporter la litière on le transféra au château de Lectoure et ensuite à Toulouse, où le cardinal était venu avec le roi pour donner plus d'éclat à l'exemple qu'il voulait faire et décapiter dans la personne du plus puissant d'entre eux l'indépendance féodale des gouverneurs.

Effrayé des projets sanglants du cardinal, Monsieur s'était déjà soumis sans conditions; Montmorency, condamné à mort par le parlement, fut conduit en habit de toile blanche dans la chapelle du Capitole et de là dans la cour basse où le bourreau, qui l'attendait comme Biron, sur un échafaud tendu de noir, abattit sa tête devant les capitouls, le greffier du parlement, le grand prévôt et ses gardes, et fit rejaillir son sang par la force du coup jusque sur la statue d'Henri IV.

Après cet holocauste offert à l'unité et à l'émancipation du pouvoir monarchique, le cardinal descendit la Garonne en triomphe avec la reine, s'arrêta en passant pour dîner à Cadillac chez le vieux d'Épernon, la personnification la plus superbe de la haute féodalité, mais qui s'inclinait d'effroi comme les autres, et regagna Paris par Bordeaux et La Rochelle, où on le reçut comme un empereur. Pendant ce temps Louis XIII, qu'on avait renvoyé par la route des montagnes, traversait le Limousin dans un petit carrosse qu'il

---

1. Simon Du Cros, *Histoire de la vie de Henry, dernier duc de Montmorency*, 1643, p. 263-264-265 et 198. — Mss. de la Bibliothèque royale, — Fonds Saint-Germain français.

menait seul le fouet à la main, montant seulement à cheval à la porte des villes et se couvrant d'un manteau d'écarlate pour répondre à grand'peine en bégayant aux harangues des consuls : « Tenez-moi cela et je vous serai bon roi [1]. »

Dès ce moment, libre des entraves des guerres religieuses et des guerres de cour, Richelieu porta au dehors la puissante activité de la France. Les Espagnols qui nous débordaient sur les Pyrénées et occupaient nos îles, furent chassés des côtes de Provence et rejetés au delà d'Irun. Bientôt une armée envahit le Roussillon, la Catalogne se donne à la France, et, après un siége de trente mois que le cardinal dirigeait lui-même comme le siége de La Rochelle, la capitale du Roussillon arbore le drapeau blanc, et Louis XIII, qui ne s'inquiétait que du sort de Cinq-Mars son favori, reçoit cette lettre datée du 9 septembre 1642 : « Sire, vos ennemis sont morts et vos armes sont sur Perpignan. » Trois mois après avoir écrit ces mots, qui résument toute sa vie, ce grand homme dont la tâche était faite, descendait dans la tombe ; et, comme s'il n'eût pas osé vivre sans son ministre, Louis XIII le suivait presque immédiatement, le 14 mai 1643, le jour du trente-troisième anniversaire de l'assassinat de son père, laissant comme lui la couronne à un enfant, et le pouvoir monarchique, si fortement reconstitué, aux mains d'un Italien et d'une Espagnole.

1. Mss. de la Bibliothèque de Poitiers. — Mémoires de MM. Robert du Dorat (Catalogue des autorités).

QUATORZIÈME PARTIE.

Première période de la monarchie absolue, et son action sur le Midi. — Règne de Louis XIV.

Toute minorité est une ère de déchéance dans l'histoire de la nation. Après la mort de Louis XIII, le pouvoir s'abaissa au même degré et de la même manière qu'après la mort d'Henri IV. Soumise au successeur ecclésiastique de Richelieu par ses faiblesses de femme et sa bigoterie d'Espagnole, Anne d'Autriche n'agit pas autrement que n'avait agi Marie de Médicis. Quant au seigneur *Mazarini*, sa conduite fut exactement celle de Concini son compatriote. Sauf la différence des noms, c'étaient les mêmes personnages qu'en 1610; ils se trouvaient dans la même situation et devaient suivre la même marche : étrangers tous deux, la reine et son ministre commencèrent par laisser pencher la politique de la France où étaient leurs sympathies, du côté de l'étranger. L'audace de Richelieu venait d'atteindre au midi l'ancienne frontière de Charlemagne; le drapeau de Louis XIV flottait en 1643 sur les clochers de cette Barcelone où, en 803, Louis-le-Pieux avait été élu comte et seigneur par les Catalans[1]. Il ne

---

1. Narciso Feliu de la Peña y Farell. (Anales de Cataluña, t. 1, p. 234.)

fallait que vouloir pour conserver cette riche province, la volonté manqua seule à Mazarin. La Catalogne s'était révoltée parce que le comte-duc violait ses priviléges. Vingt-quatre griefs avaient été articulés dans la réclamation des cortès, qui se plaignaient surtout qu'on voulut ôter aux conseillers de Barcelone le droit de rester couverts devant le roi; qu'on prétendît classer les pêcheurs catalans, empêcher les Barcelonais de se fortifier, exiger le vingtième de tous les produits, n'accorder à l'ambassadeur de la principauté que le titre de syndic, imposer le logement des gens de guerre, et mettre en prison le député militaire et membre du Conseil des Cent[1]. Par la faute, volontaire peut-être, de Mazarin les mêmes sujets de plainte se reproduisirent sous l'administration française. Il avait été convenu que le gouverneur de la principauté serait un Catalan : au mépris de la foi jurée et de la constitution ce fut un Français qu'on nomma. Cette première maladresse fut suivie d'une autre plus grave. Croyant peut-être se mettre au niveau de ces populations que leur vieil attachement aux libertés du municipe présentait comme rétrogrades, le gouvernement français recula jusqu'au huitième siècle et, à l'exemple de Charlemagne, envoya des *missi dominici* en Catalogne. L'évêque de Couserans, Pierre de Marca, reçut ordre d'aller

---

1. Prologo del fuero, l. 2. Constitucion 4, tit. de offic. cancel. y vice-cancel. — T. II Privileg. regis Jacobi II, dat. Barcin. pridie. calend. Januar. 1299. Privileg. regis Petri, dat. 1057. Privileg. Ferdinand, 17 jul. 1550. — Usat. constit., tit. de observ.; t. i. Apoyos de la Verdad Catalana, p. 123 et 4.

parcourir le pays en qualité de visiteur-général pour procéder à la réformation des abus et assurer le maintien des coutumes et priviléges. On ne pouvait faire un plus mauvais choix: Marca, très-bon paléographe et savant plein d'ardeur, comprit sa mission à rebours. Au lieu de calmer par des concessions et des promesses l'irritation naissante, il ne songea qu'à fouiller dans les archives et à remonter, en compulsant les anciennes chartes, jusqu'à l'origine des fueros.

Le 5 mai, cependant [1644], dix galères, onze navires et quarante vaisseaux de charge débarquèrent à Barcelone le comte de La Mothe-Houdancourt avec cinq mille hommes d'infanterie. Ce général y ajouta mille fantassins et quinze cents cavaliers de la garnison, et sortit de la ville pour aller faire lever le siége de Balaguer pressé vivement par don Phillippe de Silva. Les Espagnols étaient trois fois plus forts; ils attaquèrent les Français avant que ceux-ci eussent le temps de se retrancher, et furent battus le 15 mai. Le lendemain le nombre l'emporta; et le grand Silva, prenant, dit-il, sa revanche, parvint à repousser La Mothe [1]. Au bruit de cette victoire, Philippe IV accourut à Saragosse pour activer par sa présence le cours des événements; et Lérida se vit investie à son tour. Mais le grand Silva s'était exagéré son triomphe: deux jours après, en effet, La Mothe vint le défier dans ses lignes. Il n'osa point en sortir

---

1. Lo grando don Phelipe de Silva romper el exército de la Mota....
— (F. de la Peña. Anales de Cataluña, t. III, lib. XX, cap. VIII, p. 366.)

et se contenta de répondre au trompette avec la gravité de l'orgueil castillan : qu'il ne recevait des ordres que du roi, et que si lui, La Mothe, en portait d'autres, il n'avait qu'à les lui remettre par-dessus ses retranchements [1].

Cette prudence lui donna la ville : la garnison, manquant de vivres et n'ayant pu être secourue avant le 1er juillet, en sortit avec les honneurs de la guerre. Les Catalans seuls furent exceptés de la capitulation : Philippe, qui faisait à ses anciens sujets toutes les avances imaginables, et qui, six mois auparavant, en avait renvoyé sans rançon cinquante pris à Tarragone, en disant que le roi n'était pas en guerre avec ses vassaux, mais seulement avec ses ennemis, ne voulut pas souffrir que ceux de Lérida stipulassent d'autres garanties que sa prédilection et sa tendresse. Il tint encore un plus doux langage en entrant à Lérida le 31 juillet : Je vous en supplie, disait-il au vice-roi de Catalogne, après avoir solennellement juré la confirmation des priviléges, traitez bien les Catalans; car ma monarchie leur doit beaucoup, et la loyauté, les services du grand nombre doivent l'emporter à mes yeux sur l'égarement et les fautes de quelques-uns [2].

Pour atténuer le mauvais effet de cet échec dans l'esprit des Catalans, le comte de La Mothe assiégea Tarragone par terre et par mer ; mais, quoique les

---

1. Id., ibid.
2. Os en cargo trateis bien à los Catalanes, porque les dève mucho mi monarquia. — (Mss. de Jalpi, fol. 644.)

vieux et les nouveaux Français fussent montés à l'assaut avec une vaillante émulation, quoique les capitaines Jayme Portoles, Joseph Bacedas, Pons de Foix, don Joseph Cacosta, Jayme Gorchs et Torell eussent franchi le fossé l'épée à la main et rougi de leur sang le pied du boulevard de San Francisco, le drapeau blanc ne put être arboré sur la brèche, et le 14 septembre, La Mothe, désespérant du succès, fit signe à la flotte d'appareiller pour la France, et se retira avec quatre canons encloués dans la Seu d'Urgel. Mieux eût valu ne pas sortir de Barcelone, car, en voyant reculer nos armes jusqu'à Urgel, toute la principauté s'émut. L'abbé de Montpalan et don Francisco Sola furent aussitôt députés à la régente avec mission de demander du secours et le rappel du comte, en lui déclarant que si les Catalans n'obtenaient une prompte satisfaction sur ces deux points, ils se verraient forcés de pourvoir par d'autres moyens à leurs affaires. Tout allait si mal au delà des ports que Mazarin, qui venait d'apprendre la défection de Balaguer, d'Agramunt et d'Ager, ne put s'empêcher d'accueillir les demandes de la députation et remplaça La Mothe par le jeune comte d'Harcourt.

Les débuts de ce nouveau vice-roi furent brillants. Le 13 et le 22 mars 1645, il jurait à Perpignan et à Barcelone de respecter les libertés et priviléges; le 27 il assiégeait Roses, et deux mois après, jour pour jour, il l'emportait d'assaut. Après avoir vu défiler devant lui les soldats de don Caballero, il se dirigea rapidement sur la petite ville de Molerussa, que don André Cantelmo, vice-roi et capitaine-général de la Catalogne pour l'Espagne, avait fortifiée avec soin, et la prit en peu de jours avec le château. De là, jetant sur la Sègre un pont de cordes, sur lequel passa l'infanterie, il trouve un gué pour une partie de ses cavaliers, attaque des deux côtés et force le pont retranché de Camarasa, et, le 22 juin, arrive en vue de l'armée espagnole dans la plaine de Llorens. Le jour suivant on en vint aux mains : les deux armées, commandées par les deux vice-rois rivaux, se chargèrent avec fureur; mais la victoire resta fidèle à d'Harcourt, les Espagnols furent écrasés et s'enfuirent au bout de deux heures du champ de bataille ruisselant de sang et jonché de morts. Cet avantage nous rendit Balaguer et consolida si à propos la domination française ébranlée de toutes parts sous La Mothe, que, les Espagnols s'étant présentés à l'improviste le 15 août devant Barcelone, avec cinquante-cinq navires et vingt-deux galères portant dix mille hommes de débarquement, ceux qui les attendaient pour leur livrer la ville n'osèrent bouger. Une recherche sévère des conspirateurs, dont les plus qualifiés, tels que Geronimo Fornell, Bayle de Mataro, Onofre, Aquiles et les docteurs José Ferrer et Amigant, furent punis de mort, tandis que de sévères confiscations frappaient les bourgeois, chanoines et cavaliers, et que les gens du peuple étaient envoyés au carcel et aux galères, acheva de dissiper toute inquiétude. L'année suivante, d'Harcourt l'employa entièrement au siége de Lérida. Il est probable que cette ville épuisée aurait bientôt ouvert ses portes; par sa douceur et son humanité, le comte gagnait d'ailleurs tous les jours de plus en plus les cœurs des Catalans : la naissance d'un fils tenu sur les fonts, en février 1647, au nom de Barcelone, par don Onofre, premier conseiller de la ville, et dona Maria de Rocaberti, semblait devoir accroître sa popularité et joindre un nouveau lien à ceux qui l'attachaient déjà au pays, lorsqu'il reçut brusquement, le 28 mars, l'ordre de rentrer en France. Le prince de Condé le remplaçait. C'était le personnage le plus fier et le plus orgueilleusement bouffi de sa naissance et de sa victoire de Rocroi. Brave comme tout Français et tout gentilhomme d'alors, il n'avait pas une seule des qualités qu'exige l'emploi si difficile de gouverneur d'un pays conquis. La seule chose qu'il comprit, c'était cette gloire éclatante que procure quelquefois toute seule, aux dépens d'une noble armée et des officiers inférieurs, la dignité du commandement. Il n'était venu en Catalogne que pour prendre Lérida, mais, malgré l'horrible boucherie qu'il fit faire de son armée sous les murs de cette place, car lorsqu'il s'agissait de la gloire des princes les hommes ne comptaient pas, et Condé avait l'habitude de répondre avec dédain, quand on lui montrait ces monceaux de cadavres, *que c'était tout au plus une nuit de Paris ;* malgré donc six mille soldats perdus dans les premières approches, il fut forcé de lever le siége. Alors, dégoûté d'un pays qui ne produisait pas de lauriers, il abandonna son armée comme naguère en Allemagne, et rentra en France le 7 novembre 1647. Au mois de février suivant, le cardinal Mazarin le remplaçait à Barcelone par le rude mais brave maréchal de Schomberg, un des meilleurs hommes de guerre de l'époque.

Les jours de calme étaient passés, et la Ligue allait renaître, non plus avec le hausse-col sanglant de Jacques Clément, la cuirasse rouillée des moines et la lourde épée des Seize, mais avec une lance à fer émoulu, des armes argentées, une écharpe tachée d'encre, une toque de magistrat et un pourpoint de cour orné de rubans. C'était la dernière bataille que l'aristocratie féodale, si rudement fauchée par Richelieu, essayait de livrer : c'était le premier pas que faisaient les parlements dans la voie purement politique. C'était un essai nouveau et sérieux qui devait prouver au tiers-état qu'avec l'aide du parlement il pouvait écraser la noblesse, et que, livré à ses propres forces, il battrait, quand il le voudrait, la noblesse et le parlement; toutes les chances étaient pour lui. Il y avait alors dans l'air, en Europe, comme un vague et puissant parfum de liberté. Un lazzarone chassait de son palais le vice-roi de Sicile, le pêcheur Masaniello soulevait les Napolitains, l'aristocratie décrépite de Gênes tremblait à la voix de Balbi, Cromwell décapitait Charles Ier, et le sultan Ibrahim tombait étranglé aux pieds des janissaires. Si donc, à ce moment, il s'était rencontré dans le tiers-état quelques hommes assez hardis pour proposer de mettre en pratique ce qu'on écrivait tous les jours, la forme démocratique du gouvernement anglais ou hollandais aurait eu de grandes chances d'être adoptée en France[1]. Malheureusement pour le sort d'une révolution dont le germe, en se développant dans le dix-septième siècle, eût épargné bien des douleurs et du sang à la France, les hommes qui se levèrent du milieu du tiers-état ne furent ni assez nombreux ni assez logiques, et le peuple, quoique très-capable de les comprendre, ne sut pas les suivre. Quant aux parlements, nous allons voir que tous leurs efforts devaient aboutir à des calculs d'intérêt personnel, à des satisfactions d'amour-propre, et, au pis-aller, à une extension de compétence.

Lorsque les courtisans, pour appuyer sur l'autorité de la justice la régence des reines, conçurent l'idée de faire fabriquer un titre tel quel au parlement de Paris, assurément ils ne s'attendaient pas que trente-huit ans plus tard le parlement voudrait compter avec ce pouvoir sorti de ses mains. La conséquence était cependant toute naturelle. De ce qu'on lui avait reconnu le pouvoir de nommer la régente, le parlement conclut avec assez de raison qu'il avait le droit de la conseiller. Mais ici commença le dissentiment. Les courtisans, la reine et Mazarin son

1. « *Ils leur crient que les rois ne sont plus de mode, que cela étoit bon du temps passé*, qu'ils allassent porter ce qu'ils leur donnoient à la reine et au cardinal. » (Mémoires de Retz, — de Joly, — de Talon, — de Monglat.) « On entendit des voix qui crioient : *République !* » (Histoire du temps.)

ministre, imbus des maximes de la royauté absolue et convaincus sérieusement que les droits de la couronne étaient sans bornes, regardèrent comme une révolte la prétention du parlement. Dans la première chaleur de son indignation et du mépris qu'inspiraient à tout ce qui l'entourait ces robes noires, Anne d'Autriche, mal conseillée par Mazarin, crut faire un coup d'État à jamais célèbre dans les fastes de la monarchie en profitant de l'émotion causée par la nouvelle de la victoire de Lens pour envoyer saisir, au sortir du *Te Deum*, les deux conseillers les plus frondeurs. Cette entreprise tentée le 26 août 1614 couvrit le lendemain Paris de barricades, et ne servit qu'à manifester la faiblesse de la royauté et l'impuissance de la cour. Il fallut rendre Broussel, entendre les gardes-françaises déclarer qu'ils ne combattraient pas contre les bourgeois, et subir la loi du parlement soutenu, pour ainsi dire, par tout le monde [1]. Après ces concessions arrachées par la peur, Mazarin et la reine, se croyant en pleine Ligue, parodièrent ridiculement la fuite d'Henri III à Chartres en s'enfuyant avec le jeune Louis XIV à Ruel : le parlement de son côté s'empressa d'écrire, comme son fameux devancier, aux cours souveraines des provinces, afin de demander au nom de la Fronde l'union autrefois jurée au nom de la Ligue. Cet appel accompagné du bruit des chaînes des barricades, du cri des peuples contre les impôts, et des malédic-

---

1. Mailly, *Esprit de la Fronde*, t. 1, liv. III, p. 394.

tions dont on accablait Mazarin, fût entendu promptement en Guienne et en Provence.

Aix y répondit le premier. En 1624 il était né dans cette ville un monstre du sexe féminin qui avait quatre bras, quatre jambes, quatre oreilles et un seul ventre, une poitrine et une tête. Les Provençaux frappés de terreur s'attendirent dès lors aux plus grands désastres : on crut d'abord que cet épouvantable prodige annonçait la division qui éclata trois ans après entre les cours souveraines : personne n'hésita ensuite à le regarder comme l'avant-coureur de l'affreuse peste de 1629 : la peste finie, on dit qu'il s'agissait des Cascavaux séditieux, ainsi appelés parce qu'ils portaient attachées au bras des sonnettes de cuivre, au bruit desquelles des maisons furent pillées, des vignes arrachées et des bastides livrées aux flammes, tout cela pour venger la robe rouge des insultes du chaperon. Enfin, vingt-quatre ans plus tard, chacun reconnut qu'il s'était trompé et que le symbole prophétique du monstre de 1624 présageait avec la dernière évidence les troubles du semestre de 1648.

On appelait semestres les compagnies qui, telles que la chambre des comptes et la cour des monnaies, ne servaient que six mois. Pour briser l'influence du parlement d'Aix, à la sollicitation du comte d'Alais, gouverneur de Provence et partant en querelle ouverte avec le premier président, la régente le déclara semestre par un édit d'octobre 1647. Aux termes de cet édit, le parlement devait alterner avec la chambre des requêtes. L'ordonnance n'était du goût ni des villes d'Aix et de Marseille, ni des consuls, ni même des officiers des deux compagnies. Tout le monde y était opposé, sauf le gouverneur, qui le 18 janvier 1648 monta au palais, accompagné des consuls en chaperon et d'une foule de noblesse, et procéda, en l'absence du premier président, à l'installation du semestre. Il n'y eut aucune résistance ce jour-là; mais le jeudi-gras une trentaine de masques, portant des bonnets rouges et blancs, parurent tout à coup sur la place des Pêcheurs et s'y promenèrent quelque temps en excitant le peuple. Ne le trouvant pas sans doute assez chaud, ils se retirèrent derrière un jeu de paume pour attendre d'autres conjurés qui, ayant manqué au rendez-vous, firent échouer l'entreprise.

Toute l'année se passa dans une agitation des plus vives. La présidente Mesgrigny avait renoncé au commerce des blés pour diriger son grave époux dans ces circonstances difficiles; la comtesse d'Alais, son amie, conspirait contre le sien qui ne gouvernait, disait-on, si mal que parce qu'il était gouverné par un domestique. Le parlement envoyait des députés à celui de Paris, publiait les arrêts rendus pour sa défense, et négociait par respect humain avec le gouverneur. Quant à la bourgeoisie, elle s'échauffait de plus en plus et semblait n'attendre que le signal de reprendre les courroies de cuir et les cascavaux. Le gouverneur le donna lui-même le 10 janvier 1649, jour anniversaire de l'établissement du semestre.

Désirant en finir avec le parlement, il avait réuni à Aix tous les officiers des galères de Marseille et plusieurs gentilshommes étrangers; la veille, sur la nouvelle de la fuite du roi qui lui était mandée par le prince de Condé, tous les chefs des corps et des confréries, convoqués à l'Hôtel-de-Ville, s'étaient vus forcés de prêter serment. Il comptait donc sur un triomphe certain, et, pour trouver un prétexte d'entamer la lutte, il s'avisa assez gauchement d'envoyer un de ses gardes provoquer le laquais d'un conseiller qui ne l'avait pas salué lorsqu'il allait à la messe. Le garde, appelé Pézenas, s'approche du pauvre laquais, qui était tranquillement assis sur un banc de pierre sous un énorme micocoulier dont l'ombrage couvrait tout le coin de la place des Pêcheurs; lui demande insolemment pourquoi il n'a pas ôté son chapeau devant le gouverneur, et sans attendre sa réponse le charge à coups d'épée. Ce malheureux ayant pris la fuite, il lui tira un coup de carabine et lui cassa le bras devant la maison même du greffier criminel.

En un clin d'œil toute la ville fut sur pied : ceux qui suivaient le gouverneur l'abandonnèrent. La noblesse provençale se rassembla dans la maison du baron d'Oppède, et les amis de l'avocat-général Beaurecueil, formant un gros de trois cents hommes armés, vinrent, sous le commandement d'un conseiller en robe rouge, qui marchait à leur tête, se ranger en bataille sur la place Saint-Sauveur. Le sang allait couler : l'archevêque d'Arles, Séguiran premier président de la cour des comptes; les comtes de Carcès et d'Oppède se jetèrent entre les deux partis et procurèrent un accommodement d'après lequel tout devait être oublié, pourvu que les officiers du parlement missent bas les armes et que le comte d'Alais s'engageât de son côté à congédier dans trois jours les troupes qui remplissaient la ville. Sur la foi de cet accord, le parlement désarma vingt-mille hommes qui s'étaient levés pour sa cause; mais le gouverneur, loin de renvoyer la noblesse, fit occuper pendant la nuit la grosse tour de l'Hôtel-de-Ville, dans l'intention de surprendre les opposants désarmés et de les accabler tout à coup comme du temps des Cascavaux. Par bonheur pour Aix, on célébrait le lendemain la fête de saint Sébastien : en l'honneur de ce grand saint, une procession solennelle, instituée par le roi René, sort ce jour-là de la cathédrale. Les premières bannières flottaient déjà hors de la porte Notre-Dame, lorsque des cris précipités : A l'alarme! à l'alarme! retentissent dans le lointain. En même temps on voit accourir un paysan tout essoufflé qui raconte que la tour de la Grande-Horloge est pleine de soldats. Il n'en fallut pas davantage pour échauffer les têtes : la procession est rompue, la foule revient sur ses pas à la cathédrale pour mettre en pièces les consuls, qui s'apprêtaient à porter sous le dais les reliques de saint Sébastien; et, arborant un chaperon au bout d'une pique, elle court hérisser la ville de barricades. Enfermé de toutes parts, le comte d'Alais fut forcé de faire agenouiller son orgueil devant les frondeurs d'Aix : il se rendit à discrétion et ne put obtenir que la vie en congédiant immédiatement ses troupes. Cette humiliation ne fut pas la seule; un spectacle qui dut navrer son cœur si fier, c'est lorsqu'on le conduisit dans les prisons du parlement avec les cent cinquante officiers des galères qu'il avait amenés de Marseille : tous les conseillers en robe rouge, sortis de l'Hôtel-de-Ville aussitôt après la signature du traité, s'avançaient triomphalement aux flambeaux à travers les barricades et les flots d'une foule immense qui les couvrait d'acclamations, et allaient reprendre au palais les siéges usurpés par le semestre. Avant de se séparer, ils rendirent un arrêt pour décréter l'union avec le parlement de Paris et nommèrent le comte de Carces gouverneur de Provence [1].

La cour était alors aux prises avec la Fronde parisienne et toujours retirée à Ruel : on ne fut donc pas surpris de voir arriver à Aix, le 6 février, un compatriote de Mazarin, le cardinal Bighi, évêque

1. Le jeudi nous apprîmes tous
Que dans la terre provençale
La procession générale
Que le peuple d'Aix bon chrétien
Fait le jour de Saint-Sébastien,
Fut interrompue en sa file
Par des soldats venus en ville
Sur l'ordre du comte d'Alais,
Gouverneur de la ville d'Aix :
Sur quoi la populace fière,
Avec la croix et la bannière,
Les bénitiers et l'aspergès,
Battit ces gens et prit Alais.
(Courrier burlesque.)

de Carpentras, qui apportait, avec des lettres du roi et du premier ministre, une confirmation solennelle des actes du parlement et la suppression du semestre. Lecture faite de ces pièces, on ouvrit les portes de la prison au gouverneur, qui était si impatient de respirer en liberté qu'il voulut partir sur-le-champ, malgré une pluie battante. L'audacieux Boule, dernier consul de Marseille, l'attendait à la porte de cette ville avec le viguier et une troupe de bourgeois parés de rubans bleus, pour lui prouver leur dévouement en adoptant ses couleurs. A peine fut-il dans la ville que cette petite faction voulut en chasser tous ceux qui portaient des rubans blancs en l'honneur du parlement. Mais le premier consul réprima vigoureusement ces velléités tyranniques; et l'hydre impitoyable de Marseille, la peste sortant du lazaret, accorda subitement les blancs et les bleus, en les couchant dans la même fosse. Tandis que le fléau sévissait dans les ruelles étroites du quartier Saint-Jean, le gouverneur, réfugié à Toulon, se vengeait par des libelles des parlementaires. *Les neuf Visions* du père Hipparque, pamphlet au gros sel, en prose et en vers, tournaient en ridicule toutes les villes de Provence. Dans la première, l'auteur déchirait la ville d'Aix sous le nom de Mélancolique; dans la seconde, c'était Salon sous le titre de l'Esclave : la cité d'Arles, appelée la Coquette; celle de Tarascon, l'Amazone; Marseille, la Possédée; Brignoles, la Zélée; Hyères, la Moresque; et Toulon, la Nymphe, exerçaient ensuite la verve satirique du prétendu père, auquel un frondeur provençal ne tarda pas à répondre en déplumant d'une main rude, sous le nom d'Anti-Moine, le brillant aigle royal qui représentait, dans les *Visions* le comte d'Alais, fils du bâtard de Charles IX.

Des coups de plume on en vint un mois après aux coups d'épée. Les troupes du gouverneur et celles du parlement se rencontrèrent, le 14 juin, au Val non loin de Brignoles. Mais les cadets de Bellegarde n'étaient pas, à ce qu'il paraît, plus fermes devant l'ennemi que le régiment de Corinthe : à la première charge, ils s'enfuirent jusqu'à Barjols; et, quoique la victoire ne fût pas ensanglantée, car il ne périt que trois soldats, elle fut complète par la déroute des rubans blancs. La défaite de Cannes jeta une moindre consternation dans Rome : au retour des vaincus, Aix était plein de larmes et des gémissements. Cependant, à l'exemple du sénat cité en latin par mainte robe rouge, le parlement ne perdit pas courage : un appel est adressé en termes pathétiques au patriotisme des habitants et produit un effet merveilleux. L'Université offre quatre mille livres, les marchands en donnent dix mille; les dames vendent leurs bijoux, le chapitre de Saint-Sauveur apporte ses chandeliers d'argent, et les conseillers envoient leur vaisselle à la Monnaie en stipulant secrètement qu'elle entrera par une porte et sortira par l'autre. Avec toutes ces ressources on leva une nouvelle armée dont les drapeaux blancs, portant pour devise : *Mourir pour la patrie, c'est vivre*, se déployèrent avec gloire devant les greniers à sel de Berre et firent l'admiration du marquis de Calvisson et de l'évêque de Lodève, députés par les États de Languedoc pour essayer de raccommoder la Provence avec son gouverneur [1].

Mais celui-ci était trop irrité. Sortant le 8 juillet, tambour battant, de Marseille, à la tête de trois mille hommes cévenols et huguenots pour la plupart, il vint décharger sa colère sur les bastides des officiers du parlement et les environs d'Aix. Le comte de Carces, généralissime de l'armée parlementaire, frémissait d'indignation en voyant les flammes dévorer les lieux de plaisance de ses amis, et les cévenols chasser devant eux tous les bestiaux qu'ils avaient trouvés dans les villages, et emporter même sur des charrettes les meubles des paysans; mais, ne se croyant pas assez fort pour tenir la campagne, il se fortifiait à la hâte. Une citadelle carrée était bâtie avec quelques fascines et des sarments sur le plateau des Fourches, une demi-lune en gazon s'élevait devant la porte de Bellegarde, on ouvrait un fossé devant le mur en ruines du quartier d'Orbitello, et pour que rien ne manquât aux dispositions burlesques des capitans parlementaires, un menuisier inventait des canons de bois qui éclataient à la première épreuve. Enfin, quand les cévenols eurent dépouillé et ruiné ce pauvre peuple innocent des campagnes, qui n'avait point trempé dans l'affaire du semestre et payait cependant pour les coupables, le comte d'Étampes arriva, le 22 août, avec un traité de paix en treize ar-

---

[1]. Archives du parlement d'Aix, registres des 12 et 13 juin 1649.

ticles, presque tous favorables au parlement et contenant une amnistie générale[1].

Les mêmes causes avaient excité une querelle plus sérieuse en Guienne. Depuis vingt-cinq ans la paix était troublée à Bordeaux par les démêlés du gouverneur avec le parlement et le clergé. Du moment où le duc d'Épernon, cet ancien et vil mignon d'Henri III, ce tyranneau féodal que la Provence, mieux avisée, avait déjà repoussé les armes à la main, eut mis le pied dans le pays, les agitations civiles recommencèrent. D'abord ce fut une collision avec le parlement sous le misérable prétexte que Marc-Antoine de Gourgue, premier président, recevait directement son paquet du courrier, ce qui offusquait l'orgueil du duc. Ce différend, dans lequel se trouvèrent impliqués les jurats, et où les carabins du gouverneur jouèrent un grand rôle, tantôt en cherchant à effrayer les parlementaires, tantôt en bâtonnant leurs laquais, dura quatre ans, et laissa un levain de haine violente dans les deux partis. On s'en souvenait avec amertume lorsqu'il s'en prit à l'archevêque[ ] : après l'avoir poussé à bout par de sourdes vexations, il le fit insulter publiquement par ses carabins et le jeta dans une telle irritation que, le 8 novembre 1633, ce prélat, revêtu de ses habits pontificaux, sortit à pied, accompagné de quelques ecclé-

---

[1]. « Ce docte amy me dit un jour en promenade : *Pitton, nous aurons la guerre, mais elle ne sera pas violente; elle se terminera par l'enlèvement des bœufs, moutons, et autres meubles* » (Pitton, docteur en médecine, *Hist. de la ville d'Aix*, p. 439.)

siastiques, et parcourut les principales rues de Bordeaux en implorant le secours du peuple et criant qu'il n'y avait plus de sûreté pour l'Église. Le gouverneur, averti de cette promenade, s'était fait conduire au galop à la place Saint-André et, descendant précipitamment de son carrosse, avait couru à l'archevêque, qui rentrait dans sa cathédrale à la tête d'une foule immense; l'avait saisi par le bras et frappé à coups de canne en l'appelant insolent brouillon et traître devant son église et son peuple. Ce sacrilége, qui souleva la ville, et qu'il fut forcé d'expier, par ordre de la cour, en s'agenouillant l'année suivante devant l'archevêque, à la porte de l'église de Coutras, était encore présent à tous les yeux lorsque le 10 mai 1635 éclata l'émeute des Tavernes. Furieux d'une taxe nouvelle mise sur les vins, le peuple fit des barricades, dispersa les jurats, brisa les portes de l'Hôtel-de-Ville, sonna la grosse cloche et, sourd aux prières comme aux menaces du parlement, il exigea qu'un arrêt sur parchemin et proclamé avec les trompettes d'argent abolît à toujours cette taxe. C'est à travers la fumée de la poudre et de ces barricades, défendues avec tant de bravoure, qu'un tonnelier, amputé d'un bras derrière la première chaîne, reparut à la seconde en la défendant vaillamment du bras qui lui restait, qu'on vit pour la dernière fois la longue barbe blanche et le cordon du gouverneur. Remplacé peu de temps après par le prince de Condé, et réduit à quitter la France pour échapper au fer niveleur du cardinal, il n'obtint qu'en

1642 la permission de venir mourir dans son fastueux château de Cadillac. Grâce à l'appui de Mazarin, son fils lui avait succédé dans ses dignités et son gouvernement; mais, outre que les antécédents du père n'étaient pas une grande recommandation auprès des Bordelais, ceux-ci se sentaient d'avance pour leur nouveau gouverneur, un éloignement d'autant plus prononcé, qu'il leur arrivait par le crédit du premier ministre, à l'instant même où le parlement de Bordeaux venait de s'unir contre lui au parlement de la capitale.

Ces préventions fâcheuses devaient rendre la position de d'Épernon très-difficile, mais quand bien même il en aurait été autrement, son caractère suffisait pour aliéner tous les esprits. Bien qu'on eût pu croire la chose impossible, le duc enchérissait encore sur l'orgueil, la hauteur révoltante, la morgue glaciale et rogue de son père. Il était si engoué de sa grandeur, qu'il exigeait de ceux qui voulaient entrer dans ses gardes, les preuves de noblesse demandées aux chevaliers de Malte, qu'il restait couvert devant ses enfants, et ne souffrait pas qu'on lui parlât sans lui donner le titre d'altesse. Les Bordelais, railleurs et caustiques comme tous les Gascons, s'amusèrent d'abord sincèrement de ces prétentions ridicules, et le prince des Vandales, tel était le seul titre qu'ils consentissent à donner au gouverneur, ne fut pendant quelque temps que le but de leurs quolibets. Mais du mépris à la résistance il n'y a qu'un pas, et ce pas facile, le peuple le fit au mois d'août 1648. La récolte des céréales avait manqué cette année dans les pays méridionaux : quelques-uns de ces accapareurs sans entrailles, qui affameraient toute une population pour gagner un écu, conçurent l'idée d'exporter une grande quantité de blé en Espagne, où il était encore plus cher qu'à Bordeaux. Le gouverneur, qui avait reçu sous main une forte somme d'argent, leur donna cette permission ; mais lorsqu'on voulut embarquer les blés le peuple s'y opposa. D'Épernon eut beau paraître sur le port avec ses gardes, les jurats eurent beau s'y rendre couverts de leurs chaperons, les sacs restèrent sur le quai. Sur ces entrefaites, le parlement, convaincu de la justice de l'opposition populaire, rendit un arrêt qui défendait l'exportation des blés : cet arrêt ayant été confirmé le 13 août par une déclaration du conseil du roi, qui interdisait tout transport de grains hors de la province, sous peine de la vie, le gouverneur résolut de s'en venger en bâtissant une citadelle à Libourne.

Il aurait fallu être aveugle pour ne pas voir que si le duc, déjà maître du cours de la Garonne par le château de Cadillac, parvenait à s'emparer de la Dordogne au moyen de la citadelle projetée, les Bordelais se trouveraient à sa discrétion, et qu'il les pourrait réduire par famine. Le parlement ne s'y trompa point. Malgré les jurats vendus à d'Épernon, le premier président convoqua, le 29 mars 1649, une assemblée populaire à l'Hôtel-de-Ville, et là, l'union du parlement avec les citoyens ayant été votée à la presque unanimité, le parlement s'empara de l'administration, ôta aux jurats la garde du fort du Ha pour la confier à deux de ses membres, et nomma un conseil de police composé de deux présidents à mortier, deux présidents aux enquêtes, quatre conseillers à la grand'chambre, quatre des enquêtes, un des gens du roi, un trésorier de France, un secrétaire du roi, un conseiller au sénéchal, un chanoine de Saint-André, un autre de Saint-Seurin, deux jurats et deux bourgeois [1].

Aussitôt qu'il fut installé, ce conseil s'empressa de confier la garde des portes de la ville à des bourgeois et de nommer à la place des treize capitaines de la milice urbaine, non moins suspects que les jurats, des membres du parlement. Vingt-trois nouvelles compagnies furent ajoutées aux anciennes, et toutes ensemble, commandées par des conseillers, formèrent bientôt un effectif de vingt mille hommes. Avec ces forces on pouvait résister au duc d'Épernon. Un chef volontaire, le marquis de Chambaret, s'étant présenté dans les premiers jours d'avril, le parlement l'agréa avec reconnaissance, et les Bordelais entrèrent en campagne. Chambaret, assez heureux d'abord, enleva deux cent cinquante hommes du régiment de Créquy, cantonnés entre Quinsac et Camblanes; mais étant allé attaquer Libourne, il fut trahi par son maréchal-de-camp, Larroque de Saint-Macaire, qui empêcha le canon

---

1. Archives du parlement de Bordeaux, registres d'avril et de mai 1649. — Livres de la Jurade, même époque.

d'arriver, et resta sur le champ de bataille avec les plus braves de ses capitaines. Quelque temps avant cet échec, la cour troublée de loin par les mouvements de Bordeaux avait écrit gracieusement à la grand'chambre : le marquis Voyer d'Argenson, commissaire extraordinaire, était venu donner à la ville le spectacle de sa duplicité et de ses frayeurs. Mais lorsque la régente et son cardinal eurent reçu le bulletin de la victoire de Libourne, où le duc d'Épernon s'étendait avec d'autant plus d'emphase qu'il était personnellement le plus lâche des hommes, ils crurent que la moitié de Bordeaux avait péri et alors leurs paroles furent altières et leurs actes énergiques. Le 24 juillet le gouverneur vint à Bordeaux. Les jurats, qui lui étaient dévoués, avaient fait distribuer deux mille billets de convocation pour la grande assemblée de l'Hôtel-de-Ville. Il s'y rendit *huit bourgeois*. L'assemblée n'ayant pu avoir lieu, le duc conduisit au parlement le comte de Comminges envoyé du roi et deux huissiers du conseil dits à la chaîne, qui mirent sur le bureau une déclaration royale datée de Compiègne, par laquelle Sa Majesté interdisait le parlement, cassait tous les arrêts qu'il avait rendus depuis l'émeute des tavernes et ordonnait à la compagnie, sous peine d'être considérée comme rebelle, de sortir de Bordeaux quatre jours après la signification. Le parlement sans s'émouvoir arrêta le jour même qu'il serait fait opposition à cette pièce, et le gouverneur, prêt à employer la force une heure auparavant, eut tellement peur en entendant les bourgeois qui déchargeaient leurs armes pour les nettoyer, qu'il s'enfuit avec sa cavalerie par une petite ruelle de la porte Dauphine, poursuivi à coups de fronde par des enfants.

Alors la petite guerre s'échauffa : le marquis de Lusignan, successeur du brave Chambaret, avait battu les épernonnistes à Portets et au Tourne ; le marquis de Sauvebœuf, militaire intrépide et plein d'expérience, que le parlement fit venir secrètement du Limousin pour le mettre à la tête des Bordelais, mena encore mieux les choses. Assiégeant le château Trompette, dont le canon tirait incessamment sur la ville, il poussa l'attaque avec tant de vigueur qu'en peu de jours la tour carrée, le donjon, les guérites, le pont du côté de la ville et la tour-du-diable s'éboulèrent sous le canon. Le 1ᵉʳ octobre, le conseil s'assembla et on résolut l'assaut pour le lendemain : tous attendaient le jour avec impatience, les Bordelais avaient demandé qu'on leur confiât une attaque particulière, *pour qu'il ne fût pas dit qu'ils ne tenaient leur liberté que des mains étrangères.* Mais la garnison effrayée capitula [1].

Le duc d'Épernon, qu'on apercevait avec ses troupes inactives sur les hauteurs de Lormont, fut le témoin des fêtes par lesquelles Bordeaux célébra avec une sorte de délire la prise du Château-Trompette. Il y avait deux cent cinq ans que cette forteresse, bâtie pour assujettir toute une population aux volontés

---

[1]. Mouvements de Bordeaux, liv. IV.

arbitraires du roi, s'élevait tyrannique et menaçante au-dessus de la ville. En commençant à raser ces murailles d'où les balles et les boulets étaient toujours prêts à pleuvoir sur eux au moindre signe d'un mauvais gouverneur, les Bordelais cessaient d'être esclaves et accomplissaient la plus belle conquête de la Fronde. La cour, au contraire, pleurait sa chère citadelle. Pendant le siège elle avait fait mille efforts pour la sauver : le maréchal du Plessis-Praslin était venu exprès en poste afin d'intercéder pour elle. Aussi quand Mazarin et la régente apprirent que la pioche en abaissait tous les jours les murs, et que le duc d'Épernon, ayant attaqué Bordeaux par eau et par terre, avait vu de loin, selon sa coutume, écraser ses troupes dans les cyprès de la Bastide, et repousser rudement la flotte royale de Bacalan, ils firent la paix et souscrivirent, le 23 décembre, à toutes les conditions qu'il plut au parlement de dicter. Les Bordelais eurent donc bien raison de s'applaudir de leur constance et de s'écrier dans le remercîment au roi : Heureuse guerre qui nous donne une telle paix!

La paix était bonne, en effet, si elle avait été sincère; mais demander de la franchise à Mazarin, n'était-ce pas chercher sous la peau du renard la générosité du lion! En se montrant si faciles avec les Bordelais parce qu'ils ne pouvaient les soumettre, la reine et son bon cardinal, parfaitement dignes l'un de l'autre, et nourris au même degré des maximes de Machiavelli, n'attendaient, malgré leurs serments, que l'occasion d'accabler les rebelles. En attendant, ils maintenaient le duc d'Épernon à son poste et, loin de démolir la citadelle de Libourne, fermaient les yeux sur les courses du pillard qui la commandait. Avec des esprits aussi animés, une telle politique manquait d'adresse. Les Gascons, trop fins pour se laisser duper comme les bourgeois de Paris, perdirent patience ; ils démolirent eux-mêmes la citadelle de Libourne et, ayant forcé les jurats de convoquer l'assemblée des cent trente, députèrent à Paris, de concert avec le parlement, afin de demander le remplacement du duc d'Épernon. Précisément à cette époque, la régente et son favori, mortifiés chaque jour dans leur orgueil par la hauteur et les exigences de Condé, venaient de faire arrêter le prince de Conty son frère et le duc de Longueville, qui avait épousé sa sœur. Mazarin, ce servile copiste de tous les actes de la régence précédente, n'avait eu garde d'oublier le coup d'audace de Marie de Médicis. Comme on devait s'y attendre, il ne réussit pas mieux à Anne d'Autriche. Le duc de Bouillon, ami des proscrits, s'était retiré dans la vicomté de Turenne : en apprenant l'arrivée de la princesse de Condé dans le château de Montrond avec le duc d'Enghien son jeune fils, il résolut de lui ouvrir l'entrée de Bordeaux et de profiter du prestige attaché à ce nom pour faire de la capitale de la Guienne le foyer de la Fronde dans le midi de la France. Ce projet habile fut presque aussitôt exécuté que conçu. Le 14 mai 1650, la princesse, escortée seulement par cinquante chevaux, joignit auprès de Saint-Céré en Quercy le duc de Bouillon et La Rochefoucault, qui l'attendaient avec huit cents gentilshommes. Cette petite armée, après avoir pris Brives, laissa reposer quelques jours la princesse à Turenne, où des tables constamment dressées et surtout les fameux gobelets à l'allemande du duc de Bouillon ne contribuaient pas peu à exalter l'enthousiasme de la noblesse, et à lui faire crier A bas Mazarin! Ensuite, la plaçant au milieu de leurs troupes, dont l'effectif pouvait se porter à deux mille quatre cents hommes, Bouillon et La Rochefoucault gagnent Limeuil, culbutent, non loin de Terrasson, la cavalerie de La Valette, postée derrière un ruisseau pour leur barrer le passage, et arrivent le 30 mai aux portes de Bordeaux. Des émissaires y avaient si adroitement manié les esprits, qu'en dépit des hésitations du parlement et de la défense des jurats, le peuple voulut qu'on reçût la princesse, et courut en foule à sa rencontre. De Lormont à Bordeaux, celle-ci trouva la route jonchée de feuillée, de fenouil odorant et de fleurs. Quand elle parut sur les trois heures au bord de la rivière, les navires se pavoisèrent spontanément et la saluèrent de trois salves de coups de canon. Toute la population s'était jetée sur le port : les marquis de Sauvebeuf et de Lusignan eurent la plus grande peine à la conduire au superbe carrosse qu'on lui avait préparé, et ce ne fut qu'en fendant les flots d'une foule immense, que la princesse et son jeune fils, âgé de sept ans et porté dans les bras d'un gentilhomme qui faisait admirer au peuple sa robe de taffetas blanc chamarrée d'argent et de passements noirs, et son chapeau de plumes blanches, purent gagner, avec les vingt-deux carrosses qui les suivaient, l'hôtel du président Lalanne, au milieu des pleurs, des transports de joie et des acclamations unanimes.

Le lendemain, une autre scène fut jouée. La princesse de Condé, en grand deuil, se présenta au parlement et, s'agenouillant avec son fils dans la grand'-chambre, s'écria, les mains jointes, d'une voix entrecoupée de soupirs et de larmes :

« Je viens, messieurs, demander justice au roi en
« vos personnes contre les violences du cardinal
« Mazarin et remettre entre vos mains ma personne
« et mon fils. Il n'est âgé que de sept ans, son père
« est dans les fers : oh! laissez-vous toucher de com-
« passion pour la plus malheureuse maison qui soit
« au monde et la plus injustement persécutée. »

En même temps le petit duc, auquel on avait appris sa leçon, bégaya, soufflé par sa mère :

« Messieurs, servez-moi de père, le cardinal Ma-
« zarin m'a ôté le mien. » A ces mots, les cœurs les plus durs se fendirent ; des larmes d'attendrissement tombèrent de tous les yeux ; les présidents s'élancèrent de leurs siéges pour relever la princesse ; et la cour, ordonnant que la requête de la dame de Condé serait mise sous les yeux du roi, la prit, elle et son fils, sous sa sauvegarde. Profitant de l'enthousiasme du peuple, celle-ci écarta d'abord les gens qui pouvaient plus tard lui faire obstacle, et sut effrayer si

à-propos le parlement que, le 25 juin, il décréta le duc d'Épernon et ses adhérents de prise de corps et permit de leur courir sus. Elle le mena même, toujours par la peur de l'émeute, beaucoup plus loin qu'il ne voulait, en traitant sous ses yeux avec l'ambassadeur d'Espagne, et en l'obligeant de rendre, au milieu des piques et des fusils, l'arrêt d'union avec les princes.

A moins d'abdiquer entre ses mains, la régente ne pouvait souffrir ces désordres. Mazarin lui conseilla d'aller combattre la Fronde gasconne sur son propre terrain ; mais, plagiaire inintelligent de tout ce qui s'était fait pendant l'autre règne, parce que Louis XIII dans son enfance était venu en Béarn il voulut que Louis XIV encore enfant vînt à Bordeaux. Là seule annonce de l'approche de ce jeune prince avec sa mère et le ministre abhorré, souleva la ville. Aussi perfide que dur et cruel, Mazarin avait tristement inauguré son entrée à Libourne en faisant pendre sous la halle, et à vingt pas du logis du roi, le brave capitaine Pichon, pris par trahison dans le château de Vaires, après une belle défense et à l'instant où il croyait capituler. En représailles, les Bordelais pendirent sur le champ le baron de Canolle, un de leurs prisonniers. Puis le parlement déclara Mazarin traître à Dieu et aux hommes, et après lui avoir envoyé l'arrêt à lui-même, il en expédia des copies à tous les parlements du royaume, assista en corps et en grand costume au service célébré pour Pichon, et ne songea plus qu'à tenir tête vigoureusement à l'armée royale. Le maréchal de La Meilleraye, qui la commandait, parut le 23 août sur les hauteurs du Cypressat, et deux jours après, le cardinal, s'étant placé loin des coups, sur le même mamelon qu'avait occupé en pareille circonstance le duc d'Épernon, donna l'ordre d'assaillir le fort de la Bastide. Les vieilles troupes du maréchal marchèrent avec leur bravoure ordinaire; mais elles furent aussi énergiquement repoussées que celles de d'Épernon. Une attaque générale, exécutée le 5 septembre, contre le faubourg Saint-Seurin, fermé seulement par des barriques pleines de terre, et le palais Gallien, eut encore moins de succès : mille hommes de l'armée royale, qui n'en comptait pas huit fois autant, restèrent morts dans les barricades; que dire enfin? Une simple demi-lune en terre, taillée dans les décombres qui bouchaient extérieurement la porte Dijaux, suffit pour arrêter tout l'effort de ces braves, et à la fin du mois, Mazarin s'estima trop heureux d'accepter la paix de ceux qu'il était venu punir. Une amnistie générale, la permission pour la princesse de Condé de se retirer dans l'Anjou, et la révocation du duc d'Épernon, tels furent les fruits du voyage de la cour en Guienne. A ces conditions, la maison navale alla chercher Louis XIV comme elle était allée chercher son père, il put descendre au milieu des vivats de la foule à la porte du Chapeau-Rouge, aller loger à l'archevêché, et, le 13 octobre, *avec une dignité et des grâces infinies*, ouvrir le grand bal de l'Hôtel-de-Ville pendant que sa mère faisait ses grandes dévotions aux Carmélites, et que Mazarin signait bien malgré lui une décharge de la plus grande partie des tailles.

L'ORMÉE ET LE SABRE.

Si la régente n'avait pas porté dans le gouvernement toutes les passions de la femme, et si, comme la plupart de ceux qui sont au pouvoir, elle ne s'était d'autant plus obstinément attachée à son ministre qu'il devenait chaque jour plus odieux à la nation, le traité de septembre aurait tout fini. Mais la pieuse Anne d'Autriche joignait à l'ignorance de Mazarin une vertu que ses courtisans louaient en beaux termes, et qu'il est cependant impossible d'appeler autrement que fourberie : nulle vérité et partant nulle sûreté dans ses paroles ou dans ses actions; incapable, comme son lâche favori, de regarder le péril en face et de lutter à découvert contre ses opposants, elle ne négociait que pour tromper, ne promettait au nom du roi que pour mentir, et ne faisait une concession que pour la retirer ensuite. C'est ainsi que paraissant céder enfin aux vœux des parlements, elle mit les princes en liberté. Au mois de janvier 1651, Mazarin sortit du royaume. Pour empêcher même dans ses petites rancunes féminines le prince de Condé d'épouser mademoiselle de Chevreuse, elle le nomma gouverneur de la Guienne à la place du duc d'Épernon. Quelques mois plus tard, Mazarin rentrait en triomphe, et Condé, qui avait failli être arrêté une seconde fois, s'enfuyait à Bordeaux. Le héros de Rocroy, dont le système consistait d'ailleurs à trahir la Fronde, ou à combattre pour elle selon les vues de son intérêt ou les mouvements de son orgueil, comptait entraîner, par sa présence, toutes les populations méridionales. On lui avait persuadé que Brouage et Blaye n'attendaient que le signal pour se déclarer en sa faveur. Le comte de Doignon lui avait promis le pays d'Aunis, La Rochelle, les îles de Ré et d'Oleron; la Rochefoucault lui répondait du Poitou et de l'Angoumois, le maréchal de La Force d'une partie de la Gascogne, le comte d'Arpajon du Rouergue, Biron du Périgord, Saint-Géran du Bourbonnais, Lévi de l'Auvergne.

Il ne doutait nullement de la Guienne et croyait le Limousin et la Marche pleins de ses partisans [1]. Toutes ces belles promesses, ainsi qu'il arrive mille fois sur une en pareil cas, s'évanouirent en fumée. Arrêté sans pouvoir les franchir par les faibles murailles de Cognac, il se vit forcé d'abandonner la Saintonge aux troupes royales. Le comte d'Harcourt le mena battant jusqu'à Saint-André de Cubzac, où il ne tint qu'à lui d'écraser sa cavalerie. Échappé à grand'peine, Condé remonta la Dordogne, fortifia en passant Libourne et Bergerac, et se jeta ensuite dans l'Agenais. Là il surprit quelques régiments commandés par Saint-Luc, mais cet avantage ne l'empêcha pas d'échouer devant Miradoux, la plus mauvaise bi-

---

1. Mémoires de Tavannes, 1691.

coque du pays, ni auprès d'Astafort, ni au port Sainte-Marie. Agen seul le sauva en lui ouvrant ses portes, imprudent bienfait que les bourgeois faillirent payer cher, car, pour leur témoigner sa reconnaissance, il chercha aussitôt à s'emparer de la ville. Heureusement que le peuple, courant aux armes et barricadant promptement les rues, lui ôta cette envie. Gardé à vue depuis ce moment par les compagnies bourgeoises, n'osant sortir pour se mesurer avec d'Harcourt, démoralisé par les échecs successifs qu'il venait d'essuyer, Condé fit alors ce qu'il avait toujours fait quand la fortune se montrait contraire, il abandonna la partie et reprit la route du nord le 24 mars 1652.

C'était une triste retraite pour le vainqueur de Lens et de Rocroi, et toute grande néanmoins que semblait cette tache sur sa gloire, elle n'égalait pas celle qu'il emportait sur son honneur. Condé, cette année-là, s'était souillé d'un crime qui, sous le règne d'un Louis XI ou d'un Henri IV, aurait fait tomber sa tête sur la place de Grève. Malgré les fautes commises par le gouvernement, la Catalogne était toujours française. Le 31 juillet 1651, don Juan d'Autriche vint mettre le siége devant Barcelone. La ville montrait la plus ferme résolution, et les Espagnols, tenus en respect par le comte de Marsin, ne pouvaient pas même l'investir entièrement du côté de terre, lorsque Condé, surnommé partout le grand par les historiographes de cour, traita dans ces circonstances avec l'Espagne, et ne craignit pas de rappeler Marsin et les trois mille hommes qu'il commandait. Marsin, qui, lui du moins, avait une excuse, car il était étranger, obéit à son ami, lui amena en Guienne, pour servir ses vanités et sa misérable ambition, l'armée qui aurait dû combattre les ennemis de la France, et la courageuse Barcelone, livrée par le premier prince du sang à don Juan d'Autriche, succomba au bout de quinze mois d'une résistance héroïque, et redevint espagnole avec toute la Catalogne [1].

Tels étaient les princes de cette époque ; sous ce rapport, le prince de Conty ne valait ni moins ni mieux que son frère. Après le départ de ce dernier, il s'était présenté tour à tour inutilement devant Aiguillon, Clairac, Marmande, Villeneuve d'Agen, Langon, et avait fini en désespoir de cause par rentrer à Bordeaux. L'état de cette ville était bien changé : la princesse de Condé et la duchesse de Longueville, sa belle-sœur, s'efforçaient d'y renouer ces trames de ruelles, ces intrigues mêlées de politique et de galanterie, dont elles avaient appris le secret à Paris du licencieux coadjuteur et de la facile duchesse de Chevreuse. Le parlement, commençant à comprendre qu'il ne s'agissait plus de d'Épernon ni

---

1. « Esta dia (21 septiembre 1651) Monsiur de Marsin con el supuesto pretexto de ir à tomar un comboy de los Espanoles, dexo la defensa de Barcelona, y bolvio a Francia con sus Franceses *llamado del de Conde su amigo para mantener en ellas su partido y pretensiones en aquel reyno.* » (F. de la Péña y Farell, *Añales de Cataluña*, t. III, lib. xx, cap. xi, p. 319.)

L'auteur de l'*Hist. du Roussillon* (Henry) s'est trompé d'un an en fixant la reddition de Barcelone (t. II, p. 417) au 4 octobre 1651.

de Mazarin, mais seulement de la querelle personnelle des princes, se refroidissait à vue d'œil; les jurats, secrètement dévoués au roi, travaillaient sous main le quartier du Chapeau-Rouge, habité par cette bourgeoisie riche qu'on trouve toujours disposée à la paix ; le clergé conspirait presque à découvert le rétablissement de l'autorité royale, et les Espagnols, alliés des princes, jouaient dans le même but leur ancien rôle du temps de la Ligue. Il n'y avait donc à Bordeaux de vraiment fidèle à la Fronde que la classe inférieure ; mais le peuple qui s'était levé pour chasser d'Épernon, le peuple qui avait combattu et souffert, dans sa chevaleresque et naïve candeur, pour le seul honneur de la ville, le peuple qui se prête d'autant moins aux capitulations des partis, qu'il n'a pas les intérêts sous lesquels elles se déguisent, le peuple ne voulut pas que l'insurrection s'arrêtât dans sa voie avant que le but fût atteint. Auprès de l'église de Sainte-Eulalie s'étendait une solitaire et fraîche esplanade plantée de vieux ormes et, pour ce motif, appelée, par nos bons aïeux, l'Ormée. C'était sur les bancs de pierre et de bois qu'ombrageaient largement de leurs rameaux ces arbres séculaires, que la petite bourgeoisie, aux heures inoccupées et torrides de la journée, et les ouvriers le soir, venaient respirer le frais et causer des affaires de la ville ; à force d'en parler et de critiquer ceux qui les maniaient, ces habitués de l'ormée finirent peu à peu par concevoir l'idée d'y prendre part. Ils se comptèrent donc et formèrent une association composée de cinq cents membres, qui tous s'étaient engagés par écrit :

A exposer leurs biens et leurs vies pour acquérir le droit de voter dans les assemblées générales de l'Hôtel-de-Ville;

A faire rendre compte aux dilapidateurs des deniers publics;

A se protéger réciproquement;

A s'en rapporter, pour les procès qui pourraient surgir entre les associés, à des arbitres choisis parmi eux ;

A recevoir les étrangers qui demanderaient à être admis, et qui posséderaient les qualités requises;

A prêter de l'argent sans intérêt à ceux d'entre eux qui en auraient besoin;

Et à protéger et secourir après leur mort les enfants et les veuves des membres de l'association.

Voilà quels étaient les statuts principaux de l'Ormée, ainsi appelée par le peuple, qui simplifie toujours, à cause du lieu de ses réunions. Un conseil tantôt judiciaire, tantôt militaire, tantôt municipal selon les circonstances, complétait l'organisation de la démocratie bordelaise. Elle ne reconnaissait point de chef; cependant une vingtaine de membres, parmi lesquels primaient Blanzin, Turquois, le prêtre Gay, Guiraud, Dupuy, Mazurier, le conseiller Trencars, Pontalier, de Blaru, Desert, Tenet, Croizillac, Le Rousseau, Tustal et Durctête, jouissaient de toute sa confiance et la dirigeaient. A la différence des religions près, l'Ormée présentait une très-grande ressemblance avec la faction des indépendants d'Angleterre : c'était le même enthousiasme, la même passion du bien public; la même tendance républicaine, moins l'hypocrisie, le fanatisme de secte et l'ambition. Le caractère tranché des deux peuples éclatait également d'une manière opposée dans les mœurs et la conduite des meneurs de ces deux partis. Tartufe biblique et tribun militaire, Cromwell enivrait la liberté avec les textes saints et la courbait sous le poids du sabre : Duretête, au contraire, franc et généreux bourgeois, sans ambition personnelle et sans passion religieuse, aimait sincèrement la liberté et, en bon citoyen, travaillait avec loyauté et conscience à la donner à sa patrie. Il y avait loin de ce but simple et noble, aux combinaisons sanglantes du protecteur de Westminster, et, plus loin encore, aux intrigues ambitieuses; à l'opposition turbulente seulement, intéressée et vaniteuse du parlement. Aussi une lutte sérieuse s'établit bientôt entre les ormistes et les parlementaires. Les premiers commencèrent par suivre l'exemple que leur avaient déjà donné les faux frères du parlement, en poussant les bourgeois à demander, par billet cacheté, l'expulsion de quelques-uns de leurs collègues. Un paquet ficelé fut déposé le 12 janvier 1652, sur le bureau du parlement, de la part des ormistes. On l'ouvrit le lendemain, et, au milieu de l'anxiété générale et d'un profond silence, le président de Gourgues proclama les noms des deux Monneins, de Salomon, du Bernet, de Darche, de Secondat de

Montesquieu, Jacques de Pichon, Muscadet François de La Roche, conseiller, et de Pontac, avocat général. Un frémissement de colère ébranla soudain la grand'-salle, et le parlement, sur les réquisitions de Pontac lui-même, rendit, séance tenante, un arrêt fulminant qui faisait expresses inhibitions et défenses, à toutes personnes, de rien entreprendre contre les susnommés ; mais, malgré ce grand bruit, le 1er mai suivant, les conseillers du Bernet, Salomon et Montesquieu furent chassés de la ville.

Que pouvait opposer le parlement à ces violences dont le signal était parti de ses propres rangs ? Une protestation muette. Pendant vingt-sept jours les portes du palais restèrent fermées : les ormistes ne parurent point s'en apercevoir, et s'émurent si peu des bouderies de leur Thémis, que le 28 mai, à la suite d'une décision prise devant Sainte-Eulalie en assemblée générale, neuf conseillers notés comme suspects reçurent ordre d'aller rejoindre les trois premiers. Un mois après, les exilés étaient rentrés à petit bruit, lorsque, le 24 juin, aux sourds tintements du tocsin, qui sonnait à toute volée à Sainte-Eulalie, à Saint-Michel et à l'Hôtel-de-ville, le peuple se porta en masse dans les quartiers du Chapeau-Rouge et de Saint-Remy, habités par les commerçants et les parlementaires, et réprima, à coups de fusil, de vaines tentatives de réaction. Les ormistes, déjà maîtres de trente-six compagnies bourgeoises, dominaient à l'Hôtel-de-ville. Ils s'empressèrent d'en profiter pour détruire l'influence de leurs rivaux dans le conseil des Cent-Trente : battu dans la grande délibération du 27 juillet, le parti parlementaire comptait prendre sa revanche aux élections municipales du 1ᵉʳ août ; mais là, il échoua de nouveau, les trois jurats nommés étaient des ormistes. Jusqu'à ce moment le prince de Conty et la duchesse de Longueville s'étaient tenus cachés derrière les arbres de l'Ormée, pour exciter l'association et contraindre le parlement à marcher à leur pas. Les résolutions du 1ᵉʳ mai, l'émeute du Chapeau-Rouge avaient été arrêtées d'abord à l'archevêché, où logeait le prince. C'était la belle main de madame de Longueville qui avait écrit la première liste des suspects, et l'un et l'autre croyaient qu'il leur serait aussi facile de retenir les ormistes que de les soulever, et qu'il ne leur en coûterait que ces paroles banales, ces hâbleries de popularité dont ils riaient ensuite de si bon cœur dans leurs salons et dans leurs lettres ; mais ils se trompèrent : comme ces chevaux vigoureux qui rompent d'un bond le mors et la bride, l'Ormée les emporta où elle voulut. Les chefs, au lieu d'être leurs instruments, obligèrent le prince et la duchesse à leur servir de mannequins à eux-mêmes : chaque jour, du reste, l'influence du parti Condé, nulle et bafouée dans la ville, déclinait au dehors. Le duc de Candale, fils de d'Épernon, ayant, au mois d'août, remplacé d'Harcourt, rentra presque sans coup férir dans Villeneuve-d'Agen, Mont-de-Marsan, Cadillac, La Réole, Bazas, Bergerac et Sarlat, pendant que le marquis de Sauveboeuf, reconcilié avec Mazarin, prenait pour lui Sainte-Bazeille, qu'Estissac enlevait Marennes, que Pompadour chassait du Limousin Marsin le Belge, que l'escadrille de Vendôme, entrant dans la Garonne, forçait Montségur et Lormont. En voyant ces succès le parlement obéit, le 3 mars 1653, à une déclaration royale qui lui ordonnait de se retirer à Agen, et qu'il méprisait depuis quatre mois : les ormistes, dont les vues ne semblaient pas s'étendre au delà des murs de Bordeaux, enchantés de son départ, ne s'occupèrent plus qu'à épurer l'administration et les états-majors des compagnies, et le prince avec quelques nobles groupés autour de lui sollicita de nouveau l'appui de l'étranger. Peu satisfait de l'alliance avec l'Espagne, qui n'envoyait que de faibles secours et des promesses, il s'adressa, cette fois, à l'Angleterre. Le 8 avril, *deux membres du parlement*, Trencars et de Blaru, partirent pour Londres avec l'instruction suivante, signée du prince de Conty, du chevalier de Thodias, premier jurat, et de Saint-Simon, secrétaire du prince.

« Les députés feront un précis des troubles, depuis leurs commencements jusqu'au moment actuel, et n'épargneront point le ministre. Après cette peinture ils diront que, malgré l'état respectable où est le parti partout en Guienne, forces dont ils présenteront le tableau le plus pompeux, la ville de Bordeaux, à la pluralité des suffrages (ce qui était, comme on le voit, le plus insigne mensonge), se résout d'implorer l'appui de l'Angleterre, qui, comme tous les États bien réglés et dont les lois ne sont pas corrompues par l'intérêt particulier, fait profession de prendre la défense des opprimés, espérant qu'elle sera assez juste et assez puissante, non-seulement pour faire rétablir les habitants dans leurs anciens priviléges, mais encore pour leur faire respirer un air plus libre qu'auparavant.

» Comme le principal mobile des affaires d'État est l'intérêt, le parlement demandera peut-être des convenances réciproques. On le laissera expliquer sur ses prétentions, *et, alors, s'il le faut, on pourra offrir aux Anglais un port sur la rivière de Bordeaux, tel que Castillon, ou Talmont, ou Poyac, ou Arcachon, qu'ils pourront fortifier à leurs frais. On pourra leur permettre d'assiéger Blaye et de faire une entreprise sur La Rochelle.*

« Comme l'intérêt du parlement est de faire naître en France des affaires qui puissent l'occuper par une guerre intestine, Cromwell pourra fort bien demander si Bordeaux ne voudrait pas prendre une forme de gouvernement toute nouvelle, et se servir de cette occasion pour mettre les protestants dans ses intérêts et raffermir les uns par les autres leur liberté commune :

» *Il sera à propos de répondre qu'aussitôt que les protestants verront une flotte anglaise dans la Garonne, ils crieront Liberté* [1] !

Tels étaient, il est douloureux de le redire, les

---

[1]. Mailly (*Esprit de la Fronde*, t. v, p. 755) avait, en écrivant, l'original de cette instruction sous les yeux.

princes du dix-septième siècle. Si Cromwell n'avait pas tenu au maintien de l'alliance avec la France contre la maison d'Autriche, et qu'il se fût montré plus soucieux de l'agrandissement de l'Angleterre que de l'intérêt de son usurpation; deux cents ans après avoir été déchiré par les boulets de Charles VII et noyé dans le sang de Talbot, le drapeau anglais, replanté de la main d'un Bourbon, aurait reparu sur les tours de Castillon et sur les clochers de Saint André. Repoussé de ce côté, Conty se jeta dans les bras des jésuites; mais il avait beau s'agiter, sa cause était perdue. Les divisions fomentées à l'intérieur par sa cabale, celle de sa sœur, celle des partisans du parlement, celle des jurats, celle du quartier du Chapeau-Rouge entravèrent complétement l'action de l'Ormée. Occupée sans cesse à surveiller les mauvais citoyens, à étouffer les complots du clergé et des parlementaires et à rompre les intrigues ténébreuses de Conty, qui cherchait sous main à vendre seul la ville pour en avoir seul le profit : l'Ormée succomba à la tâche. Les marchands, les bourgeois riches et les gens de loi, noyau de la première Fronde, tinrent quelques assemblées à la Bourse, et, profitant du mécontentement du peuple, qu'ils avaient exprès affamé en cachant les grains [1], ils quittèrent le bleu le 19 juil-

---

1. « *Les bons bourgeois crurent* que la famine serait plus efficace que tout autre moyen pour obliger la ville de rentrer sous l'obéissance au roi et agirent en conséquence; on cacha le blé qui était dans les greniers, on détourna la construction des moulins à bras, on donna peu de farines aux boulangers, on laissa entrer les paysans des environs afin que la foule de ceux qui assistaient à la distribution du pain fût plus grande : *on aban-*

let 1653, et reprirent la couleur blanche en criant : Plus d'Ormée et Vive le roi !

Le lendemain le drapeau rouge fut abattu sur la porte du Caillau et sur le clocher de Saint-Michel, pour faire place au drapeau blanc : quatre jours après la paix était conclue. Le duc de Candale accordait aux Bordelais une amnistie générale et la confirmation de leurs priviléges ; à la duchesse de Longueville et à Conty, un pardon sans limites ; à la duchesse de Condé, au duc d'Enghien et à Marsin, des passe-ports pour se retirer où bon leur semblerait. Il n'y eut d'exceptés que cinq chefs de l'Ormée, Désert, de Blaru, Trencars, Villars et Duretête. Les trois premiers, qui auraient dû porter leur cou sur le billot avec le prince de Conty et Thodias, à cause des traités d'Espagne et d'Angleterre, eurent la permission de passer le détroit ; Villars, auquel chaque parti reprochait une trahison, et chaque famille un acte de violence, obtint sa grâce à la sollicitation du prince ; Duretête seul, le Caton du parti, l'homme ferme au milieu de ces défections, l'homme pur au milieu de ces ambitions sordides, l'homme pauvre et désintéressé parmi ces affamés de faveurs et d'argent, fut livré au bourreau, qui l'étendit sur la roue, le mit en quartiers, et alla clouer ses membres sur les portes de la ville, et sa tête sur la vieille tour de l'Ormée, sans que le peuple, dont il avait été l'idole, témoignât autre chose que l'ingrat dédain et la joie insultante

donna la direction de l'hôpital, » etc. (D. Devienne, *Hist. de Bordeaux*, liv. x, p. 470.)

qu'il a toujours fait éclater au supplice de ses défenseurs.

La soumission de Bordeaux entraîna celle de Périgueux, où Candale et une espèce de Cartouche féodal appelé Chavagnac firent semblant de vouloir tout exterminer pour extorquer aux habitants, le premier cent mille, et le second trois mille livres, et il ne resta plus d'éléments de troubles qu'en Provence. Après la paix des 13 articles, le gouverneur, comme on s'en souvient, avait tiré vers Marseille. Il se présenta le 14 mars 1650, à la porte Réale, et fut accueilli à coups de canon : tous ses efforts, et ceux de ses partisans, soit pour surprendre la ville, soit pour la soulever en sa faveur, étant devenus inutiles, il songeait à quitter la province, lorsqu'une division inattendue sépara en deux camps le parti opposé, et releva tout à coup le sien. Comme à Bordeaux, et pour les mêmes motifs, le parlement d'Aix avait fini par ne plus trouver Mazarin aussi noir : un revirement subit d'opinions donna même au ministre la plupart des conseillers, qui ne furent dès lors connus que sous les noms de *Canifs* et *Mazarinistes*. La jeune noblesse, loin d'imiter leur défection, se montra plus ardente encore contre le ministre et le gouverneur, et, pour imiter l'Ormée, la faction qui s'appelait le Sabre résolut de chasser le parlement, et, étant descendue à cet effet, le 3 octobre 1651, sur la place des Prêcheurs, elle commença par s'emparer de l'Hôtel-de-ville. A cette nouvelle les Canifs sortent du parlement, le conseiller de Chasteuil-Tressemanes et la dame de

Venel, les pistolets à la main, courent aux tanneries et supplient les ouvriers de défendre le parlement. Ceux-ci ayant obligé le conseiller à se mettre à leur tête en robe rouge, quittent leurs travaux et, se portant en masse à l'Hôtel-de-Ville, expulsent tous les nobles frondeurs aux cris de *Fouero lou Sabre*, le Sabre à la porte !

Le Sabre, ainsi chassé, s'unit aux semestres et au gouverneur; mais cette alliance ne porta bonheur ni aux uns ni aux autres. Les coalisés manquèrent Aix, Marseille, Draguignan, et se dissipèrent l'année suivante à l'arrivée du duc de Mercœur, successeur du comte d'Alais. Une amnistie très-large, qui n'envoya qu'une victime, un mauvais prêtre déguisé en femme, à la potence, et deux de ses compagnons aux galères, acheva d'adoucir les ferments de ces troubles civils et termina l'agonie de la Fronde méridionale. Il ne faut pas croire pour cela qu'un ordre stable régnât dans le Midi. La constitution de l'ancienne monarchie était tellement défectueuse, et l'action du pouvoir central si tardive et si incertaine, que lorsque les troubles cessaient sur un point, ils éclataient sur un autre pour des causes différentes. Tandis, par exemple, que la guerre grondait toujours dans le Roussillon et la Cerdagne, agités par la présence des armées espagnoles, les vieux souvenirs de l'union et la vue de l'écharpe rouge, que les Catalans avaient reprise de 1653 à 1659, des séditions continuelles ébranlaient le pavé de nos villes. C'étaient à Nîmes les factions de la grande et de la petite croix qui, brouillant l'évêque et les consuls, ensanglantaient le 31 décembre 1657 les marches de l'Hôtel-de-Ville, parce que monseigneur Cohon ne voulait pas avoir son démenti et aimait mieux faire tirer sur le peuple que de ne pas installer les consuls qu'il avait créés de son autorité privée. C'étaient les protestants de Montauban, si tranquilles pendant la Fronde, et qu'on voyait se soulever avec fureur pour enterrer dans leur cimetière le cadavre d'une pauvre femme réclamé par les catholiques [1]. C'étaient les manteaux-gris de la Saint-Valentin couvrant, le 14 février 1659, la place des Prêcheurs et enfonçant les portes du parlement d'Aix pour se venger, sur la personne du président d'Oppède, beaucoup trop bien en cour, des excès commis par les troupes, d'une insulte faite aux états et de l'insolence de ses gens. Le bruit des fêtes pompeuses de la Bidassoa et de l'île des Faisans couvrit un moment ces tumultes. Mazarin, ainsi que nous l'avons remarqué constamment, s'attachait avec une sorte de servilité à copier un à un tous les actes de la régence précédente : il ne pouvait manquer le plus important, celui qui eut les suites les plus graves, et il maria Louis XIV à l'infante d'Espagne comme on avait marié Louis XIII avec Anne d'Autriche. En vertu du traité des Pyrénées, qui fut, en 1660, le sceau et le lien de ce mariage, la France, qui avait perdu par la trahison de Condé et par les fautes de la Régence la dernière marche de Charlemagne, si heureusement recouvrée sous Richelieu, conservait

1. Lettre écrite de Millau par un ecclésiastique, le 28 juillet 1663.

le Roussillon et rentrait à titre définitif dans la vieille frontière gauloise. Mazarin mourut peu après, laissant la noblesse abaissée, amoindrie et avilie, les parlements vaincus et muets, la bourgeoisie et le peuple esclaves, les protestants, toujours paisibles, mais condamnés, et le clergé sur les marches du trône. Nous verrons bientôt l'abus que fera de son influence sur l'esprit d'un prince élevé par un prêtre italien et dirigé par des jésuites ce grand et redoutable corps de l'État; mais avant de plonger nos regards dans ce passé lugubre plein de sang, de douleurs et de larmes, délivrons-nous du poids des crimes, des ambitions coupables, des intrigues, des divisions, des guerres, des misères qui oppresse et serre le cœur quand on traverse ces temps funestes, et allons respirer pour la première fois devant une œuvre utile et pacifique dans les belles plaines du Languedoc.

CANAL DES DEUX MERS.

Depuis douze siècles on songeait à réunir par un canal la Méditerranée et l'Océan. Née dans une tête romaine, cette idée avait traversé le cerveau de Charlemagne et celui de François Ier pour venir battre sous le front de Henri IV. Plus forte que la mort, elle était sortie de la tombe de ces grands hommes et avait tour à tour échauffé toutes les intelligences aventureuses du XVIIe siècle. Mais ni maître Reneau, sous Montmorency, ni Bernard Aribal en 1617, ni Richelieu lui-même quinze ans plus tard, ni le sieur Tichot, ingénieur du roi, en 1633, ni Jean Lemaire et le conseil d'État n'avaient osé en aborder l'exécution. Un obstacle, qui paraissait insurmontable, les arrêta tous. Le plateau de Naurouse, dont les pentes se déploient dans une étendue de sept lieues et qui sépare les deux versants de la Garonne et de l'Aude, s'élevait comme un mur d'airain devant les plus hardis. Il était donc probable que l'idée de jonction en resterait, sous Louis XIV, où l'avaient laissée les Romains ; mais, pendant que la science s'avouait vaincue, un génie naturel trouvait la solution du problème. Au point culminant de ce fatal plateau de Naurouse, élevé de plus de 187 mètres au-dessus du niveau des deux mers et sur les énormes blocs de pierre que la nature semblait y avoir jetés pour former le socle d'un monument, les pâtres voyaient souvent un homme assis, les bras croisés et plongé dans une profonde rêverie. C'était le riche seigneur de Bonrepos, Pierre-Paul Riquet, qui, tourmenté par la vieille idée romaine, venait contempler avec désespoir et l'infranchissable barrière et la ligne de cette voie liquide que son imagination voyait couler fraîche et féconde entre deux rangées d'arbres à travers ces friches arides et ces bruyères. Tous les moyens que peut inventer l'homme s'étaient vainement offerts à son esprit ; à mesure qu'il regardait le but, il le sentait s'éloigner devant lui, et le découragement commençait à l'atteindre, lorsqu'un jour, en s'en retournant pensif comme à l'ordinaire et le front courbé par sa méditation de tous les instants, ses regards tombèrent par hasard sur la fontaine de la Grave. Cette source, grossie par les pluies, refluait en ce moment dans un fossé et formait deux ruisseaux coulant en sens contraire, l'un vers Toulouse et l'autre vers Narbonne. Il n'en fallut pas davantage à Riquet : éclairé par ce trait de lumière, il s'enfonce dans la montagne Noire, découvre et reconnaît des eaux dont on ne soupçonnait pas même l'existence, fait niveler par deux pauvres ouvriers de Revel la pente des ruisseaux, s'assure qu'il peut réunir sur ce même plateau de Naurouse une masse d'eau capable d'alimenter les deux branches du canal, et, après un essai préliminaire fait dans son jardin de Bonrepos, il envoie son plan à Colbert et lui dit:

« S'il vous plaît, monseigneur, de lire ma relation, vous jugerez que ce canal est faisable, qu'il est à la vérité difficile à cause du coût, mais que, regardant le bien qui doit en arriver, on doit faire peu de cas de la dépense. Jusqu'à ce jour on n'avoit pas pensé aux rivières propres à servir ni su trouver des routes aisées pour ce canal : car celles qu'on s'étoit imaginées étoient avec des obstacles insurmontables de rétrogradation de rivières et de machines pour élever les eaux. Aussi, croyez que ces difficultés ont toujours causé le dégoût et reculé l'exécution de l'ouvrage. Mais aujourd'hui qu'on trouve des routes aisées et des rivières qui peuvent être facilement détournées de leurs anciens lits et conduites dans ce nouveau cours par pente naturelle et de leur propre inclinaison, toutes difficultés cessent, excepté celle de trouver un fonds pour servir aux frais du travail.

« Vous avez pour cela mille moyens, monseigneur; et je vous en présente encore deux dans mon mémoire ci-joint, afin de vous porter plus facilement à cet ouvrage, que vous jugerez très-avantageux au roi et à son peuple, quand il vous plaira de considérer que la facilité et l'assurance de cette navigation fera que le détroit de Gibraltar cessera d'être un passage nécessaire ; que les revenus du roi d'Espagne à Cadix en seront diminués; et que ceux du roi augmenteront d'autant sur les fermes des trésoriers et des entrées des marchandises; outre les droits qui se prendront sur ledit canal, qui se monteront à des sommes immenses ; et que les sujets de Sa Majesté profiteront de mille nouveaux commerces et tireront de grands avantages de cette navigation [1]. »

A sa lettre, Riquet avait joint trois plans et un mémoire, où il expliquait avec une grande lucidité « que le plus important étoit d'avoir de l'eau à suffisance pour remplir le canal, et de la conduire au point de partage ; ce qui se pouvoit faire très-facilement en prenant la rivière de Sor, près la ville de Revel, que l'on conduiroit par pente naturelle en jetant le ruisseau de Lampy dans sa rivière de Revel, et en dérivant dans ledit Lampy le ruisseau d'Alzau, distant d'environ cinq quarts de lieue, et par conséquent plusieurs autres eaux qui se trouvoient dans cette conduite. De sorte que jointes ensemble et composées de sources vives et de durée, elles formeroient une grosse ri-

---

1. Archives du canal à Toulouse, A, B, B, n° 4.

vière qui, menée au point de partage, rendroit le canal suffisamment rempli des deux côtés pendant toute l'année, et jusqu'à six pieds de hauteur sur neuf toises de large [1]. »

Un tel projet rentrait trop bien dans les vues de Colbert pour ne pas avoir son approbation : le 18 janvier 1663, un arrêt du conseil ordonna qu'une commission se transporterait sur les lieux à l'effet d'examiner le plan du sieur Pierre Riquet, et d'en faire son rapport. Cette commission, composée de deux commissaires du roi aux états, Henry Boutheroue, l'un des intéressés du canal de Briare, et le sieur de Vaurose, directeur-général des gabelles de Provence, assistés de messire Marc de Noé, Guitaud de Noé, maréchal-de-camp, de Tarabel, et des sieurs Andréossy, Pélafigue, Cavalier et Bressieux, géomètres, consacra presque toute l'année 1664 à sa mission, parcourut avec Riquet toutes les gorges de la montagne Noire et l'emplacement du canal de Toulouse à l'étang de Thau, et, le 17 janvier 1665, émit un avis favorable. Cependant elle conseillait, avant de commencer un dessein de cette importance, de se convaincre par une démonstration plus certaine que le raisonnement, celle de l'expérience, en creusant une rigole d'essai pour conduire au point de partage un filet de la rivière de Sor [2].

Ces conclusions très-sages, approuvées par Colbert, Riquet, dont l'imagination ardente toujours tendue

1. *Hist. du canal du Languedoc*, par les descendants de Riquet, p. 15.
2. Mss. du Roi, fonds Colbert, n° 202, p. 140.

sur son projet, venait d'entrevoir un moyen de succès qu'il ne soupçonnait pas auparavant, part en poste de Saint-Germain. Sa rigole est commencée au mois de juillet, et, dans les premiers jours d'octobre, l'eau arrivant à flots à Naurouse, montre aux plus incrédules la justesse de ses calculs. Il ne s'agissait plus dès lors que de l'exécution. Le 2 décembre 1665, l'intendant du Languedoc, M. de Bezons, demanda des fonds aux États assemblés à Béziers ; mais, quoiqu'il eût fait un beau discours dans lequel il disait, à la louange du temps présent, « que si l'on conduisait les eaux avec soin, artifice et dépense, ce n'était pas pour embellir le jardin de Lucullus ni pour satisfaire au luxe de Séjan, mais pour tout rapporter au bien public et à l'avantage des peuples [1] », les États, craignant que ce projet ne fût qu'un prétexte pour leur extorquer de l'argent, refusèrent Sa Majesté et pour le présent et pour l'avenir. Malgré ce refus et le mauvais état des finances Colbert fit dresser le devis, et, au mois d'octobre suivant, mit ces nobles paroles dans la bouche de Louis XIV :

« Bien que la proposition qui nous a été faite pour joindre la mer Océane à la Méditerranée par un canal de transnavigation et d'ouvrir un nouveau port en la Méditerranée sur les côtes de notre province de Languedoc ait paru si extraordinaire aux siècles passés, que les princes les plus courageux et les nations qui ont laissé les plus belles marques à la postérité d'un

---

[1]. Procès-verbaux des États tenus à Béziers en 1665.

infatigable travail aient été étonnés de la grandeur de l'entreprise et n'en aient pu concevoir la possibilité ; néanmoins, comme les desseins élevés sont les plus dignes des courages magnanimes, et qu'étant considérés avec prudence ils sont ordinairement exécutés avec succès ; aussi la réputation de l'entreprise et les avantages infinis que l'on nous a représentés pouvoir réussir au commerce de la jonction des deux mers nous ont persuadé que c'étoit un grand ouvrage de paix bien digne de notre application et de nos soins, capable de perpétuer aux siècles à venir la mémoire de son auteur et d'y bien marquer la grandeur, l'abondance et la félicité de notre règne ; à ces causes disons et ordonnons, voulons et nous plaît qu'il soit incessamment procédé à la construction du canal de navigation et communication des deux mers suivant et conformément au devis fait par le chevalier de Clerville[1]. »

En vertu de cet édit, les intendants du Languedoc mirent en adjudication les travaux du canal depuis Toulouse jusqu'à l'Aude y compris la rigole et le réservoir : trois entrepreneurs se présentèrent, l'un demandait cinq millions, l'autre quatre millions trois cent quarante mille livres, le troisième trois millions six cent soixante-dix-sept mille. Riquet offrit un rabais de quarante-sept mille livres sur cette dernière

---

[1]. Édit de Saint-Germain contresigné Phélypeaux, registré avec l'arrêt du conseil d'État et les lettres patentes aux registres de la cour du parlement de Toulouse, le 16 mars 1667, et transcrit le 27 du même mois ès registres du bureau des finances de la généralité de Toulouse.

soumission, et fut déclaré adjudicataire par arrêt du conseil le 13 octobre 1666. Aussitôt il se mit à l'œuvre. Le 31 janvier 1667 il avait deux mille ouvriers, divisés en brigades de cinquante hommes et répartis dans des ateliers conduits par un chef qui dirigeait cinq brigades ; et le 15 mars il en comptait quatre mille. Le 1er avril, on posa, devant l'archevêque de Toulouse, l'évêque de Saint-Papoul et les deux intendants, la première pierre du magnifique bassin de Saint-Ferriol ; et quelques jours après, en présence de tous les corps constitués de la province, et au milieu d'un concours prodigieux, le premier président de Toulouse et le premier capitoul scellèrent, avec la truelle d'argent, les deux premières pierres de l'écluse du canal à l'embouchure de la Garonne. On ne saurait se faire une idée de l'activité de Riquet : en même temps qu'il employait sept mille ouvriers à creuser le lit du canal, de Toulouse au point de partage, et mille autres au bassin de Saint-Ferriol, il se chargeait, pour cinq millions huit cent trente-trois mille livres, du reste des travaux et de la construction du port de Cette. Au mois de janvier 1672, la partie située entre Naurouse et l'embouchure de la Garonne fut livrée à la circulation. Huit ans après, Riquet avait traversé six rivières, percé une montagne, construit cent deux corps d'écluses et achevé le port, lorsqu'il mourut, brisé par ses longues fatigues et accablé de soucis et de dettes, au moment de voir le rêve de sa vie réalisé. Il ne restait plus qu'une lieue à faire auprès du Somail. Son fils l'acheva. Le 15 mai 1681, les prélats du Languedoc vinrent bénir l'eau dans une cérémonie solennelle; et le lendemain, trois commissaires du roi, les sieurs d'Aguesseau, de La Feuille et le père Mourgues, jésuite, accompagnés des membres des États, s'embarquèrent sur une galère peinte et richement décorée qui traînait à la remorque un bateau où était placé un orchestre et, suivis de vingt-trois barques chargées pour la foire de Beaucaire, ils parcoururent le canal jusqu'à Cette, et procédèrent, au milieu des acclamations populaires, à la réception des travaux. Ce n'était pas, du reste, une vérification mais un voyage triomphal pour l'ombre de Riquet. Les commissaires ne pouvaient retenir leur admiration : ces magnifiques jetées en marbre rouge et gris, qui du vieux promontoire de Cette avaient fait un port, et de quelques buttes de sable perdues, une ville; les huit écluses accolées de Foncerannes avec leur énorme masse en pierre de taille de 312 mètres de long; la traversée souterraine du Malpas, excavée dans le roc sur une étendue de 85 mètres; ces longues lignes, ouvertes à force de poudre à travers les marbrières d'Argilliers et les rochers de Millegrand et de Marseillette; l'immense entonnoir de Saint-Ferriol, fermé à l'étranglement de la vallée qui le compose par une digue de 800 mètres, et contenant six millions trois cent mille mètres cubes d'eau, tout, depuis le bassin de Naurouse jusqu'à l'embouchure de la Garonne, excita leur surprise et leur enthousiasme. Et quand Vauban vint cinq ans plus tard inspecter cette œuvre à son tour, il s'écria qu'il donnerait pour l'avoir faite les succès de toute sa vie. Il est impossible, en effet, de résister à l'entraînement du génie, et les grandes pensées accomplies portent en elles une sorte de puissance mystérieuse si forte, que, lorsqu'après avoir suivi pendant soixante-six lieues la ligne du canal, toujours verte et limpide, entre les deux rideaux de joncs qui bordent les berges à fleur d'eau, et les deux rideaux de saules, d'oliviers, de cyprès, de peupliers ou d'ormeaux, qui ombragent les talus gazonnés, on tombe en descendant six cents pieds d'écluse en écluse, dans la vaste nappe d'eau, éblouissante comme une glace, de l'étang de Thau, une impression inconnue et sévère, mêlée d'admiration et de respect, saisit l'âme, et l'ombre de Riquet se dresse avec des proportions colossales sur ce port créé par sa main, et où blanchissent aujourd'hui les voiles de mille navires [1].

[1] Il avait coûté 17 millions, qui en feraient 34 aujourd'hui. Les deux tiers de cette somme avaient été fournis par la province, et l'autre tiers, partie par Colbert par des délégations de subsides sans avancer un sou, partie par Riquet sur sa fortune personnelle. Ce grand homme fut donc à la fois l'*inventeur*, le *banquier* et l'*exécuteur* de ce beau travail, et il y aurait plus que de l'ingratitude à s'arrêter aux réclamations posthumes qui ont osé revendiquer cette gloire pour un de ses employés. Quiconque jettera les yeux sur la correspondance de Riquet et de Colbert (Mss. Colbert à Paris, Archives du canal à Toulouse, Histoire des canaux de Lalande); sur les rapports des commissaires et des intendants (Archives du canal, A, C, C), sur les récits des témoins oculaires et les pièces officielles, se convaincra que la prétention élevée au nom d'Andréossi, non-seulement ne repose sur aucune preuve, mais est démentie par tous les contemporains, tous les faits et tous les documents de la manière la plus éclatante. Il n'y avait qu'Andréossi qui pût s'attribuer cette gloire, quand il est notoire qu'il ne dirigea que les travaux de la division la plus facile, et que

Heureux Louis XIV s'il n'eût construit que de tels monuments! Heureux le midi de la France si Colbert avait été premier ministre! Mais les œuvres utiles n'entraient ni dans les habitudes ni dans les préférences de la monarchie absolue : il fallait ou qu'elle entassât des montagnes pour ses palais, ou qu'elle fît tuer des milliers d'hommes pour sa gloire. Pendant la régence, d'ailleurs, et malgré les troubles de la Fronde, la nation avait respiré parce que le roi était un enfant; mais, lorsqu'il fut homme, il la reprit comme ses plus mauvais prédécesseurs à la gorge, et la força à marcher de nouveau dans le sang. Nous avons dit que le clergé avait profité de l'abaissement de la noblesse pour s'emparer de la première place dans le pouvoir : dès qu'il s'y vit établi solidement, il reprit l'idée de la Ligue et entama une lutte sourde et persévérante qui, soutenue vingt-six ans avec son habileté et sa constance ordinaire, devait supprimer le protestantisme et ramener la France à l'unité catholique.

Jamais réaction ne fut mieux conçue ni amenée de plus loin. Pour empêcher les protestants de se joindre aux frondeurs on leur avait donné une ample confirmation des édits les plus favorables, parce que, disait Mazarin, ce qu'on était forcé d'accorder pourrait être facilement retiré dans un autre temps[1]. Quand tout

---

les autres ingénieurs, tels que Gilade, Albas, Ségadeux et Contigny, présidèrent aux constructions vraiment monumentales du canal. Cette prétention, du reste, n'a été admise sérieusement que par ses compatriotes (Zendini et le P. Frisi) et par son descendant (*Hist. du canal du midi*); le énéral Andréossi.

1. Arrêts du conseil d'Estat, Nouveaux convertis, liv. 1.

fut tranquille, en effet, une première déclaration royale révoqua, le 18 juillet 1656, celle qui avait été rendue en 1652 : une seconde défendit au mois de décembre, sur les remontrances du clergé, l'exercice de la religion dans les terres épiscopales et ecclésiastiques. A partir de cette époque les arrêts du conseil se succédèrent rapidement et devinrent de plus en plus hostiles. En 1657 on interdit le protestantisme dans les lieux possédés par les catholiques ; défense fut faite aux ministres de prêcher hors de leur résidence, et de tenir des colloques dans l'intervalle des synodes. En 1659 ils reçurent l'injonction de ne chanter à l'avenir leurs psaumes que dans les temples. En 1661 l'académie protestante de Montauban fut transférée à Puylaurens. L'année suivante la chambre de l'édit de Castres défendit aux ministres de faire des exhortations ou consolations dans les rues, à l'occasion des enterrements ; aux particuliers de travailler, vendre ou commercer les dimanches et jours de fête, d'étaler de la chair les jours maigres et d'empêcher que la façade de leurs maisons fût tendue et parée aux jours des processions. En 1663 des arrêts du conseil déchargèrent les nouveaux convertis des dettes contractées pendant qu'ils étaient protestants ; prescrivirent que les enfants nés de pères catholiques et de mères protestantes ne pourraient être baptisés qu'à l'église ; que les enterrements des réformés ne se feraient désormais qu'à six heures du matin et à six heures du soir depuis le mois d'avril jusqu'au mois de septembre ; et à huit heures d'octobre à la fin de mars, sans que le convoi, les parents compris, pût excéder le nombre de trente personnes, et firent défense à tous les sujets du roi réformés qui auraient abjuré de retourner au protestantisme, de même qu'à tous prêtres et autres personnes engagées dans les ordres ou par des vœux de quitter la religion catholique, sur les peines portées par les ordonnances. Au mois d'octobre de cette même année, d'autres arrêts ordonnèrent la réédification, aux frais des protestants, des églises démolies en 1621 ; le rétablissement des consuls catholiques dans les conseils du Gévaudan, et la démolition d'une foule de temples dans les Cévennes. Le conseil d'État défendait en outre aux ministres de prêcher dans des lieux non autorisés, d'entretenir aucune correspondance avec les autres provinces, sous prétexte de charité ou autre quelconque, et de recevoir les appellations des ordonnances des synodes.

L'année d'après, le prince de Bourbon-Conti, gouverneur du Languedoc, envoyait à l'intendant l'instruction suivante pour les consuls de Nîmes :

Premièrement ils empêcheront autant qu'il leur sera possible, qu'il ne s'établisse dans la ville aucune personne de mauvaise vie ;

Ils auront soin de faire observer les dimanches et jours de fête, et de faire fermer les boutiques les jours des fêtes et, au cas qu'il se trouve quelques personnes qui refusent d'obéir, ils feront informer contre elles extraordinairement en justice ;

Ils prendront soin d'empêcher que ceux de la R.

P. R. ne fassent aucune violence à ceux qui se sont convertis, et s'opposeront à toutes les menaces et mauvais traitements qu'ils voudraient faire à ceux qui sont sur le point de se convertir et, s'il arrivait que ce fût des principaux de la R. P. R. qui y prêtassent les mains, ils m'en avertiront incessamment, afin que je les appuie de mon autorité ;

Et afin que les choses qui regardent la gloire de Dieu et son service se fassent avec plus de facilité, dans la ville ils tiendront soigneusement la main à l'exécution des ordres de monseigneur l'évêque de Nîmes ;

Et, d'autant que, les jours des fêtes et des saints que les artisans ont pris pour patron, il se fait des débauches qui portent grand scandale au public et qui tournent au grand déshonneur de Dieu, contre la véritable institution des fêtes, nous leur ordonnons très expressément d'empêcher telles débauches et tels scandales.

Sur toutes choses ils feront punir les blasphémateurs du nom de Dieu selon la rigueur des ordonnances [1].

Les grandes constructions de Paris, la guerre de Flandre, et les préparatifs de l'invasion de Hollande, en portant ailleurs l'attention du gouvernement, endormirent pour quelques années l'ardeur de la réaction; mais quand Louis XIV eut passé le Rhin à la tête de cent mille hommes, elle se réveilla plus implacable que jamais. Le 19 février 1672, le conseil

---

1. Archives municipales de Nîmes. — Lettres du roi et ordonnances, recueil n° 1.

arrêta que les armes et fleurs de lis du roi seraient ôtées des temples et qu'on ne pourrait y porter ni chaperon ni robe rouge, ni aucune marque de magistrature. En 1679 on supprima les chambres mi-parties de Castres, Bordeaux et Grenoble, établies en vertu de l'article 36 de l'édit de Nantes : en novembre 1680, un édit vint interdire définitivement les mariages mixtes et déclara que les enfants qui proviendraient de l'union des catholiques avec des personnes de la prétendue religion réformée seraient considérés comme bâtards et inhabiles à succéder. Le 19 du même mois, la pensée du conseil éclatait avec plus de franchise et prenait une forme plus inquisitoriale et plus arbitraire encore, en violant le foyer domestique, respecté jusqu'alors. Une déclaration nouvelle donnait pouvoir aux juges de se transporter chez les malades protestants pour savoir s'ils voulaient mourir dans l'erreur, et d'envoyer chercher, en cas de repentir, les ecclésiastiques désignés par eux, sans que les parents pussent s'y opposer. Aussi partial que violent, il savait que les catholiques avaient démoli le temple de Grenoble, brisé les portes de celui de Saintes, et grièvement insulté les ministres auprès de la Loire et, loin de continuer l'information commencée en août 1680 sur ces désordres, il la tournait le 4 juillet 1681 contre les ministres pour avoir interprété *sinistrement le premier arrêt* et laissé supposer que Sa Majesté désavouait la marche suivie. Redoublant en conséquence de rigueur, il enjoignait, quatre jours après, aux notaires et aux procureurs de la religion, de se démettre de leurs offices en faveur de titulaires catholiques dans le délai de six mois[1].

A moins d'être des anges, les protestants, qui avaient joui de la paix pendant cent ans, ne pouvaient se courber sans murmure sous l'ouragan de ces persécutions dioclétiennes. Au mois de mai 1683, les députés des églises du Languedoc, du Poitou, de la Guienne, de la Saintonge, des Cévennes, du Vivarais et du Dauphiné s'assemblèrent secrétement à Toulouse, comme leurs pères s'étaient assemblés en 1559 à Paris, dans des circonstances à peu près semblables, dressèrent un projet général pour le rétablissement de la maison de Dieu et rédigèrent la requête suivante qui fut immédiatement envoyée au roi :

« Sire,

» Vos très-humbles sujets de la religion P. R. ne pouvant résister aux mouvements de leurs consciences sont contraints de s'assembler pour invoquer le saint nom de Dieu et chanter ses louanges, et de s'exposer, par cette action religieuse, à toutes les rigueurs qu'un zèle trop ardent pourroit inspirer à vos officiers. Et parce que Dieu a établi Votre Majesté pour leur monarque, ils sont obligés à justifier devant elle leur conduite avec toute l'humilité dont ils sont capables.

» Ces assemblées, Sire, ne blessent pas la fidélité

[1]. Extraits des registres du conseil d'Estat, aux années précitées.

que les suppliants doivent à Votre Majesté : ils sont tous disposés à sacrifier leurs biens et leurs vies pour son service. Elle n'a pas besoin à leur égard de donner des déclarations pour leur faire recevoir une maxime si certaine et si chrétienne. Il ne s'agit donc, Sire, que de ce que les suppliants doivent à Dieu : *car pour ce qu'ils doivent à Votre Majesté, leur conduite passée rend témoignage à la pureté de leurs intentions; et, en un mot, les suppliants sont tous prêts à signer de leur sang le serment de leur fidélité.*

» Votre Majesté est donc suppliée de juger si les suppliants sont indignes de sa bonté paternelle, et de l'honneur de sa protection; s'ils méritent d'être jetés dans l'extrême désolation où ils se trouvent, et qui seroit capable de troubler les plus insensibles, et enfin, Sire, s'il est possible qu'ils vivent sans continuer à s'assembler pour rendre à Dieu le service qui lui est dû.

» Après cela, Sire, les suppliants ne peuvent que prier ce grand Dieu qui élève votre trône au-dessus de tous les autres trônes de la terre, de vouloir bien fléchir le cœur de Votre Majesté envers des sujets dont l'innocence et la fidélité paroissent aux yeux de tout le monde. Et si ce pauvre peuple est assez malheureux pour ne pouvoir pas exciter la pitié de son auguste monarque, *pour lequel il aura toujours un amour sincère et respectueux, une vénération singulière et une fidélité inviolable*, il proteste à la face de ce grand Dieu pour l'intérêt duquel il est exposé à tant de disgrâces, qu'il lui donnera gloire au milieu des plus terribles calamités.

» Mais les suppliants espèrent, Sire, de meilleures choses de l'équité naturelle, de la bonté et de la piété de Votre Majesté; c'est pourquoi ils se jettent à ses pieds, et la supplient très-humblement de vouloir révoquer toutes les déclarations, arrêts et autres jugements qui les ont réduits dans le déplorable état où ils se trouvent, et qui leur ôtent la liberté de conscience et d'exercice, qu'ils ont des édits solennels, confirmée par tant de déclarations, que Votre Majesté leur avoit accordée, et sans laquelle ils ne sauroient vivre, et les suppliants continueront à prier pour la conservation de la personne sacrée de Votre Majesté, pour la maison royale, et pour la gloire et prospérité de l'État [1]. »

A cette requête, qui fut suivie, peu de temps après, d'une déclaration particulière des églises du Vivarais, rédigée dans le même esprit, l'intendant d'Aguesseau répondit pour le roi en envoyant le maréchal-de-camp Saint-Ruth avec deux régiments de dragons. Lorsque ces troupes arrivèrent en Dauphiné, deux cents paysans protestants célébraient un jeûne en rase campagne, auprès d'une bourgade appelée Bordeaux, qui est située à huit lieues de Valence. Saint-Ruth en ayant eu avis, marcha de ce côté, ne tarda pas à découvrir le camp de l'Éternel, et somma ceux qui le composaient de cesser la prédication et

---

1. L'Esprit de M. Arnauld, t. II, p. 338.

de rendre leurs armes. Ces pauvres fanatiques s'y étant refusés pour sauver leur ministre, les dragons se mirent en bataille et chargèrent; mais ils avaient affaire à des enthousiastes, qui, ne reculant point d'un pas, ripostèrent tant qu'ils eurent de la poudre et des balles d'étain et, après avoir tué vingt-cinq dragons et le lieutenant-colonel du régiment de Tessé, se firent jour à la baïonnette jusqu'à une grange où ils s'enfermèrent. Là, ils se défendaient en désespérés et se succédaient aux ouvertures, tirant à découvert sur les dragons, qui en tuèrent ainsi une trentaine. De leur côté, ils abattirent trois habits verts : l'un qui essayait de fendre la porte à coups de hache, et les autres derrière la grange qu'ils venaient reconnaître. Telle était leur exaltation, que Saint-Ruth leur ayant envoyé un trompette pour les sommer une dernière fois, ils répondirent qu'ils ne voulaient pas de quartier. Alors il fit mettre le feu à la grange : mais à mesure qu'on jetait sur le toit des matières combustibles, ceux du dedans les repoussaient avec des perches ; cela obligea Saint-Ruth à mettre en embuscade, dans les branches d'un noyer, des dragons qui tiraient sur les paysans qu'ils voyaient paraître. De cette manière le feu prit à la grange et brûla ou étouffa tous ceux qu'elle contenait, à l'exception des quinze plus forts : ces malheureux, s'échappant tout à coup à demi grillés et à demi suffoqués, du milieu des flammes, tombèrent dans les mains des dragons, qui en fusillèrent dix et pendirent les cinq autres.

« Saint-Ruth ayant ainsi remis le calme en Dauphiné » passa le Rhône le 25 septembre pour aller le rétablir de la même manière en Vivarais, sous les ordres du duc de Noailles, lieutenant-général et commandant en chef pour Sa Majesté dans la province de Languedoc. Partis pour Chalançon au coucher du soleil, les dragons furent arrêtés vers minuit dans le bois de Vermont par un rassemblement de sept à huit cents hommes; il fallut mettre pied à terre. Saint-Ruth chargea en fantassin à la tête de ses soldats, et la discipline l'emporta facilement sur le courage désordonné de ces bandes irrégulières; elles se dispersèrent bientôt dans les gorges et les taillis, non sans laisser sur la bruyère une centaine des leurs qui, étant montés sur des châtaigniers pour se cacher, furent visés et abattus comme des oiseaux par les dragons. M. de Barbesiers d'autre part en avait attrapé douze dans les rochers, qu'il fit pendre par un jeune tambour. Quant à leur chef qui était le petit-fils de cet illustre Daniel Chamier mort glorieusement sur la brèche au siége de Montauban, il expia d'une manière bien cruelle à Montélimart la part que son grand-père avait prise à l'édit de Nantes. Cinquante fois la lourde barre de fer du bourreau retomba sur ses membres et, comme ce corps affreusement broyé, qui n'avait plus de forme humaine, respirait encore, il fut laissé vif sur la roue trois jours entiers [1].

---

1. Mémoires d'un papiste de Tournon, 30 août 1683. — Lettre d'un ca-

Sur l'échafaud même et à côté du cadavre le duc de Noailles proclama l'amnistie : le roi dans sa clémence consentait à oublier ce qui venait de se passer, pourvu que les victimes payassent les frais de l'expédition et fissent démolir leurs temples ; il n'exceptait de son pardon qu'une cinquantaine de rebelles pris les armes à la main, les ministres, les relaps et les sacriléges. Comme c'était à peu près tout le monde, aucune voix ne s'éleva pour remercier le roi. Alors les dragons entrèrent à Chalançon comme en pays conquis ; les flammes qui, allumées d'abord pour les bibles, dévoraient les meubles qu'on ne pouvait vendre ni voler ; les lamentations des femmes et des filles prises de force, les cris des vieillards égorgés à coups de poignard ou fusillés et jetés dans la rivière parce qu'ils refusaient d'aller à la messe, apprirent bientôt à ce malheureux canton que l'amnistie du roi, toute dérisoire qu'elle parût, était un bienfait. Les habitants de Saint-Fortunat avaient caché dans un précipice, derrière les rochers de Mastenac, les femmes, les enfants et les vieillards ; quand ils vinrent les chercher après le départ des dragons, ils trouvèrent toutes les femmes dépouillées et la plupart dans un état horrible : un père vit le cadavre de sa fille que les dragons avaient frappé de six balles, pour marquer le nombre d'outrages qu'elle avait subis avant sa mort; un fils retrouva son vieux père sans bras, les dragons les lui avaient coupés à

tholique de la même ville, du 28 septembre. — Extrait d'une autre lettre du 4 octobre. — Mémoire d'un catholique du Languedoc, 11 octobre.

coups de sabre; un mari demandant ses enfants et sa femme qu'il avait laissée dans les douleurs de l'enfantement, ne revit qu'un cadavre défiguré auprès duquel pleuraient deux pauvres petits innocents mutilés; à l'un le sabre avait emporté la moitié du visage, et à l'autre la main. Il n'est point de termes dans notre langue qui puissent exprimer ce qui se passa dans ce genre à Saint-Hippolyte et dans les campagnes voisines. Les sévices furent si grands sur cet âge même que sa faiblesse devait défendre, que les officiers s'indignèrent et firent rouer un des misérables qui les commettaient journellement. Cela ne les empêcha point d'extorquer deux cent quarante-quatre mille livres aux habitants, et de les livrer de nouveau à cette soldatesque effrénée, dès l'instant qu'ils n'eurent plus la faculté de se racheter de leurs mains. En Dauphiné seulement et dans les paroisses de Bordeaux, Labaume Corneillane, Bezaudun, Châteaudouble, La Mothe, Volvent, et en Vivarais, dans celles de la Traverse, Chalamon, Sillac La Valette, Vernoux Chambon, Tanche et Vacheresse, l'apôtre Saint-Ruth se bornait aux mauvais traitements. Ainsi ses dragons se contentaient de mettre la corde au cou des plus obstinés, de brûler la barbe et les lèvres des raisonneurs avec un fer rouge, de conduire les vieillards au sermon de force, et s'ils baissaient la tête, de la leur redresser à coups de bâton, ou de les attacher dans les cheminées afin que la suffocation de la fumée les obligeât à crier grâce, ou bien s'ils résistaient encore, de leur chauffer les pieds sur un brasier ardent.

Les seigneurs catholiques de leur côté, pensant faire leur cour au roi, enlevaient les protestants et les enfermaient dans leurs vieilles oubliettes féodales, d'où ils ne les laissaient sortir que bien et dûment convertis et après qu'ils avaient reconnu devant le tabellion que leur changement était un acte tout spontané et tout volontaire.

Les déclarations royales et les arrêts du conseil secondaient le mouvement et se succédaient avec une triste rapidité. Le 4 septembre 1684 on défendit aux particuliers de recevoir dans leurs maisons des pauvres malades de la religion *sous prétexte de charité*, un mois auparavant il avait été interdit aux ministres de séjourner plus de trois ans dans le même lieu. Au commencement d'octobre le conseil avait porté un tel nombre de condamnations que des églises qui, en 1598 dépassaient 760, il en restait à peine une cinquantaine debout. Le 22 janvier de l'année suivante un nouvel arrêt défendit de recevoir des protestants maîtres apothicaires; le 5 mars le conseil dépouilla les maires de La Rochelle du privilége de noblesse. Par la déclaration royale de juin, les temples où se seraient célébrés des mariages mixtes durent être démolis; par celles de juillet, on obligeait les réformés à contribuer aux réparations des églises et maisons curiales, les ecclésiastiques à chasser leurs fermiers protestants, les protestants à renvoyer leurs domestiques catholiques; les juges à casser

---

1. Histoire de l'édit de Nantes, t. v, liv. xx, p. 666.

leurs clercs de la religion. Puis tranchant de plus en plus dans le vif, les conseillers de Sa Majesté achevaient de fermer devant les proscrits les portes des professions libérales en arrêtant, le 11 du même mois, et le 6 août qu'il ne serait plus reçu d'avocats ni de médecins protestants. Pendant ce temps les dragons poursuivaient leur mission bottée dans la Saintonge et le Béarn avec un succès prodigieux : grâces aux violences et aux infamies de tout genre commises par ces hommes justement qualifiés de scélérats, du Vigier et l'intendant Foucaud vinrent à bout de ces provinces. Alors le marquis de Boufflers passa en Languedoc. Le 15 août ses troupes entraient à Montauban l'épée haute comme dans une ville gagnée. Que les temps étaient changés !

Soixante-quatre ans auparavant toutes les forces de la royauté étaient venues se briser comme le verre contre les tours de cette noble ville. En vain battus de vingt mille coups de canon ; attaqués en vain par quatre maréchaux de France, ses bastions n'avaient cessé de voir flotter intact et fier au haut de la brèche le drapeau de la liberté religieuse. Les cadavres de seize mille de ses assaillants n'étaient pas encore entièrement consumés au pied de ses murailles, et de ce même clocher de Saint-Jacques d'où la sentinelle calviniste de 1621 avait vu fuir le roi Louis XIII avec les débris de son armée, la sentinelle catholique de 1685 voyait entrer triomphalement un général de cour avec une poignée de sbires. C'est que la grande génération qui avait si vaillamment combattu était couchée sous l'herbe dans le cimetière du Nord ; c'est que la colonie catholique importée en 1663 avec la cour des aides avait substitué à l'ancien esprit d'indépendance et de liberté la soumission passive du royalisme absolu; c'est que timide depuis sa déchéance du pouvoir, effrayée depuis les persécutions, toujours égoïste à cause de ses richesses, la bourgeoisie protestante n'avait plus d'âme, et dans les lieux illustrés par l'épée de ses pères se courbait vilement sous le bâton des dragons.

Aussi, huit jours après l'arrivée de Boufflers, à deux heures de l'après-midi, dans le bureau dudit Montauban, par-devant messire Lefranc de Lacary, président au bureau de l'élection, commissaire député par monseigneur de La Berchère, intendant de la généralité de Montauban, sont assemblés : le marquis de Rényés, petit-fils du brave Rényés de la Saint-Barthélemy, le baron de Villemade, Alexandre Dumas; P. Satur, Pierre Fournes, P. d'Arassus, J. Ollier, P. Durban, P. Leclerc, P. Débia, Zacharie Latreille, Jonathan de Garrisson, tous avocats ; les sieurs J. Régis, Isaac Garrisson, Dominique Beroard, P. Causse, Ant. Delrieu, Adam Belvèze, Paul Cazals, marchands, et deux cents autres bourgeois, faisant profession de la religion réformée, auxquels le commissaire représente :

« Qu'ilz ont esté exhortez cy-devant par monseigneur l'évêque de Montauban, de prendre les instructions nécessaires pour rentrer dans le *seing* de l'église catholique apostolique et romaine avec zèle et charitté. Et qu'ensuite monseigneur l'Intendant leur ayant aussy fait connoître *que le roy n'a rien plus à cœur que de voir tous ses subjects réunis dans une même communion;* que depuis toutes ces représentations s'estant passé assés de temps pour avoir pris quelque bonne *rizolution* suivant le dézir de Sa Majesté, et qui fasse cesser les malheurs causés par le chisme, il leur a été permis par mondit sieur seigneur l'Intendant de s'assembler devant luy pour délibérer entre eux et s'éclaircir sur le dogme de l'Églize et sur le culte qui s'y observe, que les ministres de la R. P. R. font passer pour tout autres qu'ils ne sont, de quoy ils seront convaincus en examinant les choses, sans s'arrêter à la prévention dans laquelle ils ont esté tenus jusques icy.

» Sur quoy les dits habitants soubsignés de la R. P. R., ayant opiné, se *rizolvent* unanimement à supplier mondit seigneur l'Intendant de leur permettre la continuation de l'assemblée pour délibérer incessamment sur les motifs qui les ont séparés de la communion romaine, et pour prendre entre eux, sur ce sujet, les éclaircissements nécessaires, et de vouloir grossir l'assemblée de tous les habitants qui y voudront assister.

» Et ladite assemblée ayant esté grossie d'un grand nombre d'autres habitants de la P. R., et ayant esté continuée en présence du commissaire, le vingt-quatrième dudit mois d'août, depuis huit heures du matin jusqu'à l'heure de midy. Lesdits habitants, après avoir mûrement délibéré sur les points controversez, et ayant reconnu qu'il n'y a point de cause légitime pour demeurer séparez, et qu'ilz peuvent faire leur salut dans la communion romayne, *rizolvent* d'un commun consentement de donner la satisfaction à Sa Majesté de faire cesser leur séparation, et de rentrer sous son glorieux règne dans le *seing* de l'église catholique apostolique et romayne et d'y vivre et mourir [1]. »

Après cet acte forcé, auquel d'ailleurs on attribua faussement, à ce qu'il paraît, des adhésions qui ne furent point données [2], tout plia, excepté une femme : chassée de sa maison par les insolences de trente-huit dragons, qui en avaient transformé toutes les chambres en corps-de-garde ou en écuries, la dame Péchels de La Boissonade parut le 26 août errante dans les rues avec son mari et ses quatre enfants, dont l'aîné n'avait que sept ans. Comme elle touchait à la fin de son terme, avancé peut-être par les secousses de cette journée, on la vit tout à coup prise des douleurs de l'enfantement et chanceler sur le pavé, entre son mari et une sage-femme, qui la tenaient sous les bras, sans qu'une seule porte s'ouvrît devant elle, sans que ceux même de ses compatriotes qui

---

1. Archives municipales de Montauban. — Conseils de police, ann. 1685, fol. 66 et 67.

2. Notre impartialité nous oblige ici à révéler un fait très-grave et d'une grande importance pour l'histoire du protestantisme à cette époque. La pièce dont il s'agit, et qui vient d'être donnée *textuellement*, a été transcrite sur les registres du conseil de police par une main étrangère, et ne porte aucune signature ni le visa d'aucun consul. On voit par là que le récit de l'historien du Quercy Cathala Coture, t. III, p. 29, est un des plus impudents mensonges qu'on ait couchés sur le papier.

fondaient en larmes, osassent lui donner le moindre secours. Le hasard voulut pourtant que la maison de sa sœur fût vide de soldats, ceux qu'on y avait envoyés n'ayant pu découvrir leur logement; elle y trouva donc un asile et s'y délivra pendant la nuit; mais au point du jour sa chambre fut pleine de dragons. Ces cannibales y allumèrent un si grand feu, qu'elle et son enfant faillirent étouffer. On s'en plaignit aux officiers, qui, bien plus inhumains encore, la contraignirent à sortir immédiatement de la maison. Elle courut donc toutes les rues, son enfant dans ses bras, alla se jeter ainsi aux pieds de l'intendant, qui la repoussa avec mille injures, et ne trouvant ni pitié ni secours nulle part, elle revint s'asseoir sur une pierre, vis-à-vis de la maison de sa sœur, pour y passer la nuit avec son enfant, au milieu de quatre soldats. Il fallut qu'une femme allât faire honte à l'intendant de sa cruauté, pour arracher la permission de lui donner retraite chez elle, encore n'obtint-elle cette faveur qu'à la condition expresse que ses gardes ne la perdraient pas de vue.

Tels furent les préliminaires de la révocation : quand les intendants des généralités méridionales eurent épuisé tout ce que la barbarie des pachas avait inventé de supplices, quand les dragons eurent épouvanté le pays par des excès devant lesquels les yeux se ferment d'horreur, le fanatique Le Tellier se redressa sur son lit de mort, et scella, le 18 octo-

1. Histoire de l'édit de Nantes, t. v, liv. xxiii, p. 854.

bre 1685, en bénissant le Seigneur, l'édit qui annulait celui de Nantes, ordonnait la démolition des temples qui restaient encore, défendait l'exercice de la religion réformée en quelque lieu que ce fût, et prononçait le bannissement à perpétuité de tous les ministres. C'était porter le coup le plus funeste à la monarchie, sans aucun bénéfice; car il était clair que le résultat si ardemment poursuivi par le clergé, dans un but d'égoïsme : l'unité de croyances, ne serait point atteint, que des flots de sang auraient coulé, que des milliers de victimes seraient mortes, que les sources de la prospérité nationale auraient été taries pour se retrouver, dans un temps donné, au point de départ, et en présence du calvinisme, aussi fort, aussi enraciné dans le sol et aussi dissident qu'avant la révocation ; il valait bien la peine d'ouvrir cette ère lugubre de 1685 à 1701. Pendant les seize années qui s'écoulèrent entre ces deux dates, les provinces méridionales retentirent de plaintes et de gémissements, les prisons regorgèrent de relaps, les galères d'insoumis ou d'émigrés surpris sur les frontières. Le 15 juin, on en comptait trois cent huit dans la seule ville de Nîmes, et les déclarations royales, pas plus que les ordonnances des intendants, n'étaient pas de nature à les rappeler. Le 12 juillet 1686 le roi *voulait* que tous les ministres qui rentreraient en France, comme tous ceux qui seraient surpris faisant exercice du protestantisme, fussent punis de mort. Quant aux intendants, le 11 juin 1687, ils livraient toutes les écoles aux ecclésiastiques ; l'année suivante, ils réunissaient au domaine les biens des consistoires et des ministres fugitifs; en 1688, ils défendaient de vendre des armes et de la poudre aux réformés; en 1689, ils décidaient qu'on ferait le procès à la mémoire des nouveaux convertis qui seraient morts sans recevoir les sacrements ; en 1691, ils accablaient les anciens protestants, connus sous le nom de nouveaux convertis, d'exactions et de taxes arbitraires [1], tandis que les commandants des troupes fouillaient continuellement les bois et les montagnes, écharpant les assemblées secrètes, pendant ou fusillant les hommes, fouettant les filles, éventrant les femmes enceintes et envoyant les survivants aux galères [2].

Il était impossible qu'une semblable tyrannie n'engendrât pas l'insurrection. Tant de violences devaient nécessairement amener des représailles. Elles éclatèrent tout à coup du côté où on les attendait le moins. Ainsi, pendant qu'une partie de cette noblesse calviniste naguère si ardente aux armes se contentait d'émigrer ou de souffrir avec courage, et que le reste s'était soumis ou converti; pendant que cette bourgeoisie autrefois si ferme et si fière sous le chaperon municipal, abjurait, fuyait et tremblait, de pauvres montagnards se levèrent dans les Céven-

---

[1]. Ordonnance du duc de Noailles, premier capitaine des gardes-du-corps du roi. — Archives municipales de Nîmes (Nouveaux convertis, liv. 1).— Ordonnance de Lamoignon du 29 septembre 1685.

[2]. Mémoires d'Aigaliers.— Mercure de juin. — Le curé Louvreleuil, *Le fanatisme renouvelé*, t. 1, p. 58.

nés pour résister à l'oppression et forcer Louis XIV de tenir les promesses si solennellement jurées par son grand-père.

CAMISARDS.

En ôtant aux paysans leurs temples et leurs ministres, on avait cru abolir le protestantisme dans les campagnes. Mais cette mesure, qui eût obtenu plus de succès s'il s'était agi d'un culte consistant surtout comme le catholicisme dans la pompe des cérémonies, devenait impuissante au fond en s'appliquant à une religion que tout homme peut suivre et enseigner avec une bible. Aussi qu'arriva-t-il après cette double interdiction? Que les paysans s'étant mis à interpréter l'Écriture seuls, leur imagination inculte et échauffée par la persécution s'enivra de l'obscurité des textes et du vague des prophéties et s'exalta jusqu'au délire. Ce fut une véritable nostalgie dans les Cévennes, hommes, femmes, enfants fanatisaient avec fureur, et sous le plomb des dragons de Broglie, sous la barre de fer des bourreaux de Bâville qui les faisait rompre tous les jours par douzaines à l'esplanade de Nîmes, ces malheureux se croyant inspirés de l'Esprit élevaient la voix pour prédire que la colombe cachée dans les fentes des rochers et dans les cavernes ne tarderait pas à déployer ses ailes [1].

---

[1]. Louvreleuil, t. I, p. 56.

Elle ne tarda guère en effet, car le sang qu'on y versait à flots avait fait déborder la coupe.

Le 23 juillet 1702 une réunion de ces pauvres fanatiques appelés par leurs coreligionnaires les enfants de Dieu se tenait sur la montagne escarpée du Bouges : au coucher du soleil les parents de Massip, fameux guide des protestants, vinrent annoncer que leur fils avait été pris, en cherchant à faire passer une famille à Genève, par l'abbé du Chaila et qu'on allait l'exécuter. Ils suppliaient avec larmes les assistants de ne pas le laisser périr, lorsque trois prophètes déjà célèbres, Esprit Séguier, Salomon Coudère et Abraham Mazel, se levèrent et entraînèrent tout le monde en déclarant qu'ils avaient reçu l'inspiration de sauver Massip. Un rendez-vous fut assigné en conséquence pour le lendemain dans le bois de hêtres qui couronne la montagne. Cinquante hommes armés de faux, d'épées rouillées, de vieilles hallebardes et de fusils s'y trouvèrent à l'entrée de la nuit et descendirent au pont de Montvert. Le chant d'un psaume apprit à l'abbé le péril qu'il courait, puis en un clin d'œil la maison fut entourée, la porte enfoncée à coups de hache et le feu mis au premier étage. L'abbé, secondé par quelques soldats, se défendait avec vigueur et avait même tué un camisard[1], mais chassé par les flammes de la tour où il s'était réfugié, il essaya de se sauver et tomba dans le jardin. Là, découvert à la lueur de l'incendie dans un buisson

1. De cette expédition nocturne appelée *camisade* vint leur nom.

où il se traînait, il fut garrotté par les enfants de Dieu qui, en lui reprochant les cruautés exercées sur ses prisonniers, lui donnèrent autant de coups de poignard qu'ils avaient de griefs contre lui, c'est-à-dire cinquante-deux.

Le curé de Frugères et celui de Saint-André de Lancise eurent le même sort. Ce fut les mains teintes du sang de ces trois victimes, que les fanatiques se présentèrent huit jours après au château de La Devèse. Ils ne demandaient que des armes, le seigneur leur ayant répondu par des coups de fusil et le son du tocsin, ils forcèrent le château et massacrèrent toute la famille. Au bruit de ces meurtres, le comte de Broglie accourut : Esprit Séguier et deux de ses hommes surpris entre deux vallons auprès de Florac expièrent cruellement leur révolte.

Mais bien qu'on eût brûlé vif le premier au pont de Montvert, roué le second devant le château de La Devèse et pendu le troisième à Saint-André de Lancise, leurs compagnons n'en résolurent pas moins de mourir les armes à la main, plutôt que de vivre plus longtemps sans temples et sans ministres. « J'ai vu, dit le prophète Abraham Mazel, j'ai vu des bœufs gros et gras qui broutaient les herbes d'un jardin, et une voix m'a crié de chasser ces bœufs, ce que je n'ai fait que sur des instances réitérées. Alors il m'a été confié par l'Esprit que le jardin était l'Église, les gros bœufs noirs qui la dévoraient, les prêtres ; et moi Abraham, appelé à les mettre en fuite [1]. »

---

1. Théâtre sacré des Cévennes, p. 93.

Cette parole enleva toute hésitation et constitua définitivement la première bande sous les ordres de La Porte, premier colonel, comme il se qualifiait lui-même, des enfants de Dieu. Peu de jours plus tard, Abdias Morel, dit Catinat, cassait la tête du chevalier de Saint-Côme, un des plus acharnés persécuteurs; Roland, neveu de La Porte, descendait dans la Vaunage, et y formait une bande de jeunes gens entraînés par sa haute taille, son air martial et son enthousiasme; Castanet, dit l'Ours, ancien garde forestier de la montagne de Laigoal, recrutait la sienne dans la paroisse de Fraissinet de Fourques, et enfin le petit pitot, ou valet de berger, de Ribaute, qui revenait d'apprendre la boulangerie à Genève, Jean Cavalier, jeune homme de vingt-et-un ans, réunissait dans une grange auprès d'Anduze dix-huit montagnards de son âge, et entrait en campagne vers la fin d'octobre.

A voir ce nouveau Machabée, ce Gédéon, envoyé de Dieu, comme il le disait lui-même, pour délivrer son peuple, on ne se serait guère douté du renom qu'il allait se faire. Petit de taille et de mine, il avait la tête grosse et enfoncée dans les épaules, les cheveux longs et plats, le visage large et rougeâtre, et, sans la vivacité de ses yeux bleus, on ne lui aurait pas supposé une intelligence supérieure à celle de ses compagnons. Il ne manquait cependant ni de courage ni d'habileté; et il en fallait pour accomplir la mission dangereuse qu'il osait entreprendre. A sa première sortie, il aperçut parmi douze têtes sanglantes, exposées sur le pont d'Anduze celle de La Porte, son précurseur et le premier colonel des enfants de Dieu. Cet objet lugubre, loin de l'abattre, ne fit que fortifier son enthousiasme et enflammer son ardeur de vengeance : le 12 novembre, il brûla l'église de Caissargues, et tua le curé; quinze jours après, réuni à Roland, il écrasait un détachement de la garnison de Mandajors; au commencement du mois suivant, trois compagnies de troupes réglées étaient taillées en pièces dans le bois de Vacquières; ses hommes, couverts des habits des morts, entraient par surprise au château de Servas : et au Mas Cauvy il mettait en fuite le 24, avec quatre-vingts camisards, douze cents soldats et miliciens commandés par cinquante gentilshommes. La ruse ne lui réussissait pas moins que l'audace : le chevalier de Guines n'avait pas eu le temps d'enterrer ses morts qu'un stratagème du genre de celui de Servas lui livrait la ville de Sauve. Son exemple avait tellement électrisé sa troupe, qu'il n'avait pas même besoin de la commander pour la voir vaincre. Le 12 février 1703, en revenant de Nîmes, où il s'était rendu déguisé pour acheter de la poudre, il trouva la route pleine de fuyards, et apprit que Ravanel, son lieutenant, avait battu le favori du comte de Broglie, et que le bourreau de La Porte, Pouls, était resté parmi les morts : la fronde d'un enfant de Vauvert avait renversé ce Goliath. Roland, de son côté, ne laissait pas que d'occuper les garnisons du roi; mais ni l'avantage qu'il remporta vers cette époque sur le com-

QUATORZIÈME PARTIE.

mandant de Saint-Félix, ni les courses de Joany à Genolhac, où il brûlait l'église au mois de février, et deux fois écharpait la garnison, ni le sac de Fraissinet de Fourques, où l'Ours de Massaque, Castanet, égorgeait quarante personnes et livrait tout aux flammes, n'inquiétaient aussi sérieusement Bâville que les mouvements de Cavalier. Quoique le brigadier Julien eût vengé dans le bois de Barjac l'échec essuyé la veille par le comte de Roure et que Ravanel, son lieutenant, se fût vu forcé de battre en retraite devant les dragons du maréchal de Montrevel, successeur de Broglie, il semblait à l'intendant et à l'évêque de Nîmes qu'ils ne pourraient être en sûreté dans leurs palais tant que Cavalier serait vivant. C'est à la peur, qui troublait tous les esprits, autant qu'à l'irritation causée par le soulèvement des camisards, qu'il faut attribuer sans nul doute les mesures draconiennes prises à l'envi par ces deux dépositaires de l'autorité royale. Comme si ce n'était pas assez que le sang des malheureux camisards rougît tous les jours le sable de l'esplanade de Nîmes et la roue cruelle de Montpellier, le maréchal de Montrevel, voulant faire fléchir les esprits sous l'excès de la terreur, fit brûler le 1er avril cent cinquante personnes dans un moulin de Nîmes, parce qu'on y prêchait malgré la défense du roi ! A cet horrible auto-

---

1. « La cour approuva la conduite de M. le maréchal, et les nouveaux convertis de Nîmes en furent si épouvantés qu'ils n'osèrent plus faire d'assemblées. » (De La Baume, conseiller au présidial de Nîmes, *Hist. de la révolte des fanatiques*, t. II.)

L'orateur Fléchier, évêque de Nîmes, se montra, dans cette circonstance,

da-fé, commis de sang-froid, il ajouta, le mois suivant, la dépopulation et la déportation en masse : cinq cent quatre-vingt-dix personnes furent enlevées à Mialet et embarquées pour les prisons de Salces, parce que Roland était né dans cette paroisse ; à Saumane, le brigadier Julien en enleva trois cents, et quinze cents dans vingt-quatre paroisses de la Vaunage. Toutes ces rigueurs n'aboutirent qu'à grossir les bandes et à créer des représailles. Pour venger les victimes de Nîmes, Cavalier passa successivement au fil de l'épée les populations catholiques de Montlezan, Aurilhac et La Salle. Le brigadier Planque le battit à la vérité par surprise à la tour de Bélot ; mais malgré ce succès, les nombreux renforts que reçut le maréchal et la création de compagnies franches catholiques dirigées par un ermite, un meunier appelé Florimond, et deux partisans nommés Alary et Lefèvre, trois mois se passèrent sans qu'on obtînt aucun avantage. Bien plus au mois d'août Roland et Cavalier, qui avaient reçu des promesses de Joany de la part de la reine d'Angleterre, reprenant l'offensive, battirent les troupes du roi sur le Vidourle, au-dessus d'Anduze, entre Alais et Saint-Hippolyte, et jetèrent Bâville dans un tel état de fureur qu'il conçut sérieusement et présenta à la cour le projet le plus étrange qui pût éclore au commen-

véritablement inhumain : « Ils avaient osé, dit-il dans ses Lettres choisies » (lettre 138, 25 avril 1703) ils avaient osé, *même* le dimanche des Rameaux, » tenir une assemblée dans un moulin à la porte de la ville et dans le » temps que nous chantions vêpres chanter leurs psaumes !... »

cement du dix-huitième siècle dans une tête humaine : il ne proposait rien moins, pour étouffer l'insurrection, que de détruire et brûler entièrement quatre cent soixante-six villages. La cour approuva, et cette exécution sauvage fut confiée à Julien, sous les ordres du maréchal de Montrevel. D'après l'ordonnance de ce dernier, tous les villages, hameaux et fermes qui se trouvaient entre le mont Lozère, la montagne du Bougés, Florac, les sommets neigeux de l'Aigoal et de l'Esperon, et les précipices de Saint-Germain de Calberte et du Colet de Dèze, devaient être rasés sans pitié [1]. On comptait dans ces lieux proscrits une population de dix-huit mille âmes, non compris les catholiques ; mais cette considération n'était pas capable d'arrêter des hommes de la trempe de Montrevel et de Julien. Celui-ci se mit à l'œuvre avec la milice au commencement d'octobre ; mais fatigué bientôt de voir la démolition avancer si lentement, il écrivit à la cour pour demander la permission de remplacer le fer par le feu. On la lui renvoya par le même courrier, et alors « cette expédition fut comme
» une tempête qui ne laisse rien à ravager dans un
» champ fertile. Les maisons ramassées, les granges,
» les baraques, les métairies isolées, les cabanes,
» les chaumières, tous les bâtiments tombèrent sous
» l'activité des flammes. »

Les camisards répondirent à ces barbaries en gens poussés au désespoir : de la nuit du 2 octobre 1703

---

[1]. Brueys, *Hist. du fanatisme*, t. III, p. 237. — Fléchier, Lettres choisies, lettre 142, du 1er octobre 1703.

au 23 mars 1704, Cavalier battit les troupes à Vergetot, à Nages, à La Vergèse, aux Roques d'Aubays, à Tornac, fit égorger quatre-vingts prêtres, près de quatre mille catholiques, et brûla deux cents églises [1]. Pendant ce temps, les cadets de la Croix, ou camisards blancs, commandés par Lhermite, Florimond et Lefèvre, luttaient de cruautés avec les protestants, et inventaient des supplices inouïs jusqu'alors. Le 15 mars, une victoire illustra le drapeau de Cavalier. Poursuivi par un corps d'élite appartenant à la marine, il fit ferme dans la lande de Martiniargues : ses hommes étaient rangés derrière une ravine, au-delà de laquelle il cacha un petit peloton de cavaliers, parmi des arbrisseaux : vis-à-vis, une seconde troupe choisie se tenait en embuscade parmi les hêtres. A la première décharge de La Jonquière, qui commandait les soldats de marine, les camisards s'étaient jetés à plat ventre : ils se relevèrent tout à coup en chantant des psaumes et fondirent sur leurs adversaires avec une telle résolution que ceux-ci, enveloppés à la fois à droite et à gauche par la cavalerie et les soixante hommes de l'embuscade, furent hachés sans rendre de combat. Il n'en fallut pas plus pour perdre Montrevel à la cour : on lui donna pour successeur le maréchal de Villars ; mais en quittant les Cévennes, il lança le trait du Parthe à Cavalier. Ses derniers succès avaient été funestes à ce capitaine de l'Éternel. Depuis l'affaire de Marti-

---

1. *Idem*, lettre 147, du 27 avril 1704.

niargues surtout, il commençait à se croire un grand personnage. Frère Cavalier, si humble deux ans auparavant, ne marchait plus qu'entouré de douze gardes habillés de rouge, et précédé d'un trompette, d'un fifre et de huit tambours. Dans sa confiance, il négligeait sans doute les sages précautions qui avaient fait sa force. Cet oubli momentané lui coûta cher : surpris à Calvisson le 16 avril, par Montrevel, et cerné tout à coup par cinq mille hommes, il se défendit comme un lion et parvint à passer entre les dragons, mais en laissant le tiers de sa troupe sur le chemin de Soudorgues, dans les rochers de Nages et la plaine de Calvisson. Quelques jours plus tard il essuya un nouvel échec dans les bois d'Euzet; là périt, en combattant vaillamment et en criant jusqu'au dernier soupir : *Vive l'épée de l'Éternel!* la belle et jeune prophétesse Suzanne Delorme, dont la main avait si souvent puni les dragons des outrages commis sur les Cévénoles. Le lendemain de cette fatale journée, le brigadier Lalande découvrit le magasin général des camisards : c'était une vaste caverne dans laquelle Cavalier cachait ses blessés, ses provisions et ses malades. Trente camisards y gisaient presque moribonds, qui furent immédiatement passés par les armes. A partir de ce moment toute l'énergie de ce jeune homme disparut. Villars, qui rougissait de combattre de tels adversaires, et dont les dispositions pacifiques étaient fortement encouragées par une espèce d'intrigant calviniste appelé d'Aigaliers, ayant manifesté

17.

le désir de ramener Cavalier par la douceur, le brigadier Lalande prit les devants, et, grâce à l'intermédiaire de son ancien maître, obtint une entrevue particulière avec lui au pont d'Avènes. De là on n'eut point de peine à lui persuader de se rendre à Nîmes auprès du maréchal de Villars. Au contact de ces gentilshommes, le prophète inspiré des montagnes s'était évanoui : à l'ardeur de son enthousiasme sauvage avait malheureusement succédé l'idée ridicule de son importance. Le paysan venait de reparaître tout entier avec sa maladresse native, son infériorité d'esprit et son crédule amour-propre, qui semblaient plus gauches encore sous l'habit de drap couleur de café, la cravate de mousseline et le chapeau à plumes. Ce qui l'occupa le plus pendant la conférence qu'il eut avec le maréchal dans le jardin des Récollets, ce fut de faire voir une belle émeraude qu'il portait au doigt, une montre d'or qu'il tirait à tout moment, sous prétexte de regarder l'heure, et une riche tabatière, dépouilles des officiers de la marine tués à Martiniargues. La tête lui avait tellement tourné en sentant la main du maréchal sur son épaule et en entendant Lalande, le bourreau des camisards blessés à la caverne d'Euzet, l'appeler seigneur Cavalier, qu'il accepta tout ce qu'on lui proposa, et vendit ses frères pour le grade de colonel.

Le marché conclu, il s'agissait de le faire ratifier par les intéressés, et ce n'était pas le plus facile. Quand il revint proposer à sa troupe d'aller servir sous lui en Portugal, Cavalier fut reçu comme un traître : les pistolets se tournèrent contre sa poitrine, et, sans le prophète Moïse, sa vie n'aurait pas été longue. Il finit par voir tous ses frères l'abandonner avec mépris et suivre le brave Ravanel, son lieutenant, aux cris mille fois répétés de Vive l'épée de l'Éternel ! — Roland et Catinat ne se montrèrent pas moins fermes, et, persuadés qu'ils étaient « la petite pierre coupée sans main et détachée de la montagne, les Macchabées dont Dieu voulait se servir pour rétablir ses lois et son pur Évangile », ils refusèrent de se soumettre, à moins qu'on ne vidât les galères et qu'on ne leur rendît leurs temples, leurs ministres et l'édit de Nantes. Puis, tandis que Cavalier, toujours enivré par son ridicule amour-propre, sollicitait une audience de Chamillard et allait faire hausser les épaules à Louis XIV sur le grand escalier de Versailles pour s'enfuir tout à coup en Suisse avec ses déserteurs, et retomber enfin au service de l'Angleterre, Roland résistait noblement aux intrigues du huguenot d'Aigaliers, qui perdit par la constance de cet honnête homme, l'espoir du régiment qu'on lui avait promis pour récompense de ses manœuvres. Ne pouvant dès lors ni le corrompre ni le vaincre, Villars acheta sa tête qui lui fut vendue cent louis par un Judas d'Uzès, nommé Malarte. Après l'avoir surpris et tué à bout portant dans la nuit du 14 août, au château de Castelnau, on porta son cadavre en triomphe à Nîmes, où les juges ordinaires de Bâville le firent traîner sur la claie, le brûlèrent au milieu de l'esplanade avec tout l'appareil ignominieux et toute la férocité de l'ancienne justice royale, et jetèrent ses cendres généreuses au vent.

Après la mort de Roland et la défaite de Ravanel attaqué à l'improviste et battu pendant qu'il célébrait un jeûne dans les bois de Saint-Benezet, la plupart des chefs camisards suivirent l'exemple de Cavalier. Dans les mois de septembre et d'octobre 1704, Castanet, Joäny, La Roze, Salomon, Abraham, Élie Marion et Catinat posèrent les armes et obtinrent des passe-ports pour se rendre à Genève. S'il faut en croire cependant les lettres de Malplach, le secrétaire de Roland, ils n'avaient d'autre but, en sortant du royaume, que d'aller se concerter avec leurs frères de l'étranger et savoir pourquoi ni les magnifiques seigneurs de Hollande, ni les ministres de sa majesté britannique, ne leur avaient envoyé les secours tant de fois promis. Il paraît qu'ils reçurent des explications satisfaisantes pour le passé et des garanties pour l'avenir; car à peine Villars eut-il quitté la province, comblé des remerciements des états et du clergé, qu'ils rentrèrent à petit bruit et organisèrent un plan d'insurrection formidable, surtout dans la malheureuse situation où se trouvait la France: Les protestants devaient se soulever simultanément dans les Cévennes, le Vivarais et le Dauphiné au cri de *Vive le roi sans jésuites et liberté de conscience!* cinq mille hommes de débarquement, commandés par M. de Miremont, neveu du fameux Rohan, allaient être jetés à Cette par les vaisseaux anglais : la ligue des Enfants de Dieu, forte de dix mille hommes, était prête à marcher, et les mesures des camisards étaient si bien prises que leurs frères de Montpellier et de Nîmes n'attendaient que le signal pour s'emparer de ces deux villes et se saisir de l'intendant et du duc de Berwick, successeur de Villars. Ce projet, à peine éventé par la prise de Castanet, roué à Nîmes le 26 mars 1705, fut découvert une semaine avant le jour fixé, grâce aux espions que Bâville entretenait à l'étranger. Des visites domiciliaires ayant fait surprendre à Montpellier un déserteur suisse qui connaissait tout le complot, on s'en servit pour mettre la main sur Catinat, Ravanel, Boëton et quelques autres chefs subalternes. Condamnés immédiatement au feu et appliqués à la question extraordinaire, qui ne put arracher un mot à Ravanel, et ne tira que quelques cris de douleur de Catinat, ils moururent sur le bûcher comme les premiers martyrs, avec une constance héroïque. Quant à Boëton, brisé par la torture et menacé du poing, insulté par Bâville sur le fatal chevalet, il se contenta de lever les yeux au ciel en s'écriant :

« Jusques à quand souffriras-tu, Seigneur, le
» triomphe de l'impie? Jusques à quand permettras-
» tu qu'il répande le sang de l'innocent? Ce sang crie
» vengeance devant toi; tarderas-tu encore long-temps
» à en faire justice? réveille ton ancienne jalousie et
» rappelle tes compassions.

» Comme on le menait au supplice, il ne cessait
» d'élever la voix au-dessus du bruit des tambours
» pour exhorter les spectateurs, et principalement

» ceux qu'il voyait fondre en larmes à demeurer fer-
» mes dans la communion de Jésus-Christ. »

« Sans cesse pressé par deux sauterelles du puits de l'abîme (deux religieux) qui lui offraient sa grâce s'il voulait abjurer, on le voyait élever ses yeux vers le ciel comme pour lui demander la force de résister aux anges des ténèbres. Un de ses amis s'étant détourné avec désespoir, il l'aperçut et demanda la permission de lui dire un mot; on la lui accorda : l'appelant alors d'une voix touchante :

« Quoi, lui dit-il, me fuyez-vous parce que vous » me voyez couvert des livrées de Jésus-Christ? Pour-
» quoi pleurez-vous quand il me fait la grâce de m'ap-
» peler à lui et à la gloire de sceller de mon sang la
» défense de sa cause? »

« Du plus loin qu'il aperçut l'échafaud dressé sur l'esplanade de Montpellier, il s'écria : « Courage mon » âme, je vois le lieu de ton triomphe; bientôt dégagée » de tes liens douloureux, tu entreras dans le ciel. »

« Quand le bourreau eut rompu ses membres, il l'étendit sur la roue, les jambes et les bras passés sous son corps et la tête en bas. Dans ce cruel état, où il resta pendant cinq heures, il ne cessait de chanter des psaumes, d'adresser des prières à Dieu ou des exhortations aux protestants qui entouraient l'échafaud. Un ecclésiastique, témoin des larmes qu'ils versaient et des louanges qu'ils donnaient au mourant, courut en avertir Bâville qui ordonna sur-le-champ qu'on l'achevât. En voyant approcher l'exécuteur, Boëton fit un dernier effort, il souleva la tête et d'une voix qui dominait encore le bruit des tambours qu'on battait depuis le commencement de l'exécution :

« Mes très-chers frères, dit-il, que ma mort vous
» soit en exemple pour soutenir la pureté de l'Évan-
» gile; et soyez les fidèles témoins comme je meurs
» de la religion de Jésus-Christ et de ses apôtres. »
A l'instant même il rendit le dernier soupir[1].

C'est ainsi qu'ils moururent tous : Salomon, le 3 mars 1706, par le feu; le prophète Moïse, le 8 juin et Couderc La Fleurette, en décembre, sur la roue. Malgré ces mauvais succès, les alliés ne désespéraient pas de rallumer en France le vieux foyer des guerres religieuses. Vers la fin de 1706 un projet de descente à Bordeaux se liant avec le mouvement futur des Cévennes, fut agité très-sérieusement en Angleterre. Le comte de Rivers devait commander les troupes de débarquement composées de dix mille hommes de pied et de douze cents chevaux, et lord Showel la flotte. La mort de Salomon ayant fait échouer ce plan, les Anglo-Hollandais le reprirent au mois de juin 1709. Billard, Abraham Mazel et Dupont réussirent vers cette époque à repasser en France et à soulever une centaine de paysans dans le Vivarais; mais s'étant arrêtés trop long-temps dans les Bouttières pour tuer un gentilhomme et ayant commis l'imprudence d'envoyer le signal du soulèvement à leurs frères des Cévennes par deux folles qui, au lieu de mar-

---

[1]. Court, *Hist. des troubles des Cévennes*, t. III, p. 162, 164, 165. C'est un extrait de la vie manuscrite de Boëton par Renou.

cher de nuit, s'amusèrent à convoquer une assemblée et à fanatiser sous les murs de Nîmes et se firent prendre avec les instructions des alliés, ils errèrent un mois sur les montagnes, et, après quelques engagements heureux où leur ancien courage se déploya dans tout son fanatisme, furent dispersés ou pris. Vingt-six vaisseaux anglais arrivaient l'année suivante sur les côtes de Languedoc et s'emparaient de Cette. Mais il était trop tard heureusement : le jour où ils débarquaient ils purent voir exécuter avec leurs lunettes d'approche sur l'esplanade de Montpellier, les derniers camisards. Le 29 juillet 1710, Bâville, le duc de Noailles et Roquelaure marchèrent sur Agde et Cette, forcèrent l'ennemi à se retirer avec précipitation, et en abattant le drapeau anglais, qui n'avait flotté que trois jours sur la petite citadelle de Cette, ils abattirent pour jamais en France l'étendard des guerres religieuses.

QUINZIÈME PARTIE.

Deuxième période de la monarchie absolue et son action sur le midi. — Règne de Louis XV.

Pendant tout le temps que les dragons avaient converti les populations protestantes du midi, la France, par la faute de son roi, en guerre avec l'Europe, était tombée au dernier rang des puissances militaires. Depuis la funeste bataille d'Hochstedt, perdue en 1704, jusqu'à la prise des faubourgs d'Arras par milord Albemarle, à l'exception d'une ou deux fois, les troupes de Louis XIV n'avaient paru sur le champ de bataille que pour être vaincues. Un concours de circonstances, indépendantes de sa volonté et du talent de ses ministres, la chute des whighs à Londres, et à Vienne la mort de l'empereur, en brisant la grande alliance, empêcha seul le partage de la France. Les plénipotentiaires du roi obtinrent à Rastadt, en 1714, la paix qu'ils mendiaient depuis dix ans. Et ce malheureux vieillard, chargé des scandales de sa jeunesse et de son âge mûr, couvert du sang de cent mille de ses sujets, fléchissant sous le poids de ses revers et des dédains de l'étranger, mourut enfin au milieu des querelles théologiques. On n'avait pas encore porté son corps à Saint-Denis que le parlement cassait ses dernières volontés exprimées avec cet orgueil qui avait soulevé l'Europe, et donnait la régence au duc d'Orléans. Celui-ci ne changea au fond que la politique extérieure et le système financier : quant aux abus du gouvernement et même aux persécutions religieuses, soit indifférence, soit condescendance pour le jansénisme, aussi hostile aux protestants que la société de Jésus, il n'y toucha point[1]. Or, comme le midi était heureusement trop éloigné pour participer aux bienfaits de l'Écossais Law, et que d'autre part il n'avait pas trop lieu de tirer vanité de l'élévation de Dubois, son histoire ne se rattache à la régence que par une grande et fatale calamité.

Le 25 et le 31 mai 1720, quatre vaisseaux marchands, venant du Levant, touchaient aux îles du château d'If, station sanitaire de Marseille. On les visita comme de coutume; mais, quoiqu'ils arrivassent d'un pays infecté, et qu'ils eussent perdu plusieurs matelots dans la traversée, sur le rapport du chirurgien on accorda l'entrée aux passagers dès qu'ils eurent reçu le dernier parfum. Cependant, douze jours après le garde de quarantaine, que les

---

[1]. Le 16 mai 1716, ordonnance du duc de Roquelaure portant que tous ceux qu'on surprendra aux assemblées seront envoyés aux galères. Le 3 juin 1717 on y envoyait six protestants saisis dans la jasse ou bergerie de Valence. — Le 5 février 1720 le duc d'Orléans renouvelait la défense d'enseigner dans les écoles sans l'approbation des évêques. — Le 27 de la même année le duc de Roquelaure condamnait aux galères dix-sept individus convaincus d'avoir tenu une assemblée à une demi-lieue de Nîmes dans la baume des *Fades*, et mettait dix-neuf femmes en réclusion perpétuelle pour le même délit. (Registres du conseil d'Estat, Nouveaux convertis, t. I.)

intendants de la santé avaient mis sur le vaisseau arrivé le premier, mourut tout à coup : quatre portefaix préposés à la purge des marchandises sur les autres navires succombèrent également. Les intendants s'empressèrent alors de faire enterrer tous ces cadavres dans la chaux vive, et d'envoyer les bâtiments suspects à l'île écartée de la Jarre, pour y recommencer leur quarantaine. Le chirurgien soutenait toujours que ces précautions étaient inutiles ; mais le 7 juillet deux autres portefaix étant tombés malades, il leur trouva des tumeurs à l'aine et commença à douter; le lendemain, à la vue d'un nouveau malade qui avait une enflure à la partie supérieure de la cuisse, il perdit son assurance et demanda à consulter. Trois maîtres chirurgiens, appelés par les intendants, visitent aussitôt les malades et déclarent qu'ils sont tous atteints de la peste. Ils moururent en effet dans la nuit, et on les couvrait de chaux vive en brûlant leurs hardes, lorsque le médecin Peissonel et son fils accourent tout pâles à l'hôtel-de ville, et avertissent les échevins qu'ils ont été appelés à la place Linche pour voir un jeune homme qui leur a paru atteint de la peste. On mit à l'instant des gardes à la porte de cette maison, pour empêcher que personne n'en sortît. Le pestiféré étant mort le lendemain, et une de ses sœurs se trouvant malade, pour ne pas alarmer le peuple, Moustiés, le premier échevin, s'y rendit dans la nuit avec des portefaix, et, les ayant encouragés à monter dans la maison et à descendre le cadavre et la malade, les leur fit transporter sans bruit hors la ville dans les infirmeries, et y conduisit sous bonne garde toutes les personnes de la maison, dont la porte fut ensuite murée à chaux et à sable.

Une dizaine de jours se passèrent sans qu'on eût à signaler de nouveaux cas : le peuple murmurait déjà des précautions qu'on avait prises, lorsque le 26 juillet quinze personnes furent atteintes subitement dans une rue du quartier des pauvres : le 27, huit étaient mortes, et, au milieu de la nuit, l'intrépide Moustiés forçait les corbeaux de l'infirmerie d'enlever les cadavres, de les couvrir de chaux vive, et de transporter les malades dans les lugubres murailles du Lazaret. Depuis le 29 de ce mois jusqu'au 10 août, les échevins se relevèrent sans interruption pour ces expéditions nocturnes. Toutes les nuits, MM. Estelle et Moustiés allaient alternativement faire enlever les pestiférés, les porter aux infirmeries, et murer ou parfumer leurs maisons. Sur ces entrefaites, la chambre des vacations du parlement d'Aix, ayant appris que la peste était à Marseille, rendit un arrêt portant défense aux habitants de sortir de leur territoire et à leurs voisins de communiquer avec eux sous peine de la vie. Pour ajouter à l'embarras où une semblable mesure jetait les échevins en les isolant au moment où ils avaient le plus besoin de secours, le peuple se mutina et se porta en foule sur l'hôtel-de-ville en demandant du pain : une distribution immédiate et des paroles paternelles prononcées par Moustiés et le marquis de Piles le renvoyèrent dans la vieille ville. Tandis qu'il sortait d'un côté, les officiers du fort Saint-Jean entraient de l'autre, pour réclamer insolemment du blé, avec menace de venir le prendre à la tête de leurs soldats. Moustiés les reçut, et sa réponse fut si ferme qu'ils redescendirent à l'instant l'escalier consulaire, et regagnèrent leurs bastions. Cependant, toutes les communications étant coupées, les échevins demandèrent qu'on établit des barrières par terre et par mer, afin que Marseille pût recevoir des vivres. Le 7 août une conférence eut donc lieu sur le chemin d'Aix à Notre-Dame, entre le premier procureur du pays, accompagné des principaux officiers de la province, et escorté des gardes du maréchal de Villars et d'une brigade de maréchaussée, et l'échevin Estelle suivi seulement de l'archivaire de la ville. En se parlant de très-loin, on convint rapidement qu'il serait établi dans ce lieu même un marché enclos d'une double barrière, un second sur le chemin d'Aubagne, à deux lieues de la ville, et un troisième à l'Estaque, dans le golfe des Îles, pour les bâtiments. Des gardes nommés par les procureurs devaient être mis à toutes les barrières et payés des deniers de Marseille.

Le jour suivant la mortalité devint si grande qu'on reconnut qu'il était impossible que MM. Estelle et Moustiés, sur qui avait roulé jusqu'alors le soin des funérailles nocturnes, pussent suffire à la tâche; il fut, en conséquence, délibéré qu'on emploierait des tombereaux pour enlever les cadavres, qu'on se saisirait des gueux les plus robustes afin de servir de corbeaux, et qu'on s'occuperait incessamment de faire creuser de grandes fosses hors des murs et de construire un hôpital de peste. En deux fois vingt-quatre heures, l'infatigable Moustiés, qui s'était chargé de ce travail, eut dressé l'hôpital et fait ouvrir, entre la porte d'Aix et la Joliette, trois fosses carrées de vingt toises d'ouverture et de quatorze pieds de profondeur. Pour forcer les paysans à y travailler, il fallut que Moustiés restât sur les lieux d'une aube à l'autre sans se laisser abattre par la fatigue ni l'ardeur du soleil. Le chevalier Rose, son digne émule, s'acquittait non moins bien à la rive neuve de son office de commissaire général. Par ses soins les voûtes d'une vaste corderie s'étaient transformées en hôpital, et de larges fosses s'ouvraient sous l'abbaye Saint-Victor. Elles n'attendirent pas long-temps : les hôpitaux furent aussitôt pleins que construits. A la vérité, ils ne gardaient pas long-temps leurs hôtes : tous les malades entrés le soir allaient le lendemain matin dans les fosses, et les hospices n'étaient qu'une station funèbre où l'on ne s'arrêtait un instant que pour mourir et céder le lit mortuaire à d'autres victimes.

Le 17 août, les cris du peuple, vociférant que saint Roch éloignait la peste, forcèrent les échevins à laisser sortir la procession : il résulta de cette agglomération de personnes un mouvement tel dans la mortalité que la bourgeoisie, sans rien vouloir entendre, se précipite en foule vers ces portes où dix jours avant étaient passés quarante mille fuyards[1], et gagna les champs et les bastides. Le lendemain, la population déguenillée du quartier Saint-Jean, voyant toutes les boutiques fermées, les places et les rues désertes et le port vide, se rua sur l'hôtel-de-ville en criant qu'elle voulait du vin et que personne n'en vendait. Seuls Estelle et Moustiés se présentèrent et surent l'apaiser. Mais un souci bien plus grand les agita bientôt. La contagion s'échauffait de plus en plus, le pavé était jonché de morts, et, bien qu'on offrît quinze livres par jour à ceux qui les enlevaient, ces malheureux mouraient si vite en touchant les cadavres qu'on n'en trouvait plus à aucun prix : quant aux gueux qu'on y avait employés de force, ils se cachaient avec tant de soin qu'il était devenu impossible d'en saisir un seul. Dans cette extrémité, les échevins, ayant supplié messieurs du corps des galères de leur donner quelques forçats, obtinrent vingt-six invalides du bagne, auxquels on promit la liberté. Malheureusement ces bandits, se voyant dévoués à la mort et moins touchés de l'espoir de la liberté que des biens qu'ils avaient sous les yeux, s'attachaient plutôt à voler dans les maisons où ils entraient qu'à retirer les morts. Moustiés était forcé, pour qu'ils n'abandonnassent pas les corps au bord des fosses et qu'ils dételassent les chevaux le soir, de les suivre pas à pas depuis le lever du soleil jusqu'à la nuit. Vers la fin d'août la

---

1. Mss. de la Bibliothèque de Marseille, observations du P. Feuillée, 6 août.

contagion porta principalement sur les jeunes mères : il en mourut un tel nombre que l'hôpital destiné aux orphelins en contenait de douze à treize cents, et que jamais il n'y en eut moins, quoiqu'il en pérît une cinquantaine par jour, faute de soins probablement. C'était pour en sauver le plus possible qu'on avertit, de la part du gouverneur viguier et des échevins, « toutes les femmes qui voudraient faire la charité de servir, dans l'hôpital de Notre-Dame-de-Lorette, les pauvres enfants orphelins, de se présenter au sieur Pierre Perret, rue du Puits, qui leur ferait le parti qu'elles souhaiteraient [1]. »

Pour faciliter l'enlèvement et l'enterrement des cadavres et empêcher l'infection et les vols qui se commettaient, les échevins avaient ordonné en même temps que dès qu'il y aurait un mort dans une chambre, de quelque sexe et qualité qu'il fût, le cadavre serait porté et mis à la rue, attendu que les forçats et autres personnes destinées à enlever les corps nentraient plus dans les maisons [2].

Les échevins disaient vrai.

En deux jours la plupart des forçats étaient morts, et les trente-trois qui les remplaçaient auraient refusé, malgré l'appât du vol, d'entrer dans des lieux où les attendait une mort certaine. Au surplus, leurs services ne tardèrent pas à devenir insuffisants, et

---

1. Archives municipales de Marseille, première division, première section, n° 7, 24 août.
2. Ibid. — L'ordonnance est signée du viguier de P. Iles d'Estelle, Audimar Moustiés, Dende, échevins, et Chapuy, secrétaire archiviaire.

le nombre des morts s'accrut au point qu'il fallut renoncer à les aller prendre dans les quartiers éloignés pour les transporter aux fosses, et qu'il ne resta plus qu'un seul moyen, celui de les ensevelir dans les caveaux des églises. Vainement l'évêque Belzunce voulut-il s'opposer à cette mesure et fit-il fermer les portes des églises et celles des couvents, le marquis de Piles, les officiers généraux des galères, les échevins et quelques autres citoyens zélés s'étant rassemblés à l'Hôtel-de-Ville, et *ayant bien examiné et pesé les raisons contenues dans la lettre de M. de Belzunce, résolurent unanimement que la délibération tiendrait.* En conséquence, Moustiés se transporta successivement dans toutes les églises, les fit ouvrir de force, en inonda les caveaux de chaux vive et de torrents d'eau, et y jetant les cadavres à pleins brancards les remplit jusqu'à la dernière pierre, qu'on scellait soigneusement à mesure. Ce jour-là il mourut mille personnes. Tous les ecclésiastiques et une partie des curés prirent la fuite, et il ne resta dans la ville que l'évêque et les pères de l'Oratoire. Le feu de la peste dévorait les quatre coins de la ville. Agissant comme la foudre, frappant partout, entraînant tout, il emportait chaque jour des milliers de personnes. C'était merveille dans cette immense cité, qui n'était plus qu'un cimetière et qui n'offrait plus aux regards que des monceaux de cadavres, de voir l'intrépide Moustiés accomplissant sa tâche civique avec autant de sang-froid, de calme et de dévouement que le premier jour. Tous les forçats qu'on lui avait donnés étaient morts ; vingt autres avaient péri en comblant les caveaux des églises. Entouré d'une nouvelle bande, qui ne devait pas durer plus long-temps, il marchait tranquille parmi les pestiférés, les mourants et les morts, si tranquille qu'un emplâtre, encore chargé du bubon et lancé par une fenêtre, s'étant appliqué sur sa joue, il se contenta de le détacher et d'essuyer la place avec son éponge imbibée de vinaigre, sans manifester la moindre crainte, sans s'arrêter un seul instant.

« C'est alors que l'aspect de Marseille était effrayant. De quelque côté qu'on jette les yeux on voit les rues toutes jonchées des deux côtés de cadavres qui s'entre-touchent et qui, étant presque pourris, sont hideux et effroyables à voir. Comme le nombre des forçats qu'on a pour les prendre dans les maisons est de beaucoup insuffisant pour pouvoir, dans tous les quartiers, les retirer journellement, ils y restent souvent des semaines entières, et ils y resteraient encore plus long-temps si la puanteur qu'ils exhalent, et qui empeste les voisins, ne les déterminait pour leur propre conservation de faire un effort sur eux-mêmes, et d'aller les retirer des appartements où ils sont pour les traîner sur le pavé. Ils vont les prendre avec des crocs et les tirent de loin avec des cordes jusqu'à la rue ; ils le font pendant la nuit pour être libres de les traîner le plus loin qu'ils peuvent de leurs maisons et de les laisser étendus devant celle d'un autre, qui frémit le lendemain matin d'y trouver ce hideux objet qui l'infecte et lui porte l'horreur et la mort. On voit tout le Cours, toutes les places, tout le port traversés de ces cadavres, qui sont entassés les uns sur les autres. Sous chaque arbre du Cours et des places publiques sous l'auvent de chaque boutique on voit entre tous ces cadavres un nombre prodigieux de pauvres malades, et même de familles tout entières étendus misérablement sur un peu de paille ou sur de mauvais matelas. Les uns sont dans une langueur qui n'attend plus qu'une mort secourable; les autres, l'esprit troublé par l'ardeur du venin qui les consume et les dévore, implorent le secours des passants, tantôt par des plaintes touchantes, tantôt par des gémissements que la douleur ou la frénésie leur fait pousser. Il s'exhale d'entre eux une puanteur insupportable, et la faim dévore ce que le fléau avait épargné. Le cœur se fend de voir tant de pauvres et malheureuses mères qui ont à leur côté les cadavres de leurs enfants, qu'elles ont vus expirer sous leurs yeux sans pouvoir leur donner le moindre secours, et tant de pauvres petits enfants qui sont encore attachés aux mamelles de leurs mères, qui sont mortes en les tenant serrés entre leurs bras, suçant sur ces cadavres le reste de venin qui va leur faire bientôt avoir un sort pareil. »

« Si quelque espace se trouve encore dans les places et dans les rues, il est rempli de hardes et de meubles pestiférés que l'on jette partout des fenêtres. Tous les chiens et chats que l'on tue sont par surcroît entremêlés partout avec les cadavres, les malades et les hardes pestiférées; et ces charognes sont horribles dans l'enflure extraordinaire que leur cause la pourriture. Tout le port est rempli de celles des environs qui semblent ne surnager que pour mieux joindre leur puanteur à l'infection générale qui est dans toute la ville et saisit le cœur et les sens.

» Si l'on rencontre quelques personnes sur le pavé, ce sont des spectres livides et languissants qui, errant sans savoir où, expirent au milieu des convulsions les plus horribles. Les sentiments de la nature sont morts partout; on abandonne le pestiféré où l'on prend le barbare parti de le jeter hors de la maison où d'en fuir et de l'y laisser seul sans aide, sans secours, livré à la faim, à la soif et à tout ce qui peut rendre la mort plus dure et plus cruelle. Pendant les treize premiers jours de septembre les échevins à la tête chacun d'une brigade de forçats travaillent à l'enlèvement des cadavres. Mais à l'esplanade de la Tourette, située entre le fort Saint-Jean et la Mayor, il n'avait pas encore été possible de toucher. Là pourrissaient depuis un mois sous les rayons d'un soleil torride qui y darde toute la journée, plus de mille cadavres qui n'avaient plus aucune forme humaine; c'étaient des monstres qui faisaient horreur, et on aurait dit que tous leurs membres remuaient par le mouvement qu'y donnaient les vers travaillant à les détacher. Le chevalier Rose s'aperçoit que deux anciens bastions bâtis avant la conquête de César sont voûtés; il les fait déblayer, obtient cent forçats, et après les avoir rangés en face des cadavres et leur avoir fait mettre à chacun un mouchoir trempé de vinaigre autour de la tête qui leur bande le nez, il leur fait dans une demi-heure enlever ces cadavres, qui viennent tous à membres détachés, et les fait jeter dans les caveaux et dans les voûtes de ces bastions, qu'ils recouvrent tout de suite avec de la chaux vive et de la terre jusqu'au niveau de l'esplanade[1]. »

Devant cet horrible spectacle les médecins et les maîtres-chirurgiens de Marseille avaient pris la fuite dès le 9 août : plus courageux et plus noblement pénétrés des devoirs de leur profession, MM. Deidier et Verny, ayant à leur tête le savant Chicoyneau, chancelier de l'école de médecine de Montpellier, vinrent par l'ordre du régent s'enfermer le 17 septembre dans cette ville pestiférée. De tous les côtés éclataient des témoignages de sympathie pour les malheureux Marseillais. On en était ému à l'étranger comme en France, et les échevins recevaient à la fois quatre cents charges de blé de Rome envoyées par le pape et cent mille francs de Paris donnés par Law.

Malgré l'activité de Moustiés et de ses collègues, la ville était livrée à un désordre épouvantable, car tous ceux qui auraient dû seconder les magistrats populaires avaient déserté leur poste. Justement indigné, le commandant de Langeron prit à cet égard

---

[1] Journal abrégé de ce qui s'est passé en la ville de Marseille depuis qu'elle est affligée de la contagion, tiré du Mémorial de la Chambre du conseil de l'hôtel-de-ville, tenu par *Pichatty de Croix-Sainte*, conseil et orateur de la communauté.

des mesures sévères. Les intendants de la santé qui s'étaient enfuis furent ramenés de force : le 20 septembre il fit remettre en branle les cloches qui étaient muettes depuis trois mois, et, dans une ordonnance du même jour, enjoignit aux droguistes-épiciers et autres marchands détaillants, d'ouvrir leurs boutiques dans les vingt-quatre heures, sous peine d'être pendus irrémissiblement[1]. L'évêque de son côté, s'agitait avec tout le zèle ardent et bruyant de ses amis. Le jour de la Toussaint, il célébrait une messe solennelle en plein air sur le Cours, et à l'exemple de saint Charles Borromée, dont il s'était montré le minutieux imitateur pendant toute la contagion, il se faisait ensuite le bouc émissaire des péchés de la ville et marchant pieds nus, la corde au cou et la croix entre ses bras, la consacrait au sacré cœur de Jésus. Quinze jours plus tard, on le voyait apparaître tout à coup au haut du clocher des Accoules pour montrer le Saint-Sacrement et exorciser la peste[2]. Pendant ce temps la contagion ayant flé-

---

1. Archives municipales de Marseille, première division, première section, n° 7, 20 septembre.

2. Voici une lettre qui montre sous un aspect bien inattendu le caractère de Belzunce :

« Je ne puis comprendre ce que le P. Gautier a écrit avant sa mort, arrivée le 11 septembre. Ce que je sais, c'est que lui et ses pères ne pouvoient guère être instruits de l'état de la ville, étant renfermés dans leurs maisons. Il n'est point de rue de Marseille, quelque petite qu'elle soit, que je n'aie parcourue plusieurs fois ; et passant devant la porte du collége, je l'ai toujours vue bien fermée, et jamais (sortant tous les jours) je n'ai aperçu ni le père Gautier, ni aucun père de l'Oratoire. Leurs partisans, honteux de voir tout le zèle du côté des Capucins, des Jésuites, des Observantins, des Récollets et de *tous ceux que l'on taxe de morale relâchée*, ont publié

chi du 2 au 5 décembre et disparu complétement, le 10, le courageux Moustiés travaillait à la désinfection des maisons, des navires, des marchandises et des meubles. Puis, quand il eut tout purifié et fait l'appel des 724 forçats que lui avaient successivement confiés MM. des galères, et dont il ne restait plus que 241, il monta à l'hôtel-de-ville et lut à ses collègues un rapport admirable, où il rend justice à tout le monde et ne se nomme même pas [1].

C'était pour la vingt et unième fois que la peste frappait Marseille [2], mais jamais elle n'avait sévi avec

très-faussement que les pères de l'Oratoire m'avoient demandé la permission de confesser les pestiférés, et que je la leur avois refusée. Jamais ils ne me l'ont demandée ni directement ni indirectement; et s'ils avoient eu le zèle de confesser ils n'avoient qu'à aller, comme nous, dans les rues, et comme nous ils auroient trouvé à chaque pas des personnes prêtes à expirer; mais *pour la première fois* ils ont été, dans cette occasion, prudents et circonspects. Je n'en aurois jamais parlé s'ils n'avoient fait courir de pareilles inventions avec mille autres qui se détruisent d'elles-mêmes, et qui ne peuvent être crues que dans les lieux éloignés; mais être crus pour un moment dédommage *certaines gens de l'affront qui doit suivre lorsque la fausseté est découverte.*» (Lettre de M. Henri de Belzunce à M. Plomet, chanoine de Montpellier, 18 octobre 1720. — Collect. Jauffret, t. I, p. 173.)

Voici ce que dit de l'Oratoire Pichalty de Croix-Sainte, *le seul, au surplus, qui ait parlé de l'évêque* : « La maison de l'Oratoire se trouve entièrement vide par la mort des principaux de ses prêtres, qui, l'ayant infectée de la contagion, a ensuite contraint les autres d'en sortir. Si la suspension *où ils étaient de la confession* les a empêchés d'y vaquer dans cette triste occasion, ils ont d'ailleurs exercé plusieurs actes de charité aussi édifiants que secourables.»

1. Archives municipales de Marseille, secrétariat n° 125, fol. 44. — Rapport original de M. Moustiés à la séance du 17 avril 1722.

2. Première, 49 ans avant César; deuxième, en 503; troisième, en 588; quatrième, en 591; cinquième, en 1347; sixième, en 1476; septième, en 1484; huitième, en 1505; neuvième, en 1506; dixième, en 1507; onzième, en 1527; douzième, en 1530; treizième, en 1547; quatorzième,

cette fureur. Les fosses de la Joliette et de Saint-Victor, les caveaux des églises et les bastions de César couvraient quarante mille cadavres. Encore si le fléau se fût éteint sous la chaux vive de Marseille! Mais la cupidité d'un patron de barque toulonnais et la scélératesse d'un marchand d'Aix ayant fait passer des balles infectées dans ces deux villes, les miasmes mortels s'y développèrent avec une intensité bien plus funeste comparativement : à Toulon sur vingt-six mille habitants, il en mourut treize mille, sept mille cinq cent trente-quatre à Aix et dix mille deux cent dix à Arles : d'Arles, la peste entra successivement à Aubagne, Allauch, Auriol, Bandols, Baire, Cassis, Caseneuve, Band, le Puy, Tarascon, Salon et dans quarante-quatre villages des environs, d'où elle ne sortit qu'en emportant des milliers de cadavres [1].

en 1556; quinzième, en 1557; seizième, en 1580; dix-septième, en 1586; dix-huitième, en 1587; dix-neuvième, en 1630; vingtième, en 1639; vingt et unième, en 1720.

1. En mémoire de cette calamité, on construisit aux Champs-Élysées d'Arles une pyramide funèbre ornée de l'inscription suivante, qui consacrait le dévouement du gouverneur et des consuls.

Peste Arelate devastante
Ad patriam liberandam
Armati loricâ charitatis,
Se hunc in abyssum
Lubenti animo dejecerunt :

PRÆFECTUS.

Nob. Jacobus d'Arlatan de Beaumont.

CONSULES.

Nob. Jacob. Gleize de Fourchon, Joan. Grossy;
Nob. Honorat. de Sabattier ;
Nob. Ignatius de Gravezon;

Un an après, à pareille époque, ces villes, si cruellement désolées, retentissaient du bruit des fêtes : l'ordre étant venu de la cour de célébrer, par des réjouissances, la convalescence du jeune roi, l'enthousiasme franchement monarchique de nos pères se déploya avec chaleur. Le 15 septembre 1724, l'évêque de Marseille donna d'abord dans son palais, au bailli de Langeron et aux échevins, un banquet somptueux. En se levant de table, ces magistrats allèrent chercher leurs robes rouges à l'Hôtel-de-Ville, et, précédés de leurs gardes, d'une nombreuse bande de violons et de hautbois, et de quatre compagnies de miliciens, ayant tous à leurs chapeaux des nœuds de rubans aux couleurs de la ville, et conduits par les capitaines des quartiers, très-richement vêtus, ils se rendirent en bon ordre, entre les trompettes à cheval, et un millier d'enfants portant des banderoles blanches aux armes de France et criant Vive le roi ! à l'hôtel du bailli de Langeron. Celui-ci se mit à leur tête avec ses gardes et toute la noblesse, et la marche continua dans le même ordre jusqu'à la cathédrale, où le cortège arriva, au bruit de la mousqueterie, entre une double haie formée par le peuple. Le *Te Deum* chanté, le cortège, éclairé par trois cents flambeaux de cire blanche, se dirigea vers le Cours, où était préparé

Et alii civitatis primarii.
Sic suos habet Curtios
Gallica Roma, Arelas
Anno M. D. C. C. XXI.

un magnifique feu d'artifice. Une salve de quatre cents boîtes salua son entrée sur la Canebière, dont toutes les maisons s'illuminèrent tout à coup comme par enchantement. Les échevins allumèrent le feu, et dès lors l'air parut comme embrasé par la prodigieuse quantité de fusées et de gerbes éblouissantes qui s'y croisaient, éclataient et ruisselaient de toutes parts. En même temps, le port semblait en feu, et les tours, les remparts, le vieux fort Saint-Jean, la cime aérienne de celui de Notre-Dame-de-la-Garde, l'arsenal, l'hôtel-de-ville, l'abbaye de Saint-Victor, Rive-Neuve, et tous les bâtiments, étincelaient à la fois de plus d'un million de bougies. Il n'y avait pas jusqu'aux murs funèbres des infirmeries qui, pour effacer la sombre image du passé, s'étaient parés d'une brillante illumination. L'esprit national était ainsi fait : sur ces vastes fosses des pestiférés, infectes et fraîches encore, la mobile population de Marseille jetait ses vêtements de deuil, et, oubliant que la mort avait fauché naguères quatre-vingt mille Provençaux, se livrait aux transports d'une joie délirante, parce qu'elle venait d'épargner les jours d'un enfant [1].

La même allégresse se manifesta dans toutes les villes : Bordeaux eut un magnifique *Te Deum* chanté devant le parlement en robes rouges, et deux feux d'artifice d'autant plus merveilleux que les jésuites luttaient ce jour-là avec l'université, et que, si les mille fusées qui jaillissaient des canons de bronze

1. *Mercure* de septembre et d'octobre 1721, p. 183-203, II.

des bons pères, en s'élevant à une hauteur prodigieuse, amusaient agréablement les gens de qualité, le feu d'artifice du recteur, tiré sur le clocher des carmes, resplendit comme le soleil le long des fossés et souleva un applaudissement universel. A Montpellier, on remarqua la musique de la cathédrale et le bal du duc de Roquelaure ; à Toulon, les quatre rangées de lumières qui brillaient dans le port, et l'illumination de la galère *l'Éclatante* ; à Pézénas, la procession des arts et métiers ; à Toulouse enfin, le feu de joie du Capitole, le *Te Deum* solennel du corps des marchands, des pénitents bleus, du parlement, de Saint-Sernin, des jésuites, des notaires et de l'académie des Jeux-Floraux, de messieurs de la Monnaie, de la métropole, des pères de l'Oratoire, des pénitents noirs, et l'échafaud illuminé, représentant le roi sur son lit de justice.

Toutes ces démonstrations étaient sincères ; les hommes du dix-huitième siècle avaient réellement pour la royauté un amour passionné et religieux : attachés de cœur et d'habitude à cette institution antique, ils professaient une telle foi dans ses dogmes absolus, que malgré les rudes leçons du passé et l'expérience des derniers règnes, dès que la couronne tombait sur un jeune front, ils croyaient voir luire l'aurore d'un autre âge d'or. En cette occasion encore, leur espoir fut déçu. Lorsqu'il monta sur le trône, Louis XV s'empressa de déclarer qu'il voulait suivre les errements de son grand-père et rallumer le feu des persécutions religieuses, sinon éteint, du moins bien assoupi depuis neuf ans par la tolérance du Régent. Tel était le langage qu'on lui faisait tenir le 14 mai 1724 :

« De tous les grands desseins que le feu roi, notre très-honoré seigneur et bisaïeul, a formés dans le cours de son règne, il n'y en a point que nous ayons plus à cœur de suivre et d'exécuter, que celui qu'il avait conçu d'éteindre entièrement l'hérésie dans son royaume : à quoi il a donné une application infatigable jusqu'au dernier moment de sa vie. Dans la vue de soutenir un ouvrage si digne de son zèle et de sa piété, aussitôt que nous sommes parvenu à la majorité, notre premier soin a été de nous faire représenter les édits rendus sur ce sujet, pour en renouveler les dispositions. »

Il déclarait en conséquence :

1° Qu'il voulait et lui plaisait que la religion catholique fût la seule exercée dans le royaume, à peine pour les contrevenants des galères perpétuelles et de la réclusion infamante pour les femmes ;

2° Qu'on punît de mort les ministres et prédicants qui auraient convoqué des assemblées ;

3° Qu'on fît baptiser les enfants vingt-quatre heures après leur naissance ;

4° Que six mille livres d'amende fussent appliquées à ceux qui les auraient fait élever hors du royaume.

5° Qu'on choisît des maîtres et maîtresses d'école catholiques pour les instruire et les mener à la messe tous les jours ;

6° Que les médecins avertissent les curés quand les malades seraient en danger, pour qu'ils eussent à recevoir les sacrements ;

7° Que les malades qui s'y refuseraient et reviendraient en santé, seraient bannis à perpétuité.

L'intervention des Hollandais, auxquels s'étaient adressés sous main les protestants du midi, paralysa, jusqu'à un certain point, les dispositions les plus sévères de cette déclaration; mais elle n'empêcha pas que pendant vingt ans on ne refusât des passe-ports aux nouveaux convertis pour sortir de leur province, qu'on ne condamnât aux galères ceux qui assistaient aux assemblées, à mort les ministres qui y prêchaient, à la détention perpétuelle les femmes qu'on pouvait y surprendre. Elle n'empêcha pas les intendants et les gouverneurs de frapper d'amendes exorbitantes les religionnaires suspects, de vendre les biens des fugitifs, et de défendre aux notaires de passer des contrats de vente pour quiconque professait le protestantisme [1].

La politique du gouvernement à cet égard ne peut pas, du reste, être mieux expliquée que par lui-même : voici les ordres secrets qu'il donnait, en 1758, au maréchal de Richelieu, nommé gouverneur de la Guyenne :

« La nécessité d'en imposer aux protestants et de réprimer leurs entreprises est aussi instante dans la Guyenne qu'en Languedoc. Le projet de les rendre

---

1. Regist. du Conseil d'Estat. — Archives municipales de Nîmes. — Nouveaux convertis, t. I, du 30 septembre 1729 au 20 septembre 1752.

tout à coup dociles aux lois de l'Église et de l'État serait trop vaste et même dangereux. Il paraît, dans le moment présent, plus judicieux de se borner à l'objet de les ramener au point dans lequel se sont jusqu'ici contenus les autres protestants dans le reste du royaume, où on n'a point encore entendu parler d'assemblées privées ou consistoires, d'assemblées générales, ni de mariages, ou baptêmes dans le désert. L'objet du conseil une fois déterminé, il a été jugé nécessaire, pour le remplir, de former un plan fixe d'opérations réglé par une sage prévoyance et avec les ménagements compatibles avec l'autorité, mais suivi avec fermeté et sans variations. Il est en même temps à considérer que ce qui pourrait réussir en Guyenne n'aurait pas le même succès en Languedoc. Il en est de la fermentation des esprits comme des maladies populaires : quoiqu'elles soient les mêmes dans les différents sujets qui en sont atteints, les mêmes remèdes ne réussissent pas pour tous. On attend de la sagesse du médecin qu'il les varie suivant la constitution du malade et qu'il étudie les circonstances et les accidents pour les appliquer à propos.

« L'*illusion de la tolérance* est née dans le Languedoc : les prédicants l'ont insinuée aux accrédités d'entre les protestants, et la multitude l'a saisie avec avidité; elle a reçu de l'accroissement d'où l'on devait attendre sa ruine. Le sieur maréchal de Mirepoix avait cru tenir comme dans sa main les protestants du Languedoc par la voie de la persuasion, en entrant en correspondance avec les principaux, en composant avec eux sur les assemblées plus ou moins nombreuses, sur la manière de former leurs consistoires, dont le nom ne le choquoit pas, et en leur laissant et pensionnant même leurs ministres pourvu qu'ils fussent nés dans la province. Ce système d'administration n'est pas nouveau : il fut malheureusement celui du gouvernement dans la naissance du calvinisme, qui dut ses progrès à l'audace qu'eurent les premiers protestants de proposer des conditions à leur souverain, et à la complaisance qu'on eut alors de les entendre dans des pourparlers. Ce fut le germe de tous les maux de la France. Une expérience si bien acquise doit convaincre qu'il est dangereux de laisser les protestants se permettre des espérances, *et fait voir combien ils sont capables d'abuser des plus petites condescendances.* C'est ce qui fait croire que le mal sera plus difficile à réparer dans le Languedoc, où M. de Mirepoix en a eu pour eux, que dans la Guyenne, où la barrière des lois leur a été constamment opposée. L'illusion de la tolérance est venue du Languedoc en Guyenne, mais elle n'a pas eu le temps d'y prendre de fortes racines. En toute occasion et en tout lieu on a présenté aux protestants la constante volonté du roi pour le maintien des lois, et, pour la rendre sensible par les effets, il a été donné avec choix des ordres d'exil et d'emprisonnement contre les plus accrédités. Malheureusement ces ordres étoient révoqués immédiatement, et *les protestants dont le caractère distinctif est de se prévaloir de tout*, prenant ces actes de clémence *pour un commencement de retour vers eux*, en devenoient plus hardis et plus entreprenants.

» Le maréchal de Thomond éclaira cette conduite. Leurs assemblées, quoique sous ses yeux dans une province où il commandoit, lui parurent intolérables; il conçut que le meilleur moyen de les faire cesser étoit de remettre en vigueur les règlements qui les défendoient indistinctement, et le port d'armes.

» Après la publication de ces ordonnances, les protestants demeurèrent consternés, et les assemblées cessèrent totalement. *Dans tous les temps, les clameurs ont réussi aux protestants, et ils n'ont jamais manqué d'émissaires.* Ayant appris que les ordonnances du maréchal de Thomond n'avoient pas entièrement été approuvées au conseil, ils recommencèrent les assemblées au désert. Des députés partirent pour les Cévennes, et en ramenèrent des prédicants. Leur présence rendit les assemblées plus nombreuses qu'auparavant. Les nobles, les bourgeois s'y rendirent, et l'on en vit assister un grand nombre en armes à une assemblée près de Clairac.

» *Cela prouve qu'il est inutile et même dangereux de chercher à ramener les protestants par la persuasion, il faut y parvenir par la crainte.* C'est sur ces principes que Sa Majesté fixe un plan d'opérations comme il vient d'être dit.

» Ainsi le sieur maréchal de Richelieu ne laissera

voir à l'extérieur qu'inflexibilité pour le maintien de l'autorité du roi dans l'exécution de ses ordonnances et des arrêts de son parlement de Bordeaux sur le fait de la religion des réformés. Il applaudira à tout l'appareil de la justice, et il se rendra impénétrable aux religionnaires quant aux vues de prudence et de ménagements dont il sera à propos d'user dans l'exécution.

» Ce sera toujours en vain qu'on entreprendra d'empêcher les mariages et les baptêmes au désert, et de forcer les parents à envoyer les enfants aux instructions de l'Église tant qu'il y aura des assemblées : il faut donc s'attacher principalement à les détruire.

» L'intention de Sa Majesté est que les édits et ordonnances du parlement de Bordeaux du 24 novembre soient exécutés en toute rigueur contre les prédicants. A l'égard des religionnaires qui les auront reçus chez eux ou qui les auront accompagnés, le procès en sera fait selon la rigueur de l'arrêt du 24 novembre. En ce qui regarde les mariages et les baptêmes faits au désert, Sa Majesté désire qu'il lui en soit rendu compte pour en faire des exemples plus prompts.

« Les troupes qui seront envoyées dans la province de Guyenne seront réparties dans les cantons de Tonneins, Clairac, Nérac, Agen, dans le Condomois, et autres quartiers où la fermentation s'est le plus fait remarquer.

« On se servira des brigades de maréchaussée pour observer.

» Il y a lieu d'espérer que la présence des troupes, jointe à la pratique des moyens qui viennent d'être détaillés, contiendra les religionnaires, et qu'il n'y aura plus d'assemblées au désert [1]. »

Les catholiques n'étaient pas mieux traités : depuis des siècles on n'avait essuyé des misères aussi cruelles que celles qui signalèrent les dix premières années du règne nouveau. Soit à cause de l'intempérie des saisons, soit parce que le laboureur manquait de moyens et même de pain, la plupart des terres restaient en friche : les impôts ne se recouvraient plus qu'à la pointe de l'épée ; les logements militaires achevaient d'épuiser les peuples, et au moment où les grêles, les inondations et les épidémies semblaient se succéder sans relâche pour les réduire au désespoir, le roi leur demandait le dixième du revenu, et les chargeait de lever, d'équiper et d'entretenir des régiments. C'était aggraver un fardeau déjà insupportable ; mais bien qu'il écrasât le midi, peut-être se serait-on efforcé de le soutenir en fléchissant s'il avait été également divisé. Par malheur, ni le clergé ni la noblesse n'en sentaient la moindre partie, et il retombait de tout son poids et à peu près exclusivement sur les communautés.

COMMUNAUTÉS.

Bien que cinq cents ans fussent passés sur ces héritières des municipes, la vieille liberté romaine

---

1. Archives de la police, mss.—Ordres du Roy, n° 5, de la page 402 à la page 419. Cette pièce importante est inédite et nous vient de feu M. Anglès.

fleurissait dans leurs murs aussi vivace, et le front ombragé de rameaux aussi verdoyants que lorsque nous les avons quittées au treizième siècle ; leur droit antique et immémorial s'était même retrempé aux sources de la royauté, et semblait y avoir puisé une consécration nouvelle. Pendant la dernière moitié du treizième siècle et tout le quatorzième, les chanceliers de nos rois n'avaient été occupés qu'à mouler sur le parchemin, moyennant finance, les coutumes et priviléges des communautés. De même que leur existence politique était bien reconnue et bien définie, leur marche était toute tracée et leur mouvement toujours régulier, toujours traditionnel, toujours uniforme comme le train de la charrue. Ainsi les communautés s'administraient elles-mêmes et se gouvernaient comme de petites républiques, avec un calme, une égalité de justice qu'on chercherait en vain dans notre système actuel. Tous ceux qui contribuaient aux tailles avaient le droit et l'obligation d'assister aux assemblées convoquées par le maire ou les consuls, pour y délibérer sur les affaires communes [1]. Ces assemblées s'appelaient alors *Conseils politiques*. A côté du conseil politique était le conseil de police, qui s'occupait exclusivement des mesures d'édilité en temps de paix, et des dispositions militaires en temps de guerre. Il se compo-

---

[1]. Sous peine de 20 livres d'amende.—Ordonnance de Charles de Lacoré, intendant de la généralité de Montauban. — Archives municipales de Lafrançaise, regist. n° 7, fol. 182. Ceux qui, domiciliés hors de la communauté, y payaient néanmoins des contributions, s'appelaient forains, et avaient pour représentant au conseil politique *un syndic*.

sait, dans les communautés des villes comme dans celles des campagnes, du maire, du premier consul, de six ou huit bourgeois nommés policiens, et du secrétaire. Le pouvoir exécutif résidait dans le consulat. Tous les ans, les quatre consuls en charge présentaient chacun deux candidats au conseil politique, qui, sur les réquisitions d'un avocat en parlement, faisant les fonctions de procureur du roi, en choisissait quatre, connus sous la dénomination de *consuls modernes*. Ce mode d'élection, général et toujours le même au fond, variait toutefois dans la forme selon les pays. A Nîmes, par exemple, le conseil politique, réuni à la fin de l'année consulaire, qui expirait le mercredi des Cendres, nommait autrefois seize candidats, dont les seules conditions d'éligibilité étaient *l'expérience, la capacité et la bonne conduite*. Cette désignation faite, on jetait dans un sac seize pommeaux ou petites boules de cire blanche, parmi lesquels il y en avait quatre qui renfermaient autant de petits billets portant la lettre C; un enfant retirait ensuite les boules l'une après l'autre et les remettait individuellement aux seize candidats. Ceux qui recevaient les boules contenant les bulletins étaient consuls pour un an de la ville et des faubourgs [1].

[1]. - Vers 1693 des mairies perpétuelles furent créées par ordonnance royale, et un M. de Montclus acquit celle de Nîmes : les consuls la rachetèrent en 1700, mais le gouvernement, pressé d'argent, en créa une seconde en 1733. Toutefois, par un arrêt de règlement du 19 mai 1739 la ville fut rétablie dans ses anciens droits et usages, et eut la permission de procéder de nouveau à la nomination des consuls en assemblant tous les trois ans seize *vocaux* ou votants, les huit consuls anciens et modernes et les con-

A Aix on procédait autrement : pour éviter les brigues, les noms des cent cinquante notables ou *cités* des quartiers étaient écrits sur des billets que l'on pliait ensuite avec soin. Le viguier, en présence du juge mage, du procureur du roi et de deux commissaires du parlement, mettait ces billets dans une cassette fermée à quatre serrures, dont les clefs étaient données aux consuls modernes. Les consuls de l'année précédente enfermaient à leur tour cette cassette dans un coffre ayant également quatre clefs, et qui devait être déposé une nuit dans les armoires de l'Hôtel-de-Ville. Puis le lendemain on ouvrait le coffre et la cassette, les billets étaient donnés aux gardes pour convoquer les *cités* dont ils portaient les noms, et ceux-ci, réunis aux conseillers de la ville, faisaient les consuls en jetant les ballottes de drap noir dans la boîte rouge pour la nomination, dans la boîte jaune pour l'exclusion [1].

Dans tout le Roussillon, et à Perpignan principalement, nul ne pouvait devenir consul s'il n'était *insaculé*, c'est-à-dire si l'inscription de son nom sur la liste des aspirants n'avait été approuvée par le lieutenant-général, l'intendant de la province et la Douzaine, conseil de douze citoyens tirés au sort dans les trois *mains* ou classes, qui se composaient :

Des bourgeois et commerçants en gros, formant la main majeure ;

---

seillers politiques. (Voir F. de la Farelle, *Institutions municipales de la ville de Nîmes*.)

1. Archives municipales d'Aix, Livre rouge.

Des drapiers, écrivains et autres, formant la main moyenne;

Et des cordonniers, jardiniers et gens de métier, relégués dans la main mineure.

Les noms qui traversaient victorieusement cette triple épreuve étaient insaculés, c'est-à-dire mis dans les bourses de cuir de l'Hôtel-de-Ville[1].

Une des cités où les formes municipales avaient subi le plus de vicissitudes était Marseille. Depuis les Duumvirs l'élection consulaire s'était modifiée dans tous les sens, pour aboutir vers 1652, et comme en désespoir de cause, au choix du sort, réglé, comme dans le principe à Nîmes, par des boules renfermant des bulletins qu'un enfant de sept ans retirait devant le juge mage d'une boîte dorée. Ce mode lui-même ne tint que huit ans. En 1660 une déclaration royale exclut les gentilshommes des charges publiques et en investit quatre échevins. A la vérité leur pouvoir se trouvait balancé par celui du viguier, représentant pour ainsi dire direct de l'autorité royale. Cette dernière charge remontait jusqu'à 1264. Originairement le viguier était le *vicaire* ou lieutenant du podestat; quand on supprima cette importation italienne et la charge de recteur qui l'avait remplacée, l'officier secondaire fut conservé, parce qu'il était à la nomination des comtes. En 1506 les viguiers ne restaient en place qu'un an; trente ans après ils se firent déclarer perpétuels. En 1550 Henri II les

---

1. *Manuscrit* du duc de Noailles, ancien gouverneur du Roussillon (ce petit in-8°, relié en maroquin vert, appartient à M. Tastu).

rendit de nouveau annuels. Les guerres religieuses leur valurent une prolongation de deux ans, et l'emploi étant tombé vers ce temps-là dans la maison de Piles, très-dévouée à la couronne, n'en sortit plus. Hors de la juridiction de ce magistrat et de celle des échevins s'élevait, sur un terrain à peu près indépendant, la communauté des pêcheurs, qui avait ses coutumes et ses règlements particuliers et n'obéissait qu'à ses prud'hommes.

Quant à la jurade de Bordeaux, elle se composait, comme nous l'avons vu, de six membres renouvelés tous les ans par moitié.

Aussitôt après leur élection les consuls modernes, sur la réquisition du procureur du roi, juraient l'un après l'autre, les mains mises sur les saints Évangiles :

« D'exercer en conscience, sans support ni abné- » gation de personnes, la charge consulaire pendant » l'année courante, et de rendre un fidèle compte de » leur gestion à la communauté[1]. » Ce serment prêté, ils entraient en charge et s'occupaient paisiblement d'une série de soins qui ne variaient jamais. Ainsi les consuls des villes reproduisaient, sans y rien changer, les sujets de délibération mis sur le tapis l'année précédente, et qui concernaient les réparations des églises, des ponts, des casernes, des rues, les embellissements réclamés pour l'hôtel de l'intendance, du gouverneur, ou pour le palais de l'évêque,

---

[1]. Archives municipales de Lafrançaise, regist. n° 28, fol 9, v°.

le tirage au sort de la milice, les dépenses municipales, la répartition des tailles, les secours de charité, et les modérations d'impôt demandées selon son bon plaisir à monseigneur l'intendant.

Les consuls des communautés rurales, tournant également dans le même cercle, assemblaient deux ou trois fois l'an le conseil politique pour fixer le ban des vendanges, affermer les biens communaux, délibérer sur le récurage des ruisseaux nuisibles et mettre à l'enchère la levée des tailles; cela fait, ils présentaient leur budget, et il était convenu et arrêté par l'assemblée qu'il serait imposé pour les frais locaux :

En premier lieu la somme de 20 livres pour le droit de réunion à la communauté des charges municipales.

Pour le prédicateur du carême, 70 livres.

Pour les gages du secrétaire, 60 liv.

Pour l'entretien de l'horloge, 20 liv.

Pour les quatre livrées consulaires, 40 liv.

Pour les auditeurs du comte, 30 liv.

Pour les ports de lettres, 10 liv.

Pour les gages des valets de ville, 65 liv.

Pour le deuxième tiers de leur habillement, 23 liv.

Pour les flambeaux, 12 liv.

Pour les intérêts dus à l'hôpital, 3 liv. 2 sol. 4 den.

Pour les frais imprévus, 600 liv.

Pour l'albergue de la halle, 40 liv.

Pour pareil droit d'albergue à cause de la nause infernale ou prairie commune, 10 liv.

Pour les gages du maire, 67 liv. 10 sols.

Pour l'entretien du ruisseau dangereux 187 liv. 6 sols.

Pour la confection des rôles de la taille, 80 liv.

Pour le papier timbré, 12 liv.

Pour le droit de vérification dudit rôle, 90 liv.

Pour le voyage au chef-lieu de la généralité lors de la vérification, 16 liv.

Pour l'article de taille des patrimoniaux, 90 liv.

Pour le vingtième desdits patrimoniaux, 45 liv.

Les communautés votaient de plus, pour un médecin de la ville, 150 liv. par an; ces honoraires étaient taxés d'avance ainsi qu'il suit : des bourgeois et autres personnes semblables, il pouvait exiger par visite une livre quatre sols; de chaque artisan ou laboureur, une livre; et il était tenu de voir et soigner les pauvres gratuitement [1].

Ce régime en lui-même n'était pas mauvais. Avec d'incontestables garanties d'ordre, de stabilité, de paix domestique, il présentait le bienfait tous les jours mieux senti d'une administration sage, paternelle et dévouée. Malheureusement tous ces avantages s'évanouissaient d'ordinaire, parce que son existence était chaque jour mise en question par la gêne ou les caprices de l'autorité royale. Toutes les fois que le roi avait besoin de fonds, ce qui arrivait souvent, il modifiait la constitution des communautés. En 1692 par exemple, Louis XIV, choqué de voir

---

1. Archives municipales de Lafrançaise, regist., n° 28, fol. 4.

dans son royaume des magistrats qui tenaient leur pouvoir d'une autre main que la sienne, et voulant chasser cette ombre de liberté populaire, avait institué dans toutes les villes et communautés, des maires et des assesseurs perpétuels, en permettant aux seigneurs qui possèderaient de ces offices dans leurs juridictions, de les exercer ou faire exercer par leurs baillis.

Neuf ans plus tard, et en 1701, deux arrêts du conseil permirent aux communautés de racheter ces charges. Quand elles eurent payé, on créa des emplois de lieutenants de maire, qu'elles remboursèrent encore en 1705. Douze années s'écoulèrent sans nouvelles demandes; mais en 1717 le conseil jugeant que les communautés avaient eu le temps de faire des économies, leur vendit les offices non remboursés, et, par une sorte d'escroquerie, les rétablit l'année suivante avec faculté de rachat. A partir de ce moment, ne se lassant plus de battre monnaie par ce moyen, qui n'était peut-être pas rigoureusement conforme aux règles de la bonne foi, tantôt sous le prétexte des besoins de l'état, tantôt en alléguant que la liberté des élections était troublée par des intrigues, les conseillers du roi extorquèrent cinq fois [1] de l'argent aux communautés en vendant le rachat de ces offices, avec promesse qu'ils ne seraient plus rétablis, et en les rétablissant aussitôt qu'ils étaient vendus.

1. En 1722, 1723, 1724, 1733 et 1754.

Toutefois, quels que fussent les inconvénients qui résultaient pour le régime communal de cet état de fluctuation continuelle et de cette exploitation sans loyauté et sans mesure, la dépendance absolue où le tenaient les intendants, dans les dix généralités du Midi[1], lui était plus funeste encore.

Jamais l'arbitraire ne s'était développé aussi odieusement que dans la main de ces représentants de la royauté, placés dans les provinces au-dessus de toute autorité et de tout contrôle. Pour trouver des exemples d'un pareil despotisme, il faut reculer jusqu'aux plus mauvais jours de Rome, jusqu'aux proconsuls les plus inhumains : encore les excès de Verrès pâliraient-ils peut-être devant ceux qui furent commis à la face du dix-huitième siècle. Qu'on en juge par des exemples pris à cette partie de leur administration, qui a laissé dans la mémoire des peuples les traces les plus profondes, nous voulons dire les corvées.

Le 13 avril 1750 un agent subalterne de l'intendant de la généralité de Montauban écrivait aux consuls des différentes communautés de son département, en leur enjoignant de se trouver le lundi suivant sur le chemin de Bordeaux.

« Il n'y a plus à délibérer, il faut finir dans le courant de cette campagne. Aucune raison ne peut prévaloir à un tel devoir, qui est indispensable. Tout va être mis en pratique pour y parvenir, garnison

---

[1]. Auch et Pau, Aix, Bordeaux et Bayonne, Grenoble, La Rochelle, Limoges, Montauban, Montpellier, Perpignan, Riom.

militaire, emprisonnement, doublement de capitation *et autres moyens; rien* ne sera épargné. On est las de voir traîner un ouvrage qui, avec moins de clémence, seroit fini depuis long-temps et auroit mis fin à tant d'injustes plaintes à cet égard. Au reste, si ceux qui ont été doublés de leur cote de capitation veulent employer leur diligence, nous pourrions espérer une modération. Si au contraire ils ne le font point, ils auront le temps d'en acquitter l'entier article, et même de la payer par emprisonnement de leur personne[1]. »

En conséquence, quoique les malheureux paysans ne pussent abandonner leurs travaux sans s'exposer à périr de famine, on les accablait de logements. S'ils manquaient à cet appel, on les contraignait d'aller tous les jours à la corvée, et on ne voulut pas même permettre à un misérable de faire enterrer sa femme, en disant que le curé suffisait bien seul à ce soin[2].

L'inhumanité de l'intendant dépassa à cet égard tout ce qu'on pourrait imaginer. Un laboureur de Négrepelisse fut capturé un dimanche soir par deux cavaliers de la maréchaussée escortés d'un valet consulaire, dans le temps qu'il gardait le cadavre de sa mère qui venait d'expirer, sans que ce spectacle touchant, ni ses supplications, ni ses larmes pussent les désarmer. Ils le traînèrent dans une métairie

---

1. Pièces justificatives d'un mémoire envoyé par la Cour des aides, en 1753, au ministère, contre M. Lescalopier, intendant de la généralité de Montauban.

2. Lettre du curé de la paroisse de Martissan, du 19 juin 1746, également dans les pièces justificatives, p. 51.

voisine, où ils couchèrent, et le lendemain matin cet infortuné fut conduit lié et garrotté dans les prisons royales de Montauban, d'où il ne sortit que huit jours après, lorsqu'il eut payé les frais de sa capture et de son incarcération. Cela, parce qu'il s'était vu dans l'impossibilité de faire sa tâche à cause de la maladie de sa mère. Et ce n'était pas seulement sur les campagnes que s'appesantissait ce joug de fer. A Montauban un pauvre forgeron, nommé Tessendier, tâchait de reculer sa démolition de sa baraque, placée auprès d'une ancienne porte que faisait raser l'intendant. Averti de la désobéissance, le premier consul se rendit lui-même chez cet homme pour lui dire, de la part de l'intendant, qu'il fallait absolument qu'il fît démolir sa maison. Tessendier eut beau lui représenter le grand besoin qu'il avait de cette maison et de sa boutique pour travailler de son métier de forgeron, et pour gagner la vie, pour lui, sa femme et sa famille, au nombre de cinq filles, dont il était chargé, et d'ailleurs l'inutilité de démolir cette maison, le sieur *Mène* (un de ceux à qui Lescalopier appliquait, comme à l'auteur de la lettre précédente, les dons destinés au soulagement des communautés) le menaça que, s'il ne faisait vite démolir cette maison, il le ferait mettre dans un cachot; que M. l'intendant *voulait absolument* qu'elle fût incessamment démolie; qu'il ne comprenait pas tout ce qu'il risquait de lui résister. Il lui fit de telles menaces et l'épouvanta si fort, qu'il ne se crut plus en sûreté. Il alla représenter au seigneur intendant son triste état, sa misère, le besoin qu'il avait de sa maison et de sa boutique pour gagner de quoi vivre, lui et sa famille. Ledit seigneur intendant, l'ayant entendu, lui dit en ces termes : « Tu es un mâtin et un drôle; si *dans huit jours tu ne fais pas démolir la maison, je te ferai enfermer et pourrir dans un cachot.* » Ledit Tessendier, alarmé et frémissant des menaces que lui fit ledit seigneur intendant, et de la colère dans laquelle il le vit, s'en retourna chez lui, où il arriva tout troublé, tout tremblant, et tomba malade. Pendant la maladie il fit démolir sa maison, après toutefois qu'elle eut été examinée par le sieur Bergis, ingénieur et entrepreneur de *différents ouvrages publics* qu'a fait faire ledit seigneur intendant; et *nonobstant l'avis qu'il donna de l'inutilité de démolir cette maison,* ledit sieur intendant ayant persisté et *prétendu qu'elle fût démolie,* ledit sieur Bergis, *touché de compassion,* fut d'avis de conserver un petit réduit où Tessendier pourrait travailler et gagner pour vivre lui et sa famille. Ledit sieur Mène, y étant retourné de la part du sieur intendant et ayant vu *qu'on avait réservé un petit réduit, s'en fâcha beaucoup et en ordonna la démolition :* ce qui fut exécuté. Le chagrin qu'avait Tessendier augmenta si fort sa maladie, qu'il mourut quelques jours après cette démolition. Sa veuve et ses filles désolées demandèrent et firent demander à l'intendant quelque indemnité, au moins quelques-uns des débris de la porte de la ville; mais toutes leurs sollicitations n'aboutirent à rien. Le seigneur intendant leur fit même refuser quelques pièces de bois qu'il y avait de la démolition de la porte, dont la veuve aurait pu tirer parti. Bien plus, quoique cette maison fût démolie, il continua d'en faire payer l'impôt à cette malheureuse. Il semblait impossible de pousser plus loin le mépris de la propriété : le seigneur intendant en trouva pourtant le moyen. Un de ses frères l'étant venu voir, eut envie de retourner à Paris en traversant le Rouergue. Malheureusement il n'existait pas de chemin pour les voitures. Avec tout autre que l'intendant le projet eût été rompu, mais cette difficulté ne parut qu'un jeu à ce magistrat. Quatre mille paysans furent convoqués sur-le-champ et reçurent ordre de faire un chemin pour la chaise de son frère. En dix jours ses ordres furent exécutés. On perdit toute la récolte des vignes, car on était en pleines vendanges. Tout ce qui se trouva sur la ligne, arbres, haies, vignes, murs, fut abattu; mais le frère de l'intendant put traverser le Rouergue en chaise, et deux jours après son passage monseigneur Lescalopier daigna faire savoir aux propriétaires, dans les champs desquels avait été tracée cette route, qu'ils pouvaient reprendre leur terrain [1].

Tout ceci se passait pourtant au moment où les deux grands semeurs philosophiques, Voltaire et Rousseau, voyaient déjà poindre sous leurs pas les germes verdoyants de la révolution française, au moment

---

[1]. Déclaration notariée en date du 5 juillet 1753 (p. 51 du mémoire précité).— Autre déclaration par-devant notaire, du 23 octobre 1753 (p. 57 du même mémoire).

où les droits de l'homme commençaient à être compris, où le génie frayait la route à la liberté, où éclatait dans toute sa splendeur le plus beau mouvement intellectuel qui se soit jamais fait sur aucune terre. Plus heureux que nous, quoique soumis à la même pression despotique, nos frères du nord brisaient les chaînes de la pensée, et achevaient de constituer une littérature noble, élevée, magnifique, et une langue parfaite, avec lesquelles ne pouvaient plus lutter depuis trois siècles ni la littérature naïve, ni l'harmonieuse langue du midi. Comment d'ailleurs la lutte eût elle été possible? Tous les hommes de génie, d'esprit supérieur, nés sur le sol méridional, depuis trois cents ans avaient adopté la langue française, et ceux qui étaient restés fidèles à l'idiome paternel ne possédaient qu'un esprit sans culture, qu'un talent médiocre et étouffé en germe dans l'étroite enceinte de la cité municipale ou du village. Que pouvaient, par exemple, à côté des Montaigne, des La Boétie, des Clément Marot, des d'Aubigné, des L'Hôpital, des Dubartas même, Auzias March le catalan, Coze d'Arles, le charron de Rabastens, Augié Gaillard, Pey de Garros, avec ses psaumes traduits et ses poésies gasconnes, et François Pezant de Riom, avec ses noëls auvergnats? Les aperçoit-on derrière les grandes figures de Cujas, le jurisconsulte latin, de d'Hauteserre de Cahors, l'historien latin d'Aquitaine ; de Scaliger l'Agénais, le roi du latin et du grec? Domat de Clermont, Fléchier de Carpentras, Coras de Réalmont, Mascaron de Marseille, Pélisson, Barbayrac de Béziers, l'immortel Pascal, le doux Fénelon, ne devaient-ils pas rejeter dans la plus épaisse des ombres les vers du Limousin Daubasse, les sonnets burlesques de Louis Roland de Marseille, les concetti mignards de l'auteur agenais des Larmes du Gravier, les odes pesamment tournées de Pasturel, le gros chantre de Montferrand; les épîtres faciles, quoique prétentieuses, de Claude Bruys, le galant écuyer d'Aix; les récits rimés de Michel Bonnet, le Nîmois; les poèmes poissards de Millet de Grenoble, et les folies au gros sel de Sage de Montpellier? — Qu'aurait-on pu opposer enfin à Marmontel, si agréable dans ses contes; à Lefranc de Pompignan, le noble émule de Jean-Baptiste Rousseau; à l'ingénieux Dupaty, à Bayle, le premier puits de science de son siècle; au piquant Juvénal du Périgord, Lagrange-Chancel; à Montesquieu, la gloire de Bordeaux? — Personne; car, pendant que la civilisation purement méridionale était restée stationnaire et comme engourdie sous le feu de son ardent soleil, la civilisation française avait marché à pas de géant, et nous avait laissés tellement en arrière que, dans ce long espace de trois siècles, on ne rencontre que deux hommes dignes de mémoire, Goudouli et Despourrins.

Le premier, à la vérité, peut soutenir la comparaison avec tous les poètes français qui naquirent entre les règnes d'Henri IV et de Louis XV. Dans les sujets qu'il a traités, il reste même sans rival. On eût dit que Goudouli était né exprès vers le déclin du seizième siècle pour fixer à jamais le caractère pittoresque, harmonieux et brillant de la langue romano-provençale à cette époque, et pour refléter dans ses vers, pleins de poésie et de douce grâce, la riante nature du Languedoc. Depuis les fraîches créations des troubadours, aucun poète n'avait peint le printemps, l'amandier en fleurs, les rayons vermeils du soleil levant à travers les saules enveloppés par le brouillard d'été, et les marguerites étincelantes de rosée de la prairie, avec des couleurs aussi délicieuses. En approchant de son *Ramelet Mundi* (bouquet toulousain), on sent, comme dans les matinées printanières, le parfum de toutes les fleurs dont il le composa, de même qu'en lisant ses petits poèmes on voit se dérouler la série si variée des tableaux qu'étale la campagne méridionale au mois de mai quand le ciel est couleur de pourpre ou étoilé et la terre parée de verdure. Il vous souvient du calme de ces nuits si belles où, à part le grillon qui crie dans les prés et le coassement de mille grenouilles entre les joncs, le seul bruit qu'on entende est parfois une plainte de la rivière : écoutez à cette heure solennelle la voix de Goudouli :

« Hier tant que lè Caüs, lè chot e la cabeco
Trataon à l'escur de lour menuts afas,
É que la tristo neyt per moustra sous lugras
Del grand calel del cel amagabo la mèco ;
Un pastourel disio : B'è fayt uno gran péco
De douna moun amour à qui nou la bol pas,
A la bèlo Liris de qui l'armo de glas

Bol rendre paüromen ma persuto bufecò.
Mentre que soun troupel rodo lè coumunal,
Yeou son anat cent cops parla li de moun mal
Mès la cruélo cour à la aütros pastouros.
Ah! soulel de mous els se jamaï sur toun sé
Yeou podi, fourrupa dous poutets à plasé
Yeou faré ta gintet qué duraran très houros¹! »

Hier, pendant que les chats-huants et les chouettes
Traitaient au crépuscule de leurs menus déduits,
Et que la sombre nuit pour faire briller ses étoiles
Éteignait la mèche de la grande lampe des cieux,
Un berger disait : Certes j'ai fait un grand péché
De donner mon amour à quelqu'un qui ne le veut pas,
A la jolie Liris dont l'âme de glace
Veut rendre pauvrement ma poursuite vide comme les premières
[noix.
Tandis que son troupeau rôde dans le communal,
Je suis allé cent fois lui parler de mon mal,
Mais la cruelle s'enfuit vers les autres bergères :
Ah ! soleil de mes yeux, si jamais sur ton sein,
Je peux pomper deux baisers à mon désir,
J'irai si doucement qu'ils dureront trois heures.

Cette Liris était la Lesbie de Goudouli, comme il a eu soin de nous l'apprendre lui-même.

« Jouts lè noum de Liris yeou canti ma droulleto
Què mato le renoum de tout autro beoutat,
Coumo lè liri blanc parés de tout coustat
Par dessus lè muguet é la mimoys nénetto. »

Sous le nom de Liris, je chante ma jouvencelle
Qui mate le renom de toute autre beauté,

1. Ramelet Mundi, p. 27.

Autant que le lis blanc prime en tout et s'élève
Au-dessus du muguet et de la mignarde violette.

Dans les sonnets si vantés de Pétrarque, on aurait peine à trouver un portrait plus délicat et plus flatteur que celui qu'en fait le poète :

« Aquel bisaget animat
En obalo sara fourmat
Fresc e biu de sas couluretos
Coumà las rosos bermeilletos;
Que l'albo as pels ensafranats
Semeno pel cel à manats.

De soun pel un'escauto fino
Oundejara debès l'esquino;
Sounquo sio mès en grumicel
Coumo dun artifici bel
Es reliat lé de la bébo
É debès oun lè froun se lébo
De flouquets frisoutats souben
Faran à barros dan lè ben

Aco's bouqueto per te bèze :
Mès se te play dono me lèze
De salsa per tè fa milhou,
Ma plumo din lé bermillou.
Fi, fi, car oun soun desplegados
Las rosos é las girouflados,
Le far nou fa degun besoun
É sur tu flouriran toujoun [1]. »

Ce petit visage animé
En ovale sera formé,

---

1 Beütat fantaziado. (Ramelet Mundi, p. 39.)

Frais et vif de ses mignardes couleurs,
Semblables aux roses *vermeillettes*
Que l'aube aux cheveux ensafranés
Sème à pleines mains dans le ciel.

De ses cheveux un fin écheveau
Roulera ondoyant sur ses épaules,
Ou formera un peloton
Avec artifice noué
Et tordu comme l'or du ver à soie.

Et autour de son front élevé
De petites boucles frisées
Joueront à barres avec le vent.

C'est pour te voir, ô bouche mignonne!
Mais donne-moi le temps, je t'en conjure,
De tremper pour te mieux peindre
Mon pinceau dans le vermillon.

Fi! fi! car où sont épanouies
Les roses et les giroflées,
Le fard devient bien inutile
Et ces fleurs sur tes lèvres ne cesseront pas de fleurir.

En général Goudouli décrit vite et en peu de mots: qui peindrait mieux et plus brièvement la riante physionomie du premier mai, et cette gracieuse fête des fleurs qui a survécu dans le Capitole à la disparition des capitouls, pour faire avec ses églantines, ses amaranthes d'or et ses soucis d'argent, le bonheur des jeunes poètes et la joie de Toulouse?

« Ouey què lè gentil mès de maï
Tourno flourit coumo jamaï,
Que la campagno toulo bèlo
En bert retinto sa gonclo,

Què lè soulel se fa tout els
Per admira milo ramels,
Yeou tabè yeou me rejouissi
Et sur quatrè flous me rabissi.
Bous doun moussurs per qui Toulouso
Se manten doussomen jouyouso,
Et què budats à pleno tasso
Las tres canèlos del Parnasso
Fazets m'en part d'un goutilhou
Per bous entreteni milhou,
Quand auré tirat de ma bèno
Uno flouretto per estrèno[1]. »

Aujourd'hui que le gentil mois de mai
Revient plus fleuri que jamais,
Que la campagne toute riante
Teint de nouveau sa robe en vert,
Que le soleil se fait tout yeux
Pour admirer mille bouquets,
Moi je me réjouis aussi
Et me sens ravi à la vue de quatre fleurs.
Vous donc, Messieurs, par qui Toulouse
Se maintient doucement joyeuse,
Et qui buvez à pleine tasse
Aux trois sources jaillissantes du Parnasse,
Donnez, je vous prie, une petite goutte
Pour que je vous puisse mieux entretenir,
Quand j'aurai tiré de ma veine
Une fleurette pour étrenne.

Cette fleurette est un sonnet ravissant qu'on regrette de ne pouvoir traduire, mais il faudrait les

---

[1] Petito salutaciu. — La noubelo flouretto del Ramelet Mundi.

traduire et les citer tous. Au reste, ce talent si varié et si souple se pliait avec la même facilité et le même bonheur aux genres les plus opposés; il existait à cette époque un cadre ingrat et plein de difficultés créées à plaisir qui semblait remonter, par le capricieux agencement des rimes et les chaînes qu'il mettait aux pieds de la muse, aux sirventes compliquées des troubadours. Le chant royal, sorte de poème allégorique et mystérieux, composé de six strophes à refrain dont la dernière donnait le sens, ne semblait rien moins que favorable à l'inspiration poétique. Goudouli l'avait abordé toutefois dans ses concours aux Jeux Floraux, et, à part la bizarrerie de l'idée, dont il ne faut raisonnablement accuser que le mauvais goût de son siècle, il avait réussi à parer ce genre difficile d'une forme heureuse et brillante. Même au milieu de ces ridicules entraves éclate librement sa verve descriptive :

« La pastouro Liris mayti pren sa pernetto
E lè loun del courset cordo les anelets,
Al pun que lé soulel en plegan la bounetto
Pencheno soun pel d'or sul naut des tucoulets;
Be, s'en ba debès l'ort prène la permenado
Oun remiro se naïs la planto sémenado,
Saüclo dins un carreou de bouis passomantat
La panséjo, le gauch, lè muguet muguetat;
Mès entre tant de flous qu'élo ten en estimo
Fouzillo doussomen dan lè nas acatat,
La biuleto de mars que nous meno la primo[1]. »

1. Le Broutou noubelet, p. 103.

La bergère Liris, au matin, prend son bavolet,
Et passe le cordon dans les petits anneaux du corset,
Au moment où le soleil, en pliant son bonnet,
Peigne ses cheveux d'or sur le sommet des coteaux ;
Elle tourne sa promenade vers le jardin
Pour regarder si les graines qu'elle a semées commencent à
[naître.
Ou bien elle sarcle, dans un carré bordé de buis,
La pensée, le souci couleur d'or, le muguet diapré.
Mais au milieu de toutes ces fleurs qu'elle aime,
Voyez-la courbée et aspirant doucement le parfum
De la violette de mars qui ramène le printemps.

Seulement cette fois, Liris n'est pas la bergère de Goudouli : Liris, dit l'explication fort à propos, car à coup sûr on ne l'aurait pas deviné ; Liris représente la France,

L'ornement et l'honneur de la terre habitée.

Et quant à la violette de mars, ce n'est rien moins que Louis XIV, que le dieu Mars anime, et sous qui le pays se remet en beauté. Par le parti qu'il tirait du sonnet, des poésies de fantaisie pour ainsi dire et du chant royal, on doit juger de ce dont Goudouli aurait été capable, si, ému par de grands événements ou enflammé par des sujets vraiment lyriques, il eût laissé monter son imagination et son génie où pouvaient les porter leurs ailes. Voici en preuve, et comme contraste des pièces précédentes où la joie éclate en chaque vers, où l'on ne respire qu'amour et bonheur au milieu des fleurs printanières, une vue de cimetière et une tombe peintes avec une triste vérité :

« En bézen cos un camarado
Dan qui souben aben rigut;
Tout l'esprit se mésésmaügut,
É ma gayetat retirado;
Mès qui nou se tréboulo pas
Su la pensado d'aquel pas
Que n'a plus de retour al mounde;
Quan l'homè din l'atgé plus fort
N'a pas d'amic que le ségounde
Al duel d'el é de la mort.

» Nou sabi bounomen ount éri
Quan le coumpagnou trépassat
Fourec frédomen délayssat
Dins un coufin de cémenteri.
Non fouréguy pas à l'oustal
Que lou cor me dissec atal :
Coussi las gens ne ban d'augido;
Coussi touts leguenan al clot
Oun sus un cos béouzè de bido
Les bers fan al tiro qui pot !

» Bèze que l'on tourno poulbèro
Quand le soulel nous a quittats
É n'espia que banitats
Aco's abè les els de cèro :
Sabè que le plus ritgé mor,
É s'estaça d'amour à l'or
Acos abè lé cor de fusto :
Dé fusto sio; mès quan la mort

Dé sous pés dréturiès y tusto,
L'armo l'y drubis é ne sort.

» Sé fugets ouey, ça dits l'auribo
Ja bous attraparé douma :
Balestiéro de cado ma
Flagel de la persouno bibo¹. »

En voyant froid un camarade
Avec qui si souvent nous avons ri,
Tout mon esprit s'est soudain glacé,
Toute ma gaieté s'est enfuie.
Mais qui donc ne se trouble pas
En pensant à ce dernier pas,
Qui n'a plus de retour au monde,
Quand l'homme, à la fleur de l'âge,
N'a pas d'ami qui le seconde
Dans son duel avec la mort?

Non, je ne savais pas où j'étais,
Quand mon pauvre ami trépassé
Fut abandonné froidement
Dans un coin du cimetière.
Je ne fus pas plutôt à la maison
Que le cœur me murmura tout bas :
Comme on meurt vite!
Comme nous roulons promptement dans ce trou
Où sur un cœur veuf de vie
Avec rage s'acharnent les vers!

Voir que l'on retombe en poussière
Quand le soleil nous a quittés,
Et ne songer qu'aux vanités,

---

1. Le Noubèlo flourelo del Ramelet Mundi, p. 196.

C'est avoir des yeux de cire,
Savoir que le plus riche meurt,
Et donner son amour à l'or
C'est avoir un cœur de bois ;
Oui, de bois : car, lorsque la mort
Le heurte de son pied sec,
Elle l'ouvre et l'âme en sort.

Si vous m'échappez aujourd'hui, s'écrie la farouche,
Je vous rattraperai demain,
Je vise et tire des deux mains,
Et poursuis toute créature vivante...

On ne peut nier que dans cette strophe, comme dans l'ode sur la mort d'Henri IV, l'élévation des pensées ne le dispute à la beauté des images, et à l'énergique magnificence du style. Sous ce triple rapport, l'ode sur la mort d'Henri IV paraît même supérieure : on croirait voir briller un reflet cornélien sur les plaintes du poète, qui, touché jusqu'au fond du cœur de l'attentat de Ravaillac, s'écrie d'une voix émue :

« Quan del coumu malhur uno niboul escuro
Entrumic la clartat de moun astré plus bel,
Yeou disi quan la mort dan lè tail d'un coutel
Crouzec lè gran Henric sul libré dé Naturo ;
De roumecs de doulou moun armo randurado
Fugic del gran soulel la pamparrugo d'or,
Per ana dins un roc ploura d'el et de cor
Del parterro francès la bélo flou toumbado.
Lès fourtunables reis doun lou moundé fa festo
Soun coumo de roubis pousats en roso d'or

Oun lè balent Herric tout brassés et tout cor-
Éro lé diaman qu'oundrao tout le resto ¹. »

Quand du commun malheur une obscure nuée
Obscurcit la clarté de mon astre le plus beau,
Je dis, moi, quand la mort avec le tranchant d'un couteau
Raya le grand Henry du livre de Nature ;
Des ronces de douleur mon âme déchirée,
Fuit du brillant soleil la chevelure d'or
Pour aller dans un rocher pleurer d'œil et de cœur
Du parterre français la noble fleur fauchée.
Les puissants souverains dont le monde fait fête
Sont comme des rubis montés sur rose d'or
Où le vaillant Henry tout bras et tout cœur,
Était le diamant qui parait tout le reste.

Goudouli composa en outre une foule de noëls, de chansons, d'épîtres, d'épigrammes et de divertissements de carnaval ; le sel et l'esprit gascon furent versés à pleines mains dans toutes ces pièces : on est forcé d'en convenir, on les lit même avec plaisir une fois, mais on n'y revient point, parce que peu de gens comprennent aujourd'hui ce qui ravissait les contemporains du maréchal de Montmorency et de Louis XIV, et qu'à force de s'éloigner de nous, les traits saillants, caractéristiques des mœurs de nos pères, se sont effacés si complétement qu'il faut, pour les distinguer, une étude particulière. Au reste, Goudouli n'aurait pas plus à gagner en renommée

---

1. Cette ode est citée et traduite en entier dans notre *Tableau historique et littéraire de la langue parlée dans le midi de la France*, p. 164. Le père Vanière l'a traduite en vers latins.

avec cette partie de son Ramelet Mundi, qu'il ne gagna en fortune de son vivant. Ni le clergé, pour lequel il avait fait ses noëls; ni les commandants de la province, gouverneurs, premiers présidents, magnifiques seigneurs ou princes pour lesquels il fit ses prologues, ne s'inquiétèrent de savoir si, pendant qu'il gravait leurs noms *sur le marbre de l'éternité*, la misère et même la faim ne venaient pas le tirer par la manche. Tous les jours cependant, Goudouli vendait pièce à pièce l'héritage paternel; indifférent comme un poète, confiant dans l'avenir comme un enfant, bientôt il allait se trouver, malgré sa réputation déjà nationale, malgré l'auréole de gloire qui couronnait son front, aux prises avec ces deux terribles ennemis de la vieillesse, l'abandon et la pauvreté, lorsque Toulouse s'émut en apprenant la position de son poète. Une délibération du conseil de Ville assura trois cents livres de pension à Goudouli; et, grâce à la sympathie vigilante de ses concitoyens, l'illustre vieillard pût attendre la mort sans crainte. Elle lui ouvrit la pierre funèbre en 1639, un jour qu'il était allé frapper selon sa coutume avec son bâton sur les caveaux du cloître des Augustins.

A côté de la vieille statue en marbre de Goudouli la gracieuse figure de Cyprien Despourrins se rappetisse et rappelle ces églantiers frais et roses qui fleurissent au pied des chênes. Ce n'est plus ici le bourgeois de Toulouse, fidèle jusqu'à l'enthousiasme au culte de la ville qui le vit naître et à la langue murmurée autour de son berceau ; « ce n'est plus le nour

» risson des muses de la Garonne prêt à chasser le
» mépris qu'on fait des patois par le mépris, parce
» que le muscadet ne laisse pas de nous chatouiller
» l'odorat et la vue, quoique le frelon ait plongé son
» dard dans ses amoureux pétales [1]. » Né au château
d'Accous, le chansonnier de la vallée d'Aspe était gentilhomme, et bien que la paresse et l'amour du pays
l'eussent toujours retenu dans ses montagnes, sa
muse ne put jamais perdre les goûts héréditaires et
son air de qualité. Il eut beau la laisser errer à toute
heure dans les vertes prairies de la Bigorre, le long
des peupliers frémissants au bord des ruisseaux, sur
ces montagnes si chaudement colorées, où se succèdent avec tant de rapidité les éblouissantes lueurs du
soleil et l'orage, ses mains restèrent blanches et le
hâle ne brunit point son front. Il lui fit chanter les
principales scènes de la vie pastorale des Pyrénées ;
mais ces scènes rustiques, il n'avait voulu les voir
qu'à travers les vitrages losangés de son château, et
il les peignit presque comme Watteau peignait la nature. C'est là le défaut capital de Despourrins : ses
bergers ressemblent trop à des figures de tapisserie.
De même que Goudouli paraît trop trivial dans ses
épigrammes, parce qu'il est trop vrai; et que sa poésie
ne ménage pas assez le gros sel populaire, de même
le chevalier d'Accous donne trop à la convention et
sacrifie trop volontiers la réalité au goût fade et

---

1. « Beromen o, coumo sé la roso muscadèlo resto de nous fulleta lè naz è lès els encaro que lè tabar à cabussets rebondò lè fissou din sas estatjos amourousos. » (Un trinflè d'abertissomem.)

musqué de son siècle. La plupart de ses chansons sentent l'ambre et la poudre, et non les énergiques parfums de la lavande, de la menthe sauvage et du fenouil, non l'exhalaison embaumée des foins qu'on fane, non ces délicieux arômes qui roulent le matin sur les landes à travers le brouillard. Cela ne veut pas dire toutefois que les chansons de l'Anacréon pyrénéen soient mauvaises : telle est la divine douceur, telle est la richesse du dialecte béarnais, que pour peu que le cadre s'y prête, Despourrins réussit. Qu'on se figure les fraîches voix de nos montagnes faisant retentir de ces couplets les vallées de Campan ou de Vic :

> Nou, nou, poulete,
> Noun ey doutat
> Que d'amouréte
> Abés cambiat.
>
> Coum es ta bère
> You be t'aimey
> Coum soy sincère
> You b' em troumpey.
>
> Lous bets bisatges
> Troumpen souben :
> Coum lous nuatges
> Qui ban aü ben.
>
> Non, non, poulette,
> Je ne doute pas,
> Que d'amourette
> Tu n'aies changé.
>
> Tu es si belle
> Que je t'aimai à la folie,

Je suis si sincère
Que je me laissai tromper de bonne foi.

 Les jolis visages
  Trompent bien souvent,
  Comme les nuages
 Que détruit le vent.

Ni las rosès musquêtës
Ni la flou del bruchou
N'esgalén tas manetës
En acudou ni blancou....

Ni les petits muscadets
Ni la fleur de l'aubépine
N'égalent la beauté de tes mains
Par leur parfum et leur blancheur.

 Ataü coum las flourelës
 Poussen aü mès d'abriü
 Las gracès gentilletës
 Qu'et seguin dab ù hiü.

 Brillantè coum l'aurorë
 Bère coum lou Lugra
 Plus charmantè què Florë,
 Qu'it pouyrè resista?...

Si tu n'èrès estadë
Dessus lou mount Ida
Quoan la poumë daüradë
L'aüt cop s'y disputa ;

Per chic qu'it ousse espiadë
Lou yentilet pastou
Eth te l'aürè bailladë
Chens ha nade fabou.

De même que les fleurettes
Poussent au mois d'avril

QUINZIÈME PARTIE.

    Les graces mignonnes
  Sont attachées à tes pas.

Brillante comme l'aurore,
Belle comme l'étoile de Vénus,
   Plus charmante que Flore
    Qui pourrait te résister?..

    Si tu avais paru
    Sur le mont Ida,
  Lorsque la pomme d'or
L'*autre fois* y fut disputée :
  Pourvu qu'il t'eût *guignée*,
    Le gentil pasteur
  Il te l'aurait donnée
  Sans faire de faveur.

  Bérouïne, charmantine,
  Bérouïne, lou mè sou !
Perquè m'as-tu tan dè rigou
    Douce amourine?..
Perquè m'as-tu tan d'amarou
    Per toun aïmadou ?

  T'a hat la plà bèsiadë,
  Lous bouquets soun cueilhuts
Et lous claris que soun bienguts
    Tà dat l'aübadë.
Si de grat non soun rècebuts
    Quoan de soucis perduts!..,

  Belle, belle si charmante
  Belle, belle, mon soleil !
Pourquoi as-tu tant de rigueur,
    Ma douce amante?
Pourquoi as-tu tant d'amertume
    Pour ton amant?...

Ton berger t'a proclamée sa bien-aimée,

> Les bouquets sont cueillis
> Et les hautbois qui sont venus
> T'ont donné l'aubade.
> S'ils ne sont pas reçus avec joie
> Que de soucis pour rien [1]!..

La recherche de la forme disparaît dans le chant, et il ne reste que l'impression douce et mélancolique des mélodies pyrénéennes et la grâce des refrains. Ce qui explique pourquoi, sans les comprendre bien parfaitement, Louis XV aimait avec tant de passion les chansons de Despourrins, et pourquoi la jolie voix de Jélyotte en charma si souvent l'écho de Trianon.

Despourrins ne pouvait prétendre à des succès plus flatteurs, après avoir surtout conquis la popularité dans ses montagnes, car tout l'intérêt se portait alors sur les magnifiques travaux de la philosophie, et il n'y avait pas de talent, il n'y avait pas de nom en Europe qui ne s'éclipsât devant l'immense rayonnement de la gloire de Voltaire. La France, tantôt attentive et comme en suspens, tantôt pleine de chaleur et d'enthousiasme, assistait à la lutte de ce géant de l'intelligence moderne avec la vieille société, et applaudissait toutes les fois qu'il la faisait chanceler sur sa base antique. Enrayé depuis cent cinquante ans par les réactions monarchiques, le mouvement de la réforme recommençait à tourner sur l'axe de la philosophie : seulement, cherchant à regagner par la vitesse le temps qu'il avait perdu, il

---

1 Cansous de Despourrins d'Accous, éd. de Pau 1827.

précipitait sa révolution et emportait, non plus les abus du catholicisme, mais le christianisme lui-même. Personne n'avait mieux jugé la situation que Voltaire. Avec sa perception vive et rapide, il avait compris que la réaction, enchaînée depuis un siècle et demi par le clergé, étouffée à mille reprises dans le sang des protestants, éclaterait contre l'Église avec une puissance irrésistible. Dès-lors, tous ses efforts, tous ses écrits, toutes ses actions, avaient tendu à préparer l'explosion et à faire marcher l'aiguille. Dans son système d'agression, si habilement combiné, et suivi avec tant de constance, il ne laissait pas échapper une occasion et s'emparait avec empressement de tout ce qui lui pouvait fournir un prétexte d'attaque ou une arme. Malheureusement les occasions n'étaient que trop fréquentes, et la première de nos villes lui préparait un nouvel et célèbre argument.

L'an 1761 et le 13 octobre, deux bourgeois de Toulouse frappaient, vers les onze heures du soir, à la porte de David Beaudrigue, capitoul, et lui donnaient avis, qu'en accompagnant une personne qui avait soupé avec eux, et en passant dans la Grand'rue, ils avaient rencontré, vis-à-vis de la maison du sieur Calas, un nombre infini de personnes : qu'ils avaient demandé le sujet de cet attroupement, et qu'on leur avait répondu qu'il venait d'être trouvé chez Calas un homme assassiné et mort. Sur cet avis, le capitoul alla d'abord à l'Hôtel-de-Ville pour y prendre main-forte; et après avoir

fait avertir les gens du roi, qui se trouvèrent tous
absents, il se rendit à la maison Calas, dont la porte
lui fut ouverte au second coup de marteau par la
servante. En entrant dans l'allée, il aperçut un jeune
homme auquel il demanda s'il n'y avait pas dans la
maison un individu mort depuis peu de mort violente. Le jeune homme répondit affirmativement et,
ayant tiré une clef de sa poche, il ouvrit la porte de
la boutique donnant sur l'allée, et conduisit le capitoul à celle de l'arrière boutique, auprès de laquelle
était le cadavre d'un jeune homme couché à terre
sur le dos, nu-tête, en chemise, et n'ayant qu'une
culotte de nankin, des bas de soie noire et des
souliers à boucles de fer. Le seigneur David ayant
demandé quel était ce cadavre, le jeune homme lui
répondit que c'était son frère, fils du sieur Calas,
marchand [1]. Le capitoul envoya aussitôt chercher
MM. J.-P. Latour, professeur royal en médecine,
médecin ordinaire de l'Hôtel-Dieu, Antoine Peyronnet et Pierre Lamarque, maîtres en chirurgie, et
ces trois experts, ayant soigneusement visité le cadavre, rédigèrent à minuit et demi la relation suivante :

« Nous soussignés, appelés à minuit et demi par
M. David, capitoul, pour visiter un corps mort dans
la maison de Calas, avons soigneusement examiné ce
corps encore un peu chaud, et que nous avons trouvé
sans aucune blessure, mais avec une marque livide

---

[1]. Archives du parlement de Toulouse, n° 221. — Procès-verbal original
et inédit de David de Beaudrigué, pièce n° 1 de la procédure de Calas.

au col de l'étendue d'environ demi-pouce, en forme de cercle, qui se perdait sur le derrière dans les cheveux, divisée en deux branches sur le haut de chaque côté du col ; rendant de la morve et de la bave par le nez et par la bouche, et ayant la face livide, ce qui nous a fait juger qu'il a été pendu encore vivant ou par lui-même ou par d'autres, avec une corde double qui s'est divisée sur les parties latérales du col, et y a formé les deux branches livides[1]. »

Pendant que les experts écrivaient ce rapport on disait au capitoul que vers neuf heures, les voisins avaient entendu maltraiter vivement le fils Calas qui criait : *Ah ! mon Dieu ! on m'assassine ! on m'étrangle ! je suis mort !* et que, lorsque le bruit fut fini, il était sorti précipitamment de la maison plusieurs personnes, parmi lesquelles on avait remarqué un jeune homme portant un habit gris et un chapeau bordé d'une ganse d'or, qui se sauvait dans la petite rue du Coq d'Inde. Ce jeune homme était rentré presque tout de suite et avait fermé la porte de l'allée[1]. Comme on donnait ces éclaircissements au capitoul, un jeune homme, insistant vivement pour entrer, et se disant ami de la maison, força la consigne, et fut aussitôt désigné et reconnu à son habit gris et à la ganse d'or du chapeau, pour être celui dont on parlait. Toutes ces circonstances paraissant graves au capitoul David, il fit porter le cadavre à l'Hôtel-de-Ville, et emmena, en se retirant, les Calas père et fils,

1. Pièce n° 7.

la dame Calas, leur servante et le jeune homme à l'habit gris. A l'instant même, on mit le cadavre dans la chaux vive, et Calas père comparut devant le capitoul David, qui lui fit subir cet interrogatoire après qu'il eut fait connaître son âge (soixante-deux ans), sa demeure (rue des Filatiers), et que, la main sur les saints Évangiles, il eut promis et juré de dire la vérité :

LE CAPITOUL [1].

Combien avez-vous de garçons, et quels sont leurs noms?

CALAS.

Quatre, qui s'appellent, l'aîné Marc-Antoine, le cadet Pierre, le troisième Louis, et le quatrième Donat.

LE CAPITOUL.

Sont-ils tous en vie et logent-ils avec vous?

CALAS.

Marc-Antoine est mort, le cadet est avec moi, le troisième chez un marchand et le dernier à Nîmes.

LE CAPITOUL.

De quelle mort est décédé Marc-Antoine?

CALAS.

Il a soupé ce soir avec nous, et, après avoir soupé, il est resté environ deux heures, après lesquelles il est sorti dans le temps que je suis passé dans ma

---

1. C'est mot à mot l'interrogatoire de Calas copié sur l'original signé à quatre endroits de sa main sans que l'écriture trahisse la moindre émotion.

chambre avec ma femme, mon fils cadet et le jeune Lavaysse (l'homme à l'habit gris); mon fils cadet ayant pris un flambeau pour accompagner le jeune Lavaysse lorsqu'il se retirait, est descendu et remonté de suite avec Lavaysse, et m'a dit qu'il avait trouvé son frère mort dans la boutique. Étant alors descendu, j'ai trouvé mon fils étendu mort. La porte de la rue était fermée.

LE CAPITOUL.

Pourquoi n'avez-vous pas envoyé sur-le-champ avertir la justice?

CALAS.

J'ai envoyé chercher Clausade pour donner avis aux magistrats du malheur qui venait de m'arriver.

LE CAPITOUL.

Aviez-vous quelque mécontentement contre votre fils?

CALAS.

Je n'en avais aucun.

LE CAPITOUL.

Ne *peiniez*-vous pas depuis quelque temps et ne tourmentiez-vous pas votre fils au sujet de sa croyance, craignant qu'il ne se rendît catholique?

CALAS.

Non, monsieur.

LE CAPITOUL.

Vous êtes-vous aperçu de la cause de la mort de Marc-Antoine?

CALAS.

Non.

LE CAPITOUL.

Votre fils cadet, en venant vous avertir de la mort de son frère, ne vous a-t-il pas dit la cause de cette mort?

CALAS.

Il m'a dit seulement qu'il le croyait mort.

LE CAPITOUL.

Vous n'avez pas comploté dans votre famille la mort de Marc-Antoine?

CALAS.

Non.

LE CAPITOUL.

Cependant il faut nécessairement que quelqu'un de votre maison, de votre consentement ou sans votre participation, ait causé la mort de Marc-Antoine, puisque votre fils cadet a trouvé en descendant la porte de la maison fermée.

CALAS.

J'ignore si la porte était ouverte ou fermée quand mon fils est descendu, mais aucun de nous n'a causé la mort de Marc-Antoine.

LE CAPITOUL.

Où avez-vous trouvé le cadavre, et dites-nous s'il était habillé ou en chemise?

CALAS.

J'ai vu le cadavre auprès de la porte de la boutique du magasin, je ne me rappelle pas s'il avait son habit, mais je crois qu'il portait sa veste.

LE CAPITOUL.

Avez-vous examiné si votre fils était mort de mort

naturelle, et dites-nous quels secours vous lui avez donnés?

CALAS.

J'ai envoyé chercher le garçon du sieur Camoire pour donner des secours à mon fils, mais je ne l'ai point examiné.

LE CAPITOUL.

Cependant une telle indifférence n'est pas naturelle à un père qui voit son fils étendu mort.

CALAS.

Ma femme est descendue avec de l'eau de Hongrie, et on m'a forcé de remonter.

LE CAPITOUL.

Saviez-vous que votre fils eût des ennemis?

CALAS.

Je ne lui connaissais que des amis.

LE CAPITOUL.

Était-il habillé en entier pendant le souper?

CALAS.

Oui, monsieur.

LE CAPITOUL.

Je vous exhorte à mieux dire la vérité.

CALAS.

Je l'ai dite [1].

A la suite de cette audition, Calas, sa femme, son fils, Lavaysse et Jeanne Viguière, sa servante, fu-

1. Pièce n° 2.

rent écroués. Interrogés à leur tour, ils répondirent :

Lavaysse, ce qu'on sait déjà ; la servante, qu'étant dans sa cuisine elle avait entendu un grand bruit et que sa maîtresse lui avait dit de prendre une chandelle et d'aller voir ce que c'était, car on n'avait pas voulu lui permettre de s'approcher ; et qu'étant entrée dans le magasin elle avait vu le cadavre de Marc-Antoine à terre, et le chirurgien Gorse, appelé pour lui donner des secours, qui disait qu'il était étranglé. La femme Calas répondit qu'elle était descendue avec une bouteille d'eau de Hongrie, et avait trouvé le chirurgien dans le magasin qui remuait le cadavre de son fils, et qui dit, après lui avoir ôté son tour de col, qu'il était mort[1].

Quant à Pierre Calas, il prétendit qu'en accompagnant Lavaysse, qui lui demandait où était son frère, il vit la porte de la boutique ouverte, et qu'étant entré avec le flambeau, il aperçut Marc-Antoine étendu à terre, et, lui ayant pris la main, trouva qu'il était encore chaud, et courut appeler son père et sa mère et leur dire ce qui se passait : que son père et sa mère étant alors descendus, sa mère avait répandu de l'eau de senteur sur son frère, que pour lui il était sorti pour appeler du secours, et ayant trouvé sur ses pas le chirurgien Gorse, il l'avait fait venir[2].

Deux jours après, et lorsque les capitouls avaient

---

1. Pièce n° 6.
2. Pièce n° 7, première audition de J.-B. Calas.

déjà entendu quatre-vingt-sept témoins, Calas, interrogé de nouveau, changea de système et déclara, qu'ayant été appelé par son fils cadet qui pleurait, il descendit au magasin et trouva Marc-Antoine *pendu à une corde à la porte qui répond à la boutique, la corde étant attachée à une grosse bille appuyée sur cette porte*, qu'il prit son fils par le milieu du corps et ne se rappelle pas si ce fut lui, son fils ou Lavaysse qui coupèrent la corde ; qu'en ce moment, sa femme descendit avec l'eau de Hongrie[1].

On lui demanda pourquoi il n'avait pas fait appeler du secours, et il répondit qu'il ne cherchait qu'à conserver l'honneur de sa famille, et qu'il croyait qu'en avertissant la justice il ne serait plus question de rien[2].

Jean-Pierre Calas fit de son côté le même récit, en ajoutant que son père étant descendu en bonnet de nuit et en robe de chambre, prit à bras le corps de Marc-Antoine avec de tels cris qu'il alarma tout le quartier, qu'il mit ensuite le cadavre à terre et lui ôta la corde du cou. Il expliqua que son frère s'était pendu en plaçant la bille qui servait à serrer les balles sur les deux battants de la porte et se suspendant ensuite à une corde passée dans la bille[3].

Les secondes réponses de Lavaysse ne différèrent de celles de Calas qu'en ce qu'il paraissait faire en-

---

1. Pièce nº 15.
2. Pièce nº 16.
3. Idem.

tendre que Marc-Antoine était pendu à un crochet au-dessous du cintre de la porte.

Cette nouvelle version nécessita une descente des capitouls dans la maison des accusés. Le magasin fut exploré, et l'on trouva effectivement derrière le comptoir une corde à deux nœuds coulants et le billot [1]. La découverte de ces deux objets amena un triple interrogatoire le 19. Calas père ayant été entendu sur deux points, savoir : s'il avait fallu couper la corde et qui l'avait coupée, et si, lorsqu'il entra et vit son fils suspendu, les battants de la porte étaient ouverts ou fermés, répondit qu'il ne savait qui avait coupé la corde, puis ajouta que c'était Lavaysse ou son fils. Quant à la seconde question, il ne se rappelait pas. On lui représenta la corde *qui portait encore des cheveux de Marc-Antoine*, il la reconnut, et comme on lui faisait observer qu'elle était entière et n'avait pas été coupée, il dit que probablement elle avait dû glisser sur la bille qui était plus grosse d'une extrémité que de l'autre [2].

Une autre question fut adressée au fils : on lui demanda si le père était monté sur un escabeau pour dépendre le cadavre, il répondit qu'on n'avait eu besoin ni d'escabeau ni de chaise, parce que les pieds du mort touchaient presque à terre, et qu'en le soulevant la bille tomba. Les battants, selon lui, étaient tout grands ouverts. On lui apprit alors que la bille avait été mesurée et qu'il s'en fallait d'un pied

---

1. Pièce n° 21.
2. Interrogatoire du 19 octobre 1761, pièce n° 26.

qu'elle égalât la largeur de la porte; mais il n'en soutint pas moins que les battants étaient ouverts[1].

Cependant le cadavre était toujours à l'Hôtel-de-Ville : on l'avait ouvert le surlendemain de l'arrestation des accusés pour s'assurer, par l'état de l'estomac, si Marc-Antoine avait réellement dîné avec sa famille[2]. Après cette opération, il devenait inutile comme pièce de conviction, et les capitouls crurent pouvoir procéder à son inhumation. Seulement, comme une foule de témoignages s'étaient réunis

1. Pièce n° 27.
2. Voici les résultats de cette opération, selon la relation originale du sieur Lamarque, dont nous conservons fidèlement le style et l'orthographe.

« Havons comancé par faire l'ouverture de la teste et ensuite du cerveau, dans les quiels nous n'havons trouvé que des veaissaux extrêmement gorgés qui sont les suites ordinaires des morts de cesté espèce. Havons passé à l'ouverture de la poitrine, où nous n'havons rien trouvé de particulier, et de là havons passé au ventre inférieur et havons comancé par l'examen de l'estomac, qui dabort nous a paru n'estre chargé que de très peu d'alimens. L'havons ouvert dans les deux tiers de son estenduë, tout près de l'orifice supérieur du côté de la grande courbure, et là, aidé par mes deux eslèves, havons fait soustenir les deux portions de l'estomac tout près des divisions, et havons trouvé une humeur grisâtre qui estoit en assez grande quantité, parmi laquelle nous avons trouvé quelques *pos* (sic) (peaux) de résins avec quielque peau de volaille, quielque morceau d'autre viande qui nous a pareu estre du *buf*. Cet espèce de viande que nous havons lavé dans de l'eau claire, nous a pareu estre fort dure et fort coriâsse. Sur l'exposé que nous venons de faire, il paroit que le cadavre avoit mangé trois ou quatre heures avant sa mort ; car la digestion estoit casi faite (*dans ce cas il ne pouvait avoir dîné avec sa famille, puisqu'il était mort à huit heures*). Nous regardons ces morceaux de viande coriasses avoir esté pris au dîner ou dans l'après-midi, allimens qui n'avoient pas peu estre entièrement broyés, divisés, atténués par le suc gastricque... Havons passé de suite aux intestins grêles, où se perfexionne la digestion, où nous havons trouvé très peu des veines lactées. Le mésentaire estoit extrêmement gorgé par les artères et veines mésentériques... En foy de quoy, » etc. (Ce rapport fut taxé 36 livres. — Pièce n° 12.)

dans l'instruction pour attester les actes de catholicité du défunt, et que ces magistrats étaient convaincus qu'il songeait sérieusement à abjurer le protestantisme, ils ordonnèrent de l'enterrer en terre sainte. Ses funérailles, auxquelles cette mort tragique et l'horreur de l'accusation portée contre ses parents, donnaient un si grand intérêt de curiosité et de passion, eurent donc lieu à Saint-Étienne, le 7 novembre, au milieu d'un concours immense. Les pénitents blancs eux-mêmes firent célébrer pour son âme un service pompeux dans leur chapelle.

Ce fut sous l'impression de ces manifestations religieuses, et au milieu de la fermentation et des murmures de l'opinion publique, vivement prononcée contre les parents de la victime, que ceux-ci reparurent le jour suivant sur la sellette. Une vérification spéciale ayant été faite entre les deux interrogatoires sur les lieux, « les capitouls représentèrent à
» Calas père qu'il était contraire à toute vérité que son
» fils se fût pendu aux deux battants de la porte, car ils
» avaient 9 pans de hauteur, et la taille de Marc-
» Antoine étant de 5 pieds 4 pouces, ou 7 pans
» 5 pouces 5 lignes, abstraction faite de la hauteur
» de la tête, il eût fallu, pour qu'il mît la bille sur
» les battants de neuf pans, qu'il s'élevât de lui-même
» à la hauteur d'environ 2 pans en tenant la bille
» derrière la tête, ce qui était absolument et physi-
» quement impossible [1]. »

---

1. Pièce n° 52, interrogatoire du 8 novembre.

Calas donna pour réponse que dans son trouble il n'avait vu ni chaise ni escabeau, mais que le magasin en était plein, et que Marc-Antoine aurait pu en prendre un et le rejeter ensuite avec le pied. Il expliqua également avec beaucoup de précision ce que les capitouls ne comprenaient pas : comment la bille aurait bien pu ne pas rouler sous la pression ou les mouvements convulsifs de Marc Antoine, parce qu'étant platé d'un bout et portant ainsi solidement sur un battant, elle se trouvait arrêtée de l'autre côté par treize bouts de ficelle rangés sur la porte [1].

Deux jours après, le procureur du roi conclut contre Calas père et fils et Anne-Rose Cabibel, leur femme et mère, à ce qu'ils fussent pendus jusqu'à ce que mort naturelle s'ensuivît, ensuite leurs corps brûlés et leurs cendres jetées au vent ;

Contre Lavaysse, à ce qu'il fût condamné aux galères perpétuelles ;

Et contre Jeanne Viguière à la peine de cinq ans de prison dans le quartier de force de l'hôpital [2].

La sentence toutefois ne fut rendue que le 18, après avoir encore interrogé les accusés sur la sellette : elle portait qu'ils seraient appliqués à la question ordinaire et extraordinaire ; ils interjetèrent aussitôt appel au parlement, et le 5 décembre la chambre de la Tournelle cassa l'arrêt de mort rendu contre eux et ordonna que l'inquisition commencée serait continuée devant elle. Le 10 du même mois

---

1. Idem, et pièce n° 57.
2. Pièce n° 73.

un second monitoire fut, à la requête du procureur du roi, fulminé par l'archevêque pour enjoindre à tous ceux qui sauraient, par ouï-dire ou autrement, quelque chose sur cette affaire, de venir le déclarer au parlement, et enfin, après trois mois d'informations, la chambre de la Tournelle prononça son jugement le 9 mars 1662.

La cour déclarait le sieur Calas père atteint et convaincu du crime d'homicide par lui commis sur la personne de Marc-Antoine Calas, son fils aîné, pour réparation de quoi le condamnait à être livré ès-mains de l'exécuteur de la haute justice, qui, tête, pieds nus, en chemise, la hart au col, le monterait sur le chariot à ce destiné, et le conduirait devant la porte principale de l'église de Toulouse, où, étant à genoux, tenant en ses mains une torche de cire jaune allumée, du poids de deux livres, il lui ferait faire amende honorable, et demander pardon à Dieu, au roi et à la justice, de ses crimes et méfaits; ce fait, le remonterait sur le chariot et le conduirait à la place Saint-George de cette ville, où, sur un échafaud qui y serait dressé à cet effet, il lui romprait et briserait bras, jambes, cuisses et reins, ensuite l'exposerait sur une roue, la face tournée vers le ciel, pour y vivre en peine et repentance de ses crimes (*et servir d'exemple et donner de la terreur aux méchants* (note ajoutée de la main du procureur général) tout autant qu'il plairait à Dieu lui donner de vie[1], et son corps serait jeté dans un foyer ar-

---

1. Le président du Puget ajouta en marge de sa main, par un motif

dent, préparé à cet effet sur la place, pour y être consumé par les flammes, et ses cendres jetées au vent : après avoir été préalablement appliqué à la question ordinaire et extraordinaire pour obtenir l'aveu de ses crimes¹. Sa femme, sa servante et Lavaysse étaient mis hors de cour : quant au fils, un second arrêt, rendu le 18, le condamna au bannissement perpétuel, avec défense de rompre son ban sous peine de la vie. En vertu de la première sentence, et sur la réquisition du procureur général, Calas fut conduit le 2 mai devant les capitouls dans la salle de la torture, et mis sur le bouton de la question ordinaire. Là, on lui représenta qu'il n'avait que peu d'heures à vivre et des tourments à souffrir ; ce qui devait l'obliger, pour la décharge de sa conscience, de dire la vérité en déclarant ses crimes et méfaits, ensemble ses complices. Et ensuite, lui ayant ordonné de prêter serment de dire la vérité; et après avoir enjoint à l'exécuteur et à ses garçons et valets de sortir de la salle, le capitoul David lui fit subir un interrogatoire précis et serré sur tous les points déjà touchés, auquel il répondit comme sur la sellette, et toujours négativement. Alors on fit entrer l'exécuteur et ses aides, et, lorsqu'ils eurent promis et juré, les mains figurées à la Passion de Jésus-Christ, de fidèlement remplir les fonctions de leur emploi, et de ne pas révéler le secret, Calas fut re-

---

d'humanité : « Sera ledit Calas père étranglé après avoir resté deux heures » sur la roue. »

1. Archives de la Tournelle, carton rouge, 1762, arrêts criminels.

mis entre leurs mains et appliqué au premier bouton de la question ; puis les aides menant le tour, les valets tenant les cordes, et l'exécuteur ayant les pieds sur le bouton attaché aux fers de Calas, et étant élevé, on lui demanda s'il avait commis le crime seul et si sa femme, son fils et Lavaysse y avaient contribué.

Il répondit que ni lui ni personne n'avaient commis ce crime.

On le remonta au second bouton; et un nouvel interrogatoire lui fut adressé, qui n'obtint que les mêmes réponses. Les capitouls se regardèrent et firent signe de remettre le patient entre les mains de deux frères prêcheurs pour l'exhorter. Ceux-ci l'ayant rendu au bout d'une demi-heure, on l'attacha sur le banc de la question extraordinaire; et cinq cruches d'eau furent versées sur son visage, qu'on lui découvrit ensuite pour lui demander s'il persistait dans ses réponses : il dit qu'il persistait, et subit une seconde fois ce supplice; après lequel on le détacha pour le livrer aux frères prêcheurs, et ensuite au bourreau. Celui-ci le porta sur le chariot *à ce destiné*, et le conduisit, en passant devant sa maison, sous le portail de l'église Saint-Étienne, où, l'ayant descendu et fait asseoir au bas de l'échelle dressée à l'échafaud, les capitouls l'interrogèrent pour la dernière fois, mais inutilement. Il ne cessa de protester de son innocence que lorsque, rompu vif et mis en croix sur la roue en conformité de l'arrêt, il eut été étranglé et jeté dans le bûcher ardent[1].

La nature de l'accusation, l'éclat du supplice, le réveil des passions religieuses dont la mort de Marc-Antoine et celle de la fille Sirven venaient de remuer les ferments les plus ardents ; tout avait concouru à donner à ce procès une célébrité funeste en France, et un grand retentissement dans l'Europe protestante. Placé à deux pas de Genève, jugeant, par la consternation de cette capitale du calvinisme, du succès qu'obtiendrait l'homme qui prouverait l'innocence des Calas, et porté d'ailleurs à croire d'avance que par cela seul que des motifs religieux s'étaient mêlés à cette cause il y avait eu condamnation injuste, Voltaire entreprit de faire casser l'arrêt du parlement de Toulouse et de réhabiliter la mémoire du condamné et l'honneur de sa famille. Comme il était à la tête de l'opinion publique en Europe, qu'il fit jouer tous les ressorts, intéressa toutes les classes de la société et fut vigoureusement secondé par le protestantisme entier, qui se leva en masse pour laver cette tache sanglante, il réussit. Un arrêt du conseil du 4 juin 1764 cassa la sentence de la Tournelle, et, le 9 mars suivant, les maîtres des requêtes ordinaires de l'hôtel du roi, jugeant souverainement à Paris, déchargèrent la mère et le fils Calas, Lavaysse et la servante de l'accusation intentée contre eux, ordonnèrent que leurs noms seraient rayés et biffés de tous les regis-

---

1. Procès-verbal original de la torture et mort de Calas, appartenant à feu M. de Catelan, ancien avocat-général au parlement de Toulouse, et dont nous devons la communication à l'obligeance de M. Pelleport, archiviste instruit et zélé de l'ancien parlement.

tres où ils se trouvaient inscrits, et déchargèrent pareillement la mémoire de Jean Calas de l'accusation intentée contre lui, en ordonnant d'effacer son nom des registres [1].

Maintenant, cet arrêt était-il plus juste que l'autre ? C'est ce qu'il n'est pas indifférent d'examiner. En travaillant à la réhabilitation des Calas, Voltaire avait en vue un intérêt philosophique élevé : il cherchait, par le tableau des excès du fanatisme, à fixer la tolérance dans un pays où véritablement elle n'habitait guère, et, sous ce rapport, sa pensée et son zèle ne méritent que des éloges ; mais, après avoir rendu justice aux intentions, il reste à l'historien le devoir rigoureux et sacré de faire connaître les faits et de dire la vérité tout entière, sans considération pour les morts ni pour les vivants.

Or, dans notre conviction sincère, cette vérité n'est pas connue : Calas et les siens pouvaient être innocents ; mais des charges si terribles s'élevaient contre eux, qu'une absolution devenait difficile sinon impossible. Il n'y eut, du reste, qu'une voix sur leur culpabilité, catholiques et protestants l'admettaient unanimement [2], et, si la légèreté du caractère français ne rendait communs et faciles les revirements soudains de l'opinion, on ne croirait jamais qu'un jugement préparé par l'instruction la plus minutieuse,

1. Archives du royaume.
2. « Quel fut mon étonnement, dit Voltaire à Damilaville (Correspondance générale, 1765, 1er mars), lorsque, ayant écrit en Languedoc sur cette étrange aventure, catholiques et protestants me répondirent *qu'il ne fallait point douter du crime des Calas.* »

et délibéré après mûr et long examen par treize magistrats de la seconde cour du royaume, ait été cassé sans hésitation à deux cents lieues de distance, sur des mémoires tels que ceux que nous allons analyser.

Voici comment Voltaire présente les faits.

« Jean Calas, âgé de *soixante-huit ans*, exerçait la profession de négociant à Toulouse depuis plus de quarante années, et était reconnu de tous ceux qui vivaient avec lui pour un bon père. Il était protestant ainsi que sa femme et tous ses enfants, excepté un qui avait abjuré l'hérésie et à qui le père faisait une petite pension. Il paraissait si éloigné de cet absurde fanatisme qui rompt tous les liens de la société, *qu'il approuva la conversion de son fils Louis Calas*, et qu'il avait chez lui depuis trente ans une servante zélée catholique, laquelle avait élevé tous ses enfants.

Un des fils de Jean Calas, nommé Marc-Antoine, était un *homme de lettres*; il passait pour un *esprit inquiet, sombre, violent*; il avait quelques talents, mais n'ayant pu réussir à se faire recevoir docteur en droit parce *qu'il aurait fallu faire des actes de catholicité; ne pouvant être négociant parce qu'il n'y était pas propre; se voyant repoussé dans tous les chemins de la fortune, il se livrait à une douleur profonde. On le voyait souvent lire des morceaux de divers auteurs sur le suicide; tantôt de Plutarque ou de Sénèque, tantôt de Montaigne; il savait par cœur la traduction en vers du fameux monologue d'Ham-*

let *et des passages d'une tragi-comédie française intitulée* Sydney; *enfin un jour, ayant perdu tout son argent, il se pendit* ¹. »

Il n'y a pas une ligne dans cet abrégé, devenu mot à mot le thème de toutes les relations du procès Calas, qui ne contienne une erreur, pas un fait qui ne soit travesti ou controuvé.

Calas d'abord n'avait que soixante-deux ans ²; si Voltaire lui en donne ici soixante-huit et ailleurs soixante-neuf; c'est qu'il avait besoin de le présenter comme un vieillard faible et débile.

Sans être précisément un mauvais père, Calas avait un caractère violent; et plusieurs témoins attestaient les scènes qu'il faisait quelquefois à Marc-Antoine, qu'on lui avait vu prendre au collet dans le magasin en le menaçant et lui disant que s'il changeait, *ou ne changeait* pour suivre sa version explicative, *il mourrait de ses mains* ³.

Loin d'avoir approuvé l'abjuration de son troisième fils, il n'avait plus conservé avec lui aucune relation; et ce jeune homme redoutait tellement sa colère en abjurant, qu'il s'enfuit de la maison paternelle, et sa vengeance quand il eut abjuré, que plutôt que d'aller à Nîmes, ville pleine de protestants, où voulait l'envoyer son père, *il demeura caché quatre*

---

1. Traité sur la tolérance à l'occasion de Jean Calas. (Politique et Législation.)
2. Ailleurs Voltaire le vieillit encore : « Je crois vous avoir dit que Calas père était âgé de *soixante-neuf ans.*» (Correspondance générale, lettre du 18 avril 1752 au comte d'Argental.)
3. Dépositions de Marie Couderc et de Bergerot, information n° 13.

mois à Toulouse. Quant à la petite pension, elle n'était pas volontaire : aux termes des ordonnances, Calas la devait à son fils converti ; et le chiffre de celle qu'il servait avait été fixé par l'archevêque, sous la protection duquel s'était placé Louis Calas. Sa servante professait, il est vrai, le catholicisme ; mais elle était attachée à ses maîtres par une de ces inébranlables fidélités de l'ancien temps, qui les faisait passer sur sa croyance.

Ce Marc-Antoine, transformé en homme de lettres, et d'un esprit inquiet, sombre, violent, livré à une douleur profonde, s'amusait presque constamment dans les billards et les jeux de paume[1]. Il n'avait pu être reçu docteur parce que, dit Voltaire, il aurait fallu faire des *actes de catholicité*, et on le rencontrait à chaque instant à la Dalbade, à Saint-Étienne, aux bénédictions, aux processions du saint-sacrement, aux visites des églises[2]. « On le voyait souvent lire des *morceaux sur le suicide, il savait par cœur la traduction du fameux monologue d'Hamlet.* » L'information n'en articule pas une syllabe ou plutôt Voltaire s'est trompé. Des témoins parlent

---

1. « Il était adonné avec fureur aux jeux de billard et de la paulme » (Loyseau, Mémoire pour la dame Calas, Louis et Louis-Donat Calas, leurs fils, et Anne-Rose et Anne Calas, leurs filles.)

2. Information n° 13, p. 113. Le sieur Laplagne, prêtre de la Dalbade, croyait, sans pouvoir l'affirmer, avoir entendu en confession Marc-Antoine Calas. Il alla voir le cadavre et *ne découvrit rien sur ce visage défiguré qui pût dessiller ses doutes.* Toutefois il déclara que le jeune homme qu'il confessait venait ordinairement la veille de toutes les bonnes fêtes, et qu'*il ne l'avait pas vu la veille de la Toussaint.* Il ne le vit plus. (Information n° 13, p. 114, audition du 5 novembre 1761.)

souvent en effet de la lecture favorite de Marc-Antoine, d'une scène qu'il aimait à déclamer et qui mouillait ses yeux de larmes; mais cette scène n'était ni de l'*Hamlet*, ni de la pièce de *Sydney* : c'était la troisième scène du cinquième acte de *Polyeucte*, celle où le nouveau chrétien *s'applaudit d'avoir quitté ses erreurs et aime mieux mourir que de retourner aux faux dieux*[1].

Quant à l'allégation, qu'après avoir perdu tout son argent au jeu il se pendit, elle n'est pas moins mensongère. Marc-Antoine, avant le dîner, alla comme de coutume faire un tour au billard, mais *il n'y joua pas de l'argent et n'eut à payer qu'une ou deux parties de frais*[2]. De là il accompagna quatre demoiselles de Caraman dans une maison, et ne rentra chez son père que lorsqu'il les eut reconduites à leur logement. *Il n'y a donc pas un mot de vrai dans tout le récit de Voltaire*. Mais poursuivons : « Quatre jours
» après, dit-il dans le Mémoire pour Donat Calas,
» les pénitents blancs lui firent un service solennel
» dans leur chapelle; l'église était tendue de blanc.
» On avait élevé au milieu un catafalque au haut du-
» quel on voyait un squelette humain qu'un chirur-
» gien avait prêté. Ce squelette tenait dans une main
» un papier où on lisait ces mots : abjuration de
» l'hérésie, et de l'autre une palme, l'emblème de
» son martyre. *On peut juger si un tel éclat acheva
» d'enflammer tous les esprits, les pénitents blancs*

---

1. Idem.
2. Mariette, *Mémoire pour la dame Calas et ses enfants*, p. 75.

» dictaient sans le savoir la mort de mon père. » Voltaire revint cent fois sur cette circonstance et en fit son principal argument; d'abord *parce qu'il écrasait l'infâme*, et puis parce qu'une cérémonie extraordinaire, telle qu'il la décrit, aurait en effet été de nature à frapper vivement les imaginations, à les remplir de préventions funestes contre les accusés et à influencer les juges. En insistant sur ce point en toute occasion et sous toutes les formes, Voltaire savait donc bien l'impression qu'il produisait sur l'opinion publique. Voulait-il maintenant la tromper? Nous ne le croyons pas; mais alors il se trompait étrangement lui-même, en présentant, faute de connaître les mœurs du Midi, comme une monstruosité exceptionnelle et de circonstance une chose toute simple et qui avait lieu journellement.

Toutes les fois qu'il mourait un pénitent blanc, on lui faisait, dans la chapelle de la confrérie, un service auquel assistaient tous les membres. A ce service, d'après le statut IX de leur règlement, on plaçait sur un catafalque, pour l'édification des parents du défunt qui y assistaient et des étrangers qui *s'y trouvaient*, la *représentation* ou *simulacre du mort*[1].

Voilà donc toute la fantasmagorie du *squelette humain prêté par un chirurgien* évanouie, car il n'est pas besoin d'ajouter que le papier *où on lisait abju*-

---

[1]. Statuts et règlements des pénitents blancs (Lyon, 1730), art 9, p. 34. — Molinier, Confréries des pénitents.

ration de l'hérésie et la palme, emblème du martyre, sortent de l'imagination de Voltaire.

Mais, dira-t-on, Marc-Antoine Calas était protestant et n'appartenait pas à la confrérie; cela est vrai. Mais, comme il paraissait hors de doute qu'il allait abjurer, et que des témoins assuraient qu'il voulait entrer dans les pénitents blancs[1], on conçoit cet hommage mortuaire.

« Tous les zélés, fait encore dire Voltaire au fils
» Calas, voulaient déposer : l'un avait vu dans l'obs-
» curité, à travers le trou de la serrure de la porte,
» des hommes qui couraient; l'autre avait entendu,
» du fond d'une maison éloignée, à l'autre bout de la
» rue, la voix de Calas, qui se plaignait d'avoir été
» étranglé. Un peintre, nommé Matéi, dit que sa
» femme lui avait *dit* qu'un nommé Mandrille lui
» avait *dit* qu'un inconnu lui avait *dit* avoir entendu
» les cris de Marc-Antoine Calas à l'autre extrémité
» de la ville. »

Opposons à ces indécentes bouffonneries les témoignages lugubres de l'accusation :

Bernard Popis, âgé de vingt-cinq ans, garçon passementier, dépose que le 13, vers neuf heures et demie du soir, il entendit de la boutique de son maître, placée vis-à-vis celle de Calas (la rue est fort étroite), une voix criant : Au voleur, à l'assassin, — et qu'il vit en même temps la servante de Calas à la fenêtre, qui disait : Mon Dieu, on tue quelqu'un ! où

---

1. C'étaient Louis Calas le converti et le sieur Cazals.

cela pourrait-il être? et qu'un homme habillé de gris sortit ensuite de la maison [1].

J.-Pierre Cazalas, autre garçon passementier, âgé de vingt-deux ans, entendit crier également: Ah, mon Dieu! ah, mon Dieu! et vit la servante de Calas ouvrir la fenêtre, et l'homme habillé de gris qui sortait en courant [2].

Marie Rey, en couchant la petite fille de sa maîtresse, entendit une voix dans une maison, sans pouvoir distinguer d'où elle partait, qui criait : *A l'assassin! Je suis mort! Oui, il est mort!* Elle se mit aussitôt à la fenêtre et y vit la servante de Calas, à qui elle demanda d'où pouvait venir ce bruit [3].

La demoiselle Pouchalou, âgée de 36 ans, entendit sortir de la boutique de *Calas les plaintes d'une personne qui semblait mourante* [4].

Un commis du sieur Durand, *voisin mitoyen*, Claude Espaillac, entendit cette voix plaintive [5].

« Tous les accusés, ajoute Voltaire au nom de Do-
» nat Calas, mon père, ma mère, mon frère Pierre,
» le jeune Lavaysse et la servante furent unanime-
» ment d'accord sur tous les points essentiels. Tous
» aux fers, tous séparément interrogés, ils soutinrent
» la vérité sans jamais *varier ni au recollement ni à*
» *la confrontation.* »

Ceci est encore inexact : la mère Calas dit par

1. Brief interdit du procureur du roi, pièce n° 10.
2. Information n° 13.
3. Idem.
4. Idem.
5. Idem.

exemple, dans son interrogatoire, qu'en descendant avec sa bouteille d'eau de Hongrie, elle trouva le chirurgien Gorsse qui remuait le corps de son fils, tandis que Pierre Calas prétendit avoir laissé sa mère auprès du corps en allant chercher le chirurgien [1].

Lavaysse dit que le cadavre était pendu au cintre de la porte et ne parla pas du billot [2].

Calas dit qu'on avait coupé la corde [3].

Dans sa confrontation du 9 novembre avec Calas père et fils, la servante fut contrainte d'avouer, malgré leurs dénégations, que Marc-Antoine ne portait que des cols de mousseline, et qu'elle ne lui avait pas vu, le jour de sa mort, le col noir de taffetas qu'on lui trouva; et que les capitouls disaient qu'on avait mis au cadavre pour cacher les traces de la corde [4].

Au surplus, bien que séparés (car ils ne furent mis aux fers qu'après le jugement des capitouls), *ils communiquaient entre eux et pouvaient d'avance concerter leurs réponses, leur système de défense et même recevoir les inspirations du dehors :* ce fait si grave nous est attesté par le réquisitoire du procureur général contre l'assesseur Monnier, qui leur servait d'intermédiaire [5]; et par les lettres interceptées dont nous parlerons.

Quant au fait qu'ils n'auraient jamais varié, il suffit de se souvenir du premier interrogatoire, où ils

1. Voir plus haut, p. 332.
2. Interrogatoire du 16 octobre, pièce n° 3.
3. Interrogatoire du 15 octobre, pièce n° 15.
4. Récolement, pièce n° 59.
5. Le 23 février 1762.

avaient pourtant juré de dire la vérité, et dont on ne peut expliquer le mensonge avec le motif allégué par eux qu'ils voulaient sauver l'honneur de la famille en cachant le genre de mort de Marc-Antoine, car il était évident qu'après la vérification de Gorse et celle des experts des capitouls, on ne pouvait plus cacher que Marc-Antoine était mort pendu ou étranglé; et alors pourquoi ce mensonge?

Une autre variation, non moins accablante peut-être, est celle de la servante confrontée, le 29 octobre 1761, avec d'autres témoins : elle finit par avouer que, lorsqu'elle eut vu Marc-Antoine mort, elle alla fermer la porte de la rue que Lavaysse, en sortant, avait laissée ouverte, et que quelqu'un lui ayant demandé ce que c'était, elle répondit : *Ah! mon Dieu! ils l'ont tué!*[1].

Voilà ce qui était impossible selon Voltaire : « Un vieillard faible et cacochyme de soixante-huit ans n'était pas capable de pendre un jeune homme le plus robuste du monde. » Nous sommes bien de son avis : mais c'est précisément le contraire qu'on soutenait : on ne croyait pas que Marc-Antoine eût été pendu, mais on était convaincu qu'il avait été étranglé, et que pour ce crime, exécuté par surprise ou pendant le sommeil de la victime, un homme de soixante-deux ans et non de soixante-huit, très-vigoureux encore, comme il le parut à la torture, et deux jeunes gens de vingt-deux ans avaient des forces suffisantes.

---

1. « *Ah, moun Diou! l'an tuat!* Récolement, pièce n° 43.

Tout le mémoire de Voltaire étant reproduit avec les mêmes expressions dans les mémoires signés par Loyseau et Mariette, il faudrait répéter presque mot à mot ce qui vient d'être dit : aussi nous nous bornerons aux deux seuls faits saillants qu'ils expriment : l'avocat Mariette, ou plutôt celui qui tenait la plume sous son nom, prétendit avoir démontré qu'il était faux que Marc-Antoine se fût converti ou qu'il voulût se convertir : sa démonstration consistait dans un propos d'un avocat protestant nommé Chalier et dans le certificat d'un ministre attestant que Marc-Antoine avait assisté à une assemblée. A ces deux affirmations, on opposa le témoignage de l'architecte Arnal, qui avait vu plusieurs fois depuis trois ans Marc-Antoine Calas dans les églises, et surtout à Saint-Etienne le 15 du mois d'août dernier, priant fort dévotement[1];

La déposition de la demoiselle Marie Baysse, qui l'avait vu deux fois à Saint-Etienne[2];

Celle de Marie Mendouze, qui avait entendu la messe avec lui il y avait quatre mois[3];

Celle de François Montesquieu, qui l'avait vu à Saint-Etienne, à Saint-Sernin et dans la rue du Taur, agenouillé devant le saint-sacrement[4];

Celle de Pouzos et Capulat, qui certifiaient les mêmes actes religieux[5];

1. Information, pièce n° 13, p. 113.
2. Idem, p. 117.
3. Idem.
4. Idem.
5. Idem.

Celle de son frère Louis enfin annonçant son abjuration prochaine et son entrée dans la confrérie des Pénitents-Blancs.

Le projet d'abjuration de Marc-Antoine établi par ces dépositions, qu'on ne contestait pas, les capitouls et le parlement conclurent que Calas avait tué son fils par fanatisme. Le parricide, d'après eux, était, dans des cas analogues, permis et justifié par Calvin. Ceci fut énergiquement nié dans les mémoires d'Elie de Beaumont et de Mariette : « Ni la Sorbonne, en 1542, » ni le concile de Trente, en 1545, qui anathémati- » sèrent en détail les erreurs de Calvin, disait le vé- » ritable rédacteur de ces mémoires, *n'y aperçurent* » *cette maxime abominable.* Il était réservé à nos » jours de trouver dans la foi protestante une nou- » velle erreur que n'ont point trouvée la Sorbonne, » le concile de Trente, les Duperron, les Arnauld, les » Nicole, et tant d'autres grands hommes qui ont » consacré leur vie à écrire contre cette secte. » De leur côté, les conseils et l'académie de Genève envoyaient des déclarations en la forme la plus authentique dans lesquelles ils exprimaient énergiquement *combien ils avaient en horreur les principes que quelques insensés avaient osé attribuer à la religion de Calvin*[1].

Ne dirait-on pas, en entendant tout ce bruit, que les capitouls avaient tort? Ouvrons, sans être des Nicole ni des Pères de la Sorbonne, les œuvres de

---

1. Page 34 du Mémoire à consulter pour madame veuve Calas, p. 85 du Mémoire de Mariette.

Calvin et nous lirons à la page 76 de l'Institution chrétienne, édition de Genève :

« Ceux qui blessent la puissance paternelle par l'opiniâtreté ou l'offense, ne sont pas des hommes mais des monstres. C'est pourquoi Dieu commande de *tuer les enfants rebelles* parce qu'ils sont indignes du bienfait de la lumière, en méconnaissant ceux qui l'ont fait luire à leurs yeux. Il ressort évidemment de divers articles de la loi, que nous avons dit la vérité en écrivant que le mot honorer implique trois conditions : le respect, l'obéissance et la reconnaissance. Le Seigneur sanctionne la première en commandant de *tuer ceux qui maudissent leurs parents; et la seconde, en portant la peine de mort contre les enfants rebelles*[1]. »

Telle est la vérité. Est-ce à dire maintenant que l'on ait voulu casser la réhabilitation de cette malheureuse famille? A Dieu ne plaise! car nous tremblerions d'avoir outragé la mémoire d'un innocent. En mettant au jour les pièces qui déterminèrent la

---

[1] « *Monstra enim sunt non homines qui patriam potestatem contumelia* vel pervicacia infringant. *Ideo cunctos parentibus immorigeros trucidari jubet Dominus* ut beneficio lucis indignos qui non recognoscunt quorum operâ in eam pervenerint. Atque ex variis quidem legis appendicibus apparet verum esse quod annotavimus tres esse honoris de quo hic loquitur partes *reverentiam, obedientiam, gratitudinem*. Primam Dominus sancit dum interfici precipit qui maledixerit patri aut matri. Secundam dùm adversus *immorigeros et rebelles pœnam mortis edicit*. Ad tertiam pertinet quod dicit Christus Matth. 15 ex præcepto Dei esse ut beneficiamus parentibus et quoties mandati mentionem facit Pauli obedientiam in eo requiri interpretatur.» (Exod. 21, 11.— Lévit., 20.— Prov., 20.— Deut. 21.— J. Calvin, *Institutio christianæ religionis*, lib. II, cap. 8, sect 35, p. 76 de l'édition de Genève de Jean-le-Preux.

conviction des juges, et qui n'avaient encore passé que sous leurs yeux, on s'est proposé seulement de prouver deux choses : l'une, que les capitouls et les conseillers de la Tournelle obéirent au mouvement de leur conscience lorsqu'ils condamnèrent Calas, et qu'ils ne méritent pas les malédictions de la postérité ; l'autre, qu'en se mettant à la tête de la réaction partie de Genève, dans l'espoir qu'elle ferait un *bien infini à la raison humaine, et autant de mal à l'infâme* [1], Voltaire était plutôt poussé par sa haine contre la religion que par son amour de la justice ; et que s'il n'avait pas remué ciel et terre pendant trois ans, en criant sans paix ni trêve : *Calas! Calas!* et employant le cardinal de Bernis, le comte de Saint-Florentin, le comte de Choiseul, Nicolaï, Richelieu, Damilaville, et jusqu'à madame de Pompadour, pour faire réussir cette tragédie [2] ; s'il n'avait surtout été secondé par les clameurs de tous les protestants de l'Europe [3] ; jamais un tribunal impar-

---

1. Correspondance générale, lettre du 5 mars 1763 à Damilaville.
2. « Mes divins anges, vous voyez que la tragédie de Calas m'occupe toujours ; daignez faire réussir cette pièce et je vous promets des tragédies pour le tripot. » (Correspondance générale, 17 juillet 1762.)
3. Correspondance générale, lettres du 31 juillet, du 4 août, du 27 mars 1762. « Cette seule démarche, la réhabilitation, dit-il dans cette dernière lettre, consolerait tous les protestants de l'Europe et apaiserait leurs clameurs. » — Dans l'affaire de *Sirven*, dont Voltaire obtint aussi la réhabilitation, quoiqu'il eût présenté un faux alibi lorsqu'on trouva dans un puits le cadavre de sa fille qui s'était faite catholique ; quoique ce cadavre eût disparu de l'hôtel-de-ville où on le gardait, et que son avocat, par un zèle indiscret, dit-on, eût offert de l'argent aux experts pour changer leur rapport, notre philosophe ne regrettait qu'une chose, *c'est qu'il n'y eût eu personne de roué* pour donner à cette cause l'éclat de celle de Calas. (Lettre du 7 novembre 1769.)

23.

tial n'aurait voué à l'exécration publique la mémoire des capitouls et du parlement de Toulouse.

Mais le vent soufflait contre les parlements. Louis XV ne les aimait pas : il avait eu des démêlés assez graves deux ans auparavant avec celui de Toulouse qui ne s'était fait aucun scrupule de regarder ses ordonnances et celles de son conseil comme non avenues, aussi, le plaisir de lui donner un soufflet sur la joue des juges de la Tournelle ne contribua pas peu sans doute à la réhabilitation de Calas. Cette même année, la lutte que le roi soutenait depuis 1760 contre le parlement de Grenoble parut s'envenimer : il fallut faire enregistrer militairement un édit, que ces magistrats, se constituant les défenseurs du peuple, repoussaient avec fermeté. En 1767 cependant, le parlement fléchit et enregistra les vingtièmes qu'on lui demandait; mais comme il ne s'était décidé à cette concession qu'en stipulant des garanties, dont se joua l'intendant quand il tint les sommes, la guerre recommença et ne prit fin qu'en 1772, par une transaction dans laquelle le parlement obtenait pour la province une modération de 450,000 livres sur les tailles, et de 120,000 livres sur les vingtièmes.

Ces résistances irritaient violemment le roi : pour les briser d'un coup, il avait conçu le projet d'abolir les parlements et de les remplacer par des conseils supérieurs dont un fut réellement établi à Clermont, mais ces compagnies et celles qui leur succédèrent sous le nom de parlements Maupeou, décriées en naissant par l'opinion publique, ne purent vivre; et le conflit était dans toute sa force quand on porta Louis XV à Saint-Denis. Quoique ce prince laissât les finances dans un désordre effroyable, que la guerre de Sept-Ans eût désorganisé complétement l'armée en humiliant notre drapeau, et que des différends, tous les jours plus graves, tendissent à séparer les grands corps de l'État, une sorte de trêve s'établit à l'avénement de Louis XVI entre les parlements et se prolongea jusqu'en 1787.

Dans l'intervalle, les hommes que le roi appelait tour à tour dans ses conseils, s'épuisaient à chercher les moyens de conjurer l'orage qu'on entendait gronder de toutes parts, chacun sentant que l'ancien ordre de choses menaçait ruine tentait de l'étayer provisoirement. Necker surtout y faisait tous ses efforts. En 1779, pour essayer de constituer dans les provinces des centres d'autorité moins indépendants que les parlements, et qui se rattachassent plus directement au trône, il avait eu l'idée de créer des administrations provinciales. C'était un anachronisme. Dans son esprit étroit d'homme d'affaires, qui se croit vaniteusement propre à tout parce qu'il a de l'argent, Necker s'imaginait qu'il allait régénérer la France en lui faisant largesse d'institutions caduques et jugées sans retour. Il se trompa : ses administrations provinciales, fidèlement taillées sur le patron des états, ne satisfirent nullement l'attente des peuples et soulevèrent contre le ministre les cours souveraines qui comprenaient son but. A peine eut-il installé à Montauban celle de la Haute-Guienne, composée de trente-sept membres, parmi lesquels le clergé comptait sept députés, la noblesse douze, les villes neuf, les campagnes autant, non compris trois procureurs-généraux syndics et un archiviste, que les murmures éclatèrent et, se joignant à la sourde opposition de la cour, déterminèrent sa retraite. Son successeur Calonne ne fut pas plus heureux : il avait voulu suivre l'exécution de ce plan en instituant, après la convocation des notables en 1787, une administration provinciale à Limoges ; mais le parlement de Bordeaux s'y opposa hautement, et pendant neuf mois, bien qu'exilé à Libourne, il remplit la France de ses remontrances hardies.

Tandis qu'il protestait, celui de Grenoble combattait. La cour avait cru venir à bout de ces mutineries de robins avec des lettres de cachet et l'épée des commandants : un nouvel acteur, qui débutait sur la scène politique, rendit ce calcul vain en prenant parti pour les parlements. A la journée du 7 juin, les tuiles dauphinoises trouèrent à jamais les lettres de cachet et brisèrent l'insolente épée des commandants de province. C'était le premier sang qui jaillissait pour la liberté, c'était le premier tocsin qui annonçait le réveil du peuple et, comme présage de l'avenir, il proclamait une victoire. Cependant la cour ne cédait pas. Le parlement de Paris venait d'être exilé à Troyes ; mais pendant que celui de Toulouse, fidèle à la cause commune, délibérait, dans le secret de sa grand'chambre, ses fameuses remontrances au roi sur le rappel des parlementaires de Paris et de Bordeaux, la question s'élargissait et se trouvait portée sur un terrain bien autrement brûlant.

À la suite des événements du 7 juin, le parlement dauphinois, qui tout en se rendant important, ne songeait pas à pousser loin les choses, avait obéi aux lettres de cachet : c'était le moyen de conserver l'honneur de la résistance sans en subir la responsabilité. Soit que les bourgeois de Grenoble eussent compris le but de sa démarche ou qu'ils fussent effrayés de l'ordre intimé au premier et au second consul de se rendre à la cour pour y rendre compte de leur conduite, ils cherchèrent à renforcer la cause commune et arrêtèrent, d'abord pour le 14 juin, et ensuite pour le 21 juillet, une convocation générale des municipalités de la province.

Personne ne manqua à ce célèbre rendez-vous. Le jour fixé, deux cent cinquante députés de la noblesse et du clergé et deux cent cinquante députés du tiers-état montèrent à travers une double haie de soldats, à ce vieux manoir de Vizille que Lesdiguières avait fait bâtir pour un autre usage par les vilains du seizième siècle. Ils s'assemblèrent dans une salle sur la porte de laquelle étaient sculptées une tête d'homme et une truite, symbole d'un châtiment féodal sur un vassal assez audacieux pour avoir péché dans les étangs de son seigneur, et restèrent sur leurs siéges depuis huit heures du matin jusqu'à minuit, pour protester contre le despotisme ministériel;

Demander le rappel du parlement, la réintégration des consuls de Grenoble, le rétablissement des tribunaux;

Arrêter qu'ils n'octroieraient les impôts que lorsque leurs représentants en auraient délibéré dans les états-généraux du royaume;

Et supplier Sa Majesté de les convoquer incessamment, ainsi que ceux de la province.

Après avoir voté ces mesures à l'unanimité, ils s'ajournèrent au 1er septembre. Comme il était facile de le prévoir, le ministère prit ses mesures pour empêcher cette réunion qui constituait à ses yeux une révolte contre l'autorité royale, et un acte d'émancipation provinciale d'un exemple trop dangereux. Des troupes furent en conséquence dirigées sur le Dauphiné, et les tuiles allaient pleuvoir encore sur les uniformes blancs, sans le renvoi inopiné de Brienne et le retour du Genevois Necker. Celui-ci, courtisan à tout prix de la popularité, s'empressa de donner raison aux Dauphinois, et d'approuver dans un arrêt du conseil rendu le 22 octobre, la forme nouvelle qu'ils venaient de donner aux états dans l'assemblée de Vizille.

Sauf le nombre des députés, Necker, aveugle partisan du système parlementaire anglais, n'avait rien changé à l'organisation de Mounier, qui, regardant ce système comme une perfection, s'était hâté de l'appliquer au Dauphiné en partageant également la représentation entre les deux premiers ordres privilégiés et le tiers-état. Le règlement de Necker accordait à la noblesse quarante-huit députés, au clergé vingt-quatre et au tiers soixante-douze. Tout l'ancien régime était hiérarchiquement représenté. Le clergé, par exemple, devait avoir pour députés :

Trois archevêques ou évêques;

Trois commandeurs de Malte;

Sept députés des églises cathédrales : d'Embrun, Die, Gap, Grenoble, Saint-Paul-Trois-Châteaux, Valence et Vienne;

Cinq des églises collégiales de Saint-Pierre et Saint-Chef de Vienne, Saint-André de Grenoble, Saint-Bernard de Romans, de Crest et de Montélimart;

Deux curés propriétaires, deux députés des abbés, prieurs commendataires, prieurs simples, chapelains et autres bénéficiers;

Un député des ordres et communautés régulières d'hommes, à l'exception des religieux mendiants, et un député des abbayes et communautés régulières de filles [1].

Quoique de pareilles réformes ne nous paraissent aujourd'hui que la consécration des abus d'alors; l'avantage fait au tiers-état par l'octroi d'une représentation égale en force à celle des premiers ordres, et la permission de voter par tête et non par classe, ce qui créait un équilibre qui n'avait jamais existé, furent regardés comme de si grandes faveurs, que les bailliages du Vivarais, du Velay, de la Provence et même

1. Arrêt du Conseil d'état du 22 octobre 1788.

du Languedoc s'empressèrent de demander ce qu'on donnait au Dauphiné.

Partout il se tint des assemblées particulières composées, outre les députés de la noblesse et du clergé, d'avocats, de médecins, de consuls, de maires, de lieutenants de maires, de négociants, de notaires royaux, de bourgeois, de laboureurs, de prévôts, de chirurgiens et de députés-syndics et bailes des tailleurs, des couteliers, des serruriers et forgerons, des menuisiers, des cordonniers, des tisserands, des teinturiers, des peigneurs de laine, des tonneliers, des selliers, des aubergistes, des chapeliers, des charpentiers et des tourneurs, pour arrêter que le roi serait humblement supplié d'accorder à leur province, ainsi qu'il l'avait bien voulu octroyer à celle du Dauphiné, une constitution vraiment représentative des trois ordres :

Que les représentants de chaque ordre seraient élus librement par leurs pairs ;

Que dans toutes les assemblées des trois ordres, le tiers-état aurait un nombre égal de voix à celui des deux autres ordres réunis, et qu'on y voterait par têtes et non par ordres ;

Que tout contribuable pourrait élire et être élu de quelque nature que fût sa contribution, après toutefois que Sa Majesté en aurait déterminé la quotité et sauf les exclusions de droit ;

Que toutes les contributions quelconques seraient réparties sur les trois ordres sans distinction de biens ni de personnes ;

Que Sa Majesté serait très-humblement suppliée d'accorder au diocèse des représentants aux états-généraux en nombre proportionné à sa population et à la quotité de ses impôts ;

Qu'extrait de cette délibération, serait envoyé au ministre, pour être mis sous les yeux du roi; qu'on en adresserait des copies imprimées à toutes les municipalités, et qu'il serait en outre dressé une lettre de remercîment au président des trois ordres du diocèse de Montpellier, pour le prier de comprendre les soussignés dans toutes les protestations que ce diocèse avait faites et pourrait faire, tant contre les vices de la constitution et présente tenue des états de Languedoc, que contre les nominations de députés aux états-généraux qui pourraient émaner de cette assemblée[1].

La protestation dont il s'agit était sortie sous la forme la plus acerbe de la cour des aides de Montpellier ; mais elle n'avait été qu'un signal. A peine cette cour eut-elle levé la main contre les états, que les députés des municipalités de Toulouse, Montpellier, Béziers, Pézenas, Saint-Hippolyte, réunis à Montpellier, firent signifier à leurs syndics généraux la protestation suivante, qui peint avec une grande vérité à quel degré de décadence était tombée cette institution, à force d'avoir été étriquée par le privilège.

L'union fédérative du Languedoc a été connue de tout temps sous le nom de trois états.

---

1. Procès-verbal des assemblées des trois Ordres de la juridiction de Castel-Sarrasin, p. 7. (Archives municipales de Castel-Sarrasin.)

Cette dénomination prouve que les assemblées étaient orginairement *nationales*, *composées* ou *représentatives* des trois états ou ordres du Languedoc; que le clergé, la noblesse et le tiers devaient les former, ou par eux-mêmes, ou par leurs représentants.

Nous retrouvons dans la constitution actuelle le nom des trois états; mais retrouvons-nous dans les assemblées les trois états par eux-mêmes ou par leurs représentants?

Dans la constitution actuelle vingt-trois évêques, vingt-trois barons, environ quarante-six votants nobles ou non nobles forment les assemblées, et ces assemblées s'intitulent les trois états.

Vingt-trois évêques représentent le corps épiscopal; mais le corps épiscopal n'est pas l'ordre du clergé tout entier; donc, cet ordre n'est pas représenté par vingt-trois évêques.

Vingt-trois barons ne sont pas toute la noblesse; donc, l'ordre de la noblesse n'est pas représenté par vingt-trois barons.

On compte à peine soixante communautés qui aient droit de députer aux états; donc, le tiers-état n'est pas plus représenté que le clergé et la noblesse[1].

Ces conclusions parurent logiques à tout le monde excepté aux états. Renoncer au privilége de gouverner la province sans contrôle, d'imposer les tailles

---

1. Procès-verbal de l'assemblée de Montpellier, États du Languedoc, p. 882.

autour du tapis de velours bleu brodé d'or, de traiter d'égal à égal avec les commissaires du roi toujours si doux quand il s'agissait de subsides, de voter un don de quarante mille livres pour M. le maréchal-gouverneur, vingt mille livres d'épingles pour madame la maréchale, dix mille livres pour le baptême de leur fille, appelée Septimanie, et tenue sur les fonts par monseigneur de Narbonne, président; ne plus dépenser des sommes énormes pour élever des statues ou faire des travaux de luxe, et se voir privés de l'honneur de présenter au roi le mouton de Ganges et le cahier des doléances, voilà ce que les états ne purent s'empêcher de regarder comme le renversement des lois divines et humaines. Ils portèrent aussitôt leur indignation aux pieds du trône; mais Louis XVI eut beau leur envoyer une lettre autographe pour les consoler, Necker eut beau écrire à leur président pour les rassurer, le conseil d'État eut beau casser les arrêtés de la cour des aides de Montpellier pour les venger, les trois mots funestes avaient paru sur les murs de leur salle et ils devaient mourir. La convocation des états-généraux, arrêtée enfin selon le vœu public, trancha la question.

La vieille société des trois ordres était proscrite. Seulement les provinces méridionales, si frémissantes d'enthousiasme au lever du soleil de 89, en donnant pour mandat à leurs députés d'écraser le despotisme de la monarchie absolue, et de revendiquer pour la nation l'intégrité de ses droits et la liberté, ne se doutaient guère qu'à la voix du député d'Aix allait éclater une révolution soudaine, qui, en fondant dans les termes les plus rigoureux l'unité nationale, les dépouillerait de leurs états, de leurs priviléges, de leurs parlements, de leurs capitales et même de leurs noms.

SEIZIÈME PARTIE.

RÉVOLUTION.

La Gironde, la montagne et le royalisme.

La dernière convocation des états-généraux avait fait éclater l'abaissement du tiers-état par les humiliations les plus sanglantes. Repoussés par leurs collègues de la noblesse qui disaient qu'ils ne voulaient pas que *des enfants de cordonniers et de saveliers les appelassent frères, et qu'il y avait autant de différence entre le noble et le bourgeois qu'entre le maître et le valet*, on avait vu les députés du tiers se confiner, en murmurant seulement du bout des lèvres, dans une salle basse des Augustins. Ils n'en étaient sortis que deux fois, la première pour se rendre à Notre-Dame un cierge dans la main, et la seconde pour aller au Louvre se mettre à genoux devant le roi et messieurs les princes, lorsque le 3 février 1614, messire de Bonneval, gentilhomme député de la noblesse du Haut-Limousin, rencontra le sieur Chavaille, député d'Uzerche, et l'ayant apostrophé en ces termes : « Comment, petit galand, vous
» passez devant moi sans me saluer? je vous appren-
» drai votre devoir : et quand vous me parlerez par
« votre bouche, je vous ferai connaître la façon dont

» vous devez parler d'un homme de ma sorte »
lui asséna des coups de canne sur la tête avec une
telle violence que le sang jaillit au visage des autres
députés [1].

Il y avait cent soixante-quinze ans que cela était arrivé au tiers-état de 1614, lorsque le tiers-état de 1789 se présenta à la porte de la salle du trône. Rien n'étant changé dans les idées de la noblesse ni dans celles de la cour, il fut reçu avec le même mépris qu'autrefois. On le laissa exposé à la pluie sous un hangar, jusqu'à ce que nosseigneurs des deux premiers ordres se fussent commodément installés sur les banquettes couvertes de velours et ornées de fleurs de lis d'or. Mais si l'arrogance de la noblesse et les ambitieuses prétentions du clergé étaient restées les mêmes, l'intelligence du tiers et son audace avaient grandi dans la proportion de la servitude et des humiliations passées. Sous ces manteaux de laine, dédaigneusement relégués au fond de la salle, battaient des cœurs énergiques et pleins de fiel, qui se sentaient assez de force pour lutter avec les représentants des deux classes privilégiées et la royauté absolue, assez de courage pour inaugurer le règne de cette classe bourgeoise, dont Sieyès venait de proclamer à la fois l'affranchissement et la puissance. Les deux premiers ordres eurent donc beau essayer de conserver l'antique usage qui les rendait maîtres d'avance des états-généraux et détruisait en germe tout le fruit de ces

---

1. Florimond Rapine. Assemblées générales des Estats tenus à Paris, 1614, in-4°, p. 384.

assemblées; le roi eût beau employer le commandement, la prière et la menace : ce qui avait été si facile sous Louis XIII devint impossible sous Louis XVI. Foudroyé par l'audace méridionale de Mirabeau, le maître des cérémonies, en allant redire à son maître que les députés du tiers-état étaient rassemblés par la volonté du peuple et ne se sépareraient que par la force des baïonnettes, porta bientôt au château de Versailles l'arrêt de mort de la monarchie despotique : déjà le serment du jeu de Paume avait fait tressaillir la France, la journée du 23 juin la mit tout entière du côté des nouveaux tribuns, et il fallut que ces ordres si fiers vinssent faire vérifier leurs pouvoirs dans la salle du tiers-état, qu'ils prissent place en frères à côté de *ces enfants de saveliers*, et que le petit-fils de Louis XIV, reconnaissant leur titre et leur droit d'*assemblée nationale*, ne restât sur le trône que pour assister passivement à la destruction de l'ancien régime.

A ces nouvelles, à la lecture de ces décrets qui se succédaient avec tant de rapidité et retentissaient dans le lointain comme des coups de foudre, une violente agitation éclata dans le Midi. La Bastille, en croulant sous l'effort du peuple, avait ébranlé le sol. Surprise par la gravité, l'inattendu et la chute rapide des événements, l'ardente population de ces contrées attendait avec de grands battements de cœur et un grand trouble, l'explosion, depuis si long-temps pressentie, de la révolution. Tout à coup, dans les derniers jours de juillet, et au moment où le soleil de 89 brûlait toutes les têtes, une terreur panique inexplicable, une alarme, dont la cause première n'a jamais été connue, souleva les campagnes. Sans qu'il y eût concert antérieur ni conspiration apparente, le même jour, à la même heure, des voix s'élevèrent dans la plupart des villages pour signaler l'approche de brigands qui détruisaient les blés et mettaient les habitations à feu et à sang. Le tocsin sonnait dans tous les clochers, paysans et bourgeois saisissaient leurs armes, les riches fuyaient dans les champs, les pauvres se réfugiaient dans les bourgades, les femmes couraient se cacher avec leurs enfants au fond des bois ou des cavernes, on se barricadait, on envoyait demander du secours à grands cris, et cependant, ces brigands, que tout le monde avait vus, n'étaient nulle part. Dans les endroits mêmes qu'ils saccageaient, disait-on, il n'en existait pas la moindre trace. Pour le peuple, qui ne réfléchit guère sur les événements politiques, et qui prend ordinairement ses raisons dans ses impressions, cette journée, dite de l'alarme, fut décisive. Dès ce moment, il crut que les nobles voulaient l'affamer et le massacrer en haine de la révolution; et tous ses vœux furent pour les idées nouvelles, tous ses regards se tournèrent vers l'assemblée nationale. Celle-ci ne perdait pas son temps. Après avoir adopté, comme symbole national, la cocarde tricolore, et décrété la formation des milices bourgeoises, elle avait décidé, dans la célèbre séance du 4 août :

Qu'il n'y aurait plus de maîtrises;

Plus de vénalité pour les charges judiciaires ;
Plus de justice achetée ;
Plus de casuel pour les curés et les évêques ;
Plus de justice seigneuriale ;
Plus de droits féodaux ;
Plus de titres ;
Plus de priviléges pour le clergé, la noblesse, les provinces et les villes.

Cette démolition de la vieille société s'était faite en général au bruit des applaudissements des provinces méridionales. Quatre mille habitants des communes de Bordeaux, c'est-à-dire tous ceux qui savaient écrire, avaient témoigné leur adhésion à l'assemblée nationale ; ceux des communes d'Auvergne venaient d'envoyer une adresse semblable, et, plus préoccupés de l'intérêt public que de l'intérêt particulier, les marchands réunis à la foire de Beaucaire s'étaient joints sans hésiter à leurs frères d'Auvergne et du Bordelais. Il ne faut donc pas s'étonner que le peuple poursuivît l'exécution des nouveaux décrets avec chaleur, et qu'il regardât comme ses ennemis ceux qui refusaient de les reconnaître. La généralité des administrations soit civiles, soit militaires, était dans ce cas, parce qu'elle se composait de nobles qui ne voyaient dans l'état de choses actuel qu'une révolte contre l'autorité royale et une violation temporaire de leurs droits. De là ces collisions violentes dont la première et la plus grave eut Toulon pour théâtre.

Le comte d'Albert de Rioms, un des plus hautains représentants de cette aristocratie de la mer, accou-

24.

tumée à régner dans nos ports, semblait avoir pris à tâche de profiter de son poste de commandant de la marine pour combattre la révolution. Les officiers placés sous ses ordres portaient publiquement la cocarde noire. Bientôt, comme si ce n'était pas assez de proscrire les trois couleurs dans l'arsenal, il voulut empêcher les ouvriers de s'enrôler dans la garde nationale, et osa chasser deux maîtres de manœuvres qui avaient bravé sa défense. Une députation, en tête de laquelle marchaient les consuls, tenta vainement de faire rapporter ces mesures acerbes en se présentant respectueusement à son hôtel : le caractère et les sentiments de l'aristocratie de la mer se peignirent sans déguisement dans sa réponse rogue et fière :

« Si la chose était à faire, je la ferais à l'instant, » dit-il d'un air froid : les volontaires sont des insu-» bordonnés, ils vexent les citoyens, et faut-il bien » qu'on les fasse rentrer dans le devoir ! J'ai la force » en main, je compte sur mes braves gens, et serai en » tout inexorable. »

Un pareil ton n'était plus de mise. En apprenant la réponse de l'amiral, le peuple entier courut aux armes, et se porta sur l'hôtel de la marine. Deux détachements d'infanterie de cinquante hommes chacun, auxquels on venait de distribuer des cartouches à balle, stationnaient déjà devant la terrasse. En voyant déboucher les ouvriers et la garde nationale sur la place d'armes, un des officiers qui les commandaient, appelé de Broves, ne put retenir sa fureur : « Allons, mes amis, mes enfants, criait-il aux

» soldats en montrant la foule du poing, vous tirerez
» *s'il le faut sur cette canaille. J'espère que vous ne*
» *trahirez point votre commandant, et que vous témoi-*
» *gnerez votre zèle pour exterminer ces brigands.* »

On se jeta sur lui à ces paroles : il tira son épée et commanda le feu, mais pas un fusil ne bougea : levant, au contraire, la main vers le peuple, les soldats de marine se hâtèrent d'imiter les gardes françaises, et firent cause commune avec leurs frères. Chassés alors à coups de crosse, Broves et un autre officier, nommé Saint-Julien, gagnèrent en fuyant et tout meurtris la terrasse de l'hôtel, qu'ils escaladèrent au milieu des coups et des pierres. Les consuls y suppliaient à genoux M. d'Albert d'apaiser l'insurrection en leur accordant la grâce des deux maîtres de manœuvres; mais plus on s'humiliait devant lui, plus il se montrait inexorable. La rude voix du peuple se fit alors entendre à son tour, et il fallut fléchir. Les ouvriers de l'arsenal exigèrent la réintégration immédiate de leurs camarades, elle fut accordée. Les volontaires nationaux, s'emparant de la garde de l'hôtel de la marine, sommèrent l'amiral de livrer l'officier qui avait commandé le feu, et de Broves fut livré. Il ne restait plus à punir que M. d'Albert : tandis qu'il s'occupait de la proclamation de la loi martiale, la foule envahit l'hôtel de tous côtés, l'arracha du milieu de son état-major, brisa son épée et le traîna, avec les officiers nobles les plus odieux par leur orgueil, dans les cachots de l'hôtel-de-ville[1].

Telle était la marche du peuple et sa manière de comprendre la révolution : s'il employait la violence après des provocations répétées, ce n'était ni par amour du désordre, ni par vengeance, mais parce que, dans son grossier bon sens, il comprenait à merveille que les classes privilégiées ne pourraient être soumises à un régime qui les dépouillait de tous titres et priviléges que par la force. Sur ce point capital d'ailleurs il différait complétement d'opinion avec la première classe du tiers-état. Heureuse de son importance naissante et fière de se voir l'égale de la noblesse et du clergé, la bourgeoisie, qui se serait volontiers arrêtée après le 4 août, en était encore presque partout aux fictions parlementaires. Elle regardait Necker comme l'ange gardien du royaume, et rien ne peint plus naïvement la candeur de ses illusions en présence de ce sombre horizon de 89 tout chargé de tempêtes et de vapeurs sanglantes, que la joie qu'elle avait fait éclater un mois auparavant en apprenant le retour du ministre. Dans le premier moment, les habitants des villes se portèrent aux cathédrales pour rendre grâce à Dieu de cet heureux événement. Les souveraines cours des aides s'y rendirent en robes rouges, les consuls y accoururent pareillement en robes. Les différentes compagnies des troupes bourgeoises, ayant chacune ses officiers en tête, bordaient la haie de l'un et de

---

1. « Un décret de l'assemblée nationale l'en tira bientôt, et Louis XVI s'empressa de consoler M. de Broves père. » (*Mercure* du 2 février 1790, p. 81.)

l'autre côté des églises. Les cris de : Vive le roi! vive M. Necker! vive la nation! furent répétés plusieurs fois. Le portrait du roi et celui de Necker étaient portés en triomphe par la troupe bourgeoise. Il fut ensuite chanté des *Te Deum* en musique. Le même jour, MM. les consuls ordonnèrent pour le soir une illumination générale, et dans certaines villes des assemblées composées de personnes de toutes les conditions et de tous les états, confondus et sans distinction d'ordre et de place, ayant prié les consuls de se mettre à leur tête, se réunirent dans l'église des Jésuites, où, étant et considérant que les citoyens qui avaient reçu les premiers cette nouvelle, avaient bien mérité de la nation, elles décidèrent avec enthousiasme qu'on ferait faire leurs portraits aux frais du public, et qu'ils seraient placés dans l'hôtel-de-ville [1].

A cette nouvelle, malheureusement il en succéda d'autres qui ne tardèrent pas à glacer les transports des bourgeois ; quand ils apprirent les journées des 5 et 6 octobre, le vote du 2 novembre qui mettait tous les biens des ecclésiastiques à la disposition de la nation, la mort des accapareurs parisiens, une triste et vague appréhension de l'avenir prit la place de leur confiance ; cette fois ils n'avaient pas tort. L'année 1790 s'ouvrait sous de lugubres auspices. Huit jours auparavant avait eu lieu une solennité imposante : soixante communautés du Vivarais, de la Provence et du Languedoc, représentées par vingt-

---

[1]. Archives municipales de Montpellier, cérémonial n° 10.

sept mille citoyens en armes s'étaient confédérées avec les communautés dauphinoises réunies dans la plaine de l'Étoile sous l'obligation d'un serment ainsi formulé :

« Nous Français, jurons à Dieu et à la patrie de
» veiller jusqu'à la mort à l'exécution des décrets de
» l'Assemblée nationale, et de nous prêter à cet ef-
» fet tous les secours nécessaires. »

D'autre part le funeste édit de Nantes venait d'être révoqué le 23 décembre par l'adoption à une grande majorité, de la motion de Brunet de La Tuque, député de Nérac, qui décrétait que les protestants remplissant d'ailleurs toutes les conditions d'éligibilité pouvaient être élus dans tous les degrés d'administration, et posséder les emplois civils et militaires comme les autres citoyens; en sorte que cet acte de réparation nationale joint au mouvement des élections pour l'organisation nouvelle des municipalités avait porté au plus haut degré la fermentation des esprits. Dans de pareilles situations et lorsque des siècles d'oppression et d'injustice pèsent sur toute une classe d'hommes; enchaîner la réaction est chose impossible. Il faut que le torrent qui gronde crève la digue et suive son cours.

Dès que les paysans eurent librement nommé des magistrats plus puissants que leurs seigneurs et qu'ils entendirent de tous côtés affirmer par leurs médecins, leurs avocats et leurs notaires que les titres féodaux n'avaient plus de valeur et qu'on n'était plus tenu de payer dîmes ni redevances; la première idée qui se présenta à leur esprit naturellement défiant, c'est qu'un changement aussi inespéré ne pouvait être durable et qu'ils devaient profiter du moment où tout était permis pour anéantir ces titres sur lesquels on reviendrait sans doute plus tard. En conséquence de ce raisonnement qui ne manquait pas de logique, l'ancien tocsin des Guitres et des Croquants sonna de nouveau à pleine volée, et les populations rurales se levant en masse, coururent sus aux nobles, et assaillirent les châteaux.

Les seigneurs de paroisse qui n'avaient pas abusé de leur pouvoir en étaient quittes à bon marché. Les paysans se portaient au château, en arrachaient les girouettes et se contentaient d'exiger les trois mesures féodales, des rubans, des plumes, des provisions et un mai. Quand on avait souscrit à leurs demandes, ils se réunissaient sur la place du village, et, après avoir brûlé à l'église le banc seigneurial, ils plantaient le mai, au sommet duquel étaient attachés les trois mesures, les rubans, les plumes, les girouettes et un papier où se lisaient ces mots :

« *Par ordre du roi et de l'Assemblée nationale, quittance finale des rentes.* »

Un repas dont le seigneur faisait les frais, et une farandole aux cris de Vive la nation! terminaient la journée. Mais s'il s'agissait d'un de ces tyranneaux de tourelle, habitués à vexer leurs vassaux, les choses se passaient d'autre manière : on brûlait non-seulement les parchemins et les insignes féodaux, mais le château lui-même. Dans ce cas, la bourgeoisie des villes, celle surtout qui penchait vers l'aristocratie, prenant pour prétexte le respect dû aux propriétés, se hâtait d'intervenir, et il en résultait des chocs civils du genre de celui qu'on eût à déplorer en Quercy le 4 février.

Le baron de Comarque seigneur de Camparnaud, était un de ces gentilshommes de campagne, dont jamais un rayon d'intelligence n'illumina le crâne. Aussi vide d'entrailles que de cerveau, il ne se montrait dans ses terres que sous les dehors les plus durs. Partout et pour tous implacable et superbe, il n'aimait rien, n'excusait rien, ne souffrait rien, et pour la moindre faute frappait le vassal, traîné en prison s'il avait tendu un lacet dans ses forêts, ou jeté un filet dans sa rivière; attaché au carcan s'il avait ramassé du bois mort ou retardé d'un jour le payement de la rente. Quand la vieille cloche de Lunel sonna donc le tocsin contre lui, toutes les cloches des environs répondirent, et, avant midi, quatre mille paysans de tout âge et de tout sexe se pressaient sous les murs du château. Le seigneur avait fui, laissant, pour conjurer l'orage, une femme et un enfant. Les insurgés, conduits par l'ancien consul de la communauté voisine, et par des membres de la nouvelle municipalité, exigèrent d'abord la remise des titres. Cette demande fut éludée par divers moyens, tantôt en détournant leur attention, tantôt en cherchant à les tromper par la remise de papiers indifférents; mais à mesure qu'ils les recevaient des mains de la baronne, ils les faisaient lire tout haut par un ancien syndic pâle de peur, et frémissaient de rage, en voyant qu'on se jouait d'eux. La voix de leurs chefs indignés de cette mauvaise foi, devint alors si impérieuse, que la baronne de Comarque parut se résigner, et fit partir un exprès pour Moissac, afin, disait-elle, d'aller chercher les originaux de ces titres. En attendant, elle ordonna qu'on dressât des tables dans la tour, et qu'on fournît abondamment aux paysans tout ce qu'ils demanderaient; une orgie sans frein et sans nom commença dès lors dans le château.

Le vin ruisselait à flots, et l'ivresse commençait à fermenter dans toutes les têtes, lorsqu'à travers l'épais brouillard qui couvrait la campagne, on aperçut tout à coup quelques cavaliers de la maréchaussée montalbanaise qui venaient avec précaution à la découverte. Assaillis par une grêle de pierres, ils se retirèrent au galop, et aussitôt le bruit se répandit que la baronne voulait faire égorger les paysans. Il n'en fallut pas davantage pour les porter aux partis extrêmes. Trois mille bras entassèrent pêle-mêle dans la cour tous les meubles du château et y mirent le feu en poussant des cris de triomphe. Le tumulte était si grand qu'ils n'entendirent ni le bruit d'une troupe de cavalerie, ni cinq ou six coups de fusil tirés du côté de l'ouest. C'était un détachement du régiment de Languedoc, appuyé d'un corps de volontaires nationaux, que la baronne avait mandé sous prétexte d'envoyer chercher les titres. En arrivant au pont de l'Emboulas, un paysan, d'une taille athlétique, avait saisi à la bride le cheval que montait M. Duprat, maire de Moissac, pour lui faire rebrousser chemin, et une décharge à bout portant venait de le coucher mort sur la route. Guidée par les flammes, dont la réverbération éclairait tout le village, cette troupe se porta au pas de course sur le château, mais elle arriva trop tard. Tout ce qu'elle put faire, ce fut de disperser le rassemblement groupé sur le chemin, et de tirer quelques coups de fusil aux paysans qui sortaient en foule du château par la porte du jardin. Deux de ceux-ci et une femme tombèrent sous les balles. En gagnant la garenne, ils avaient riposté, mais sans tuer personne, ce qui n'empêcha pas les volontaires de Moissac de remporter un cadavre dans leur ville. Un paysan, en se débattant, avait fait partir le fusil de leur chef, et tué par hasard le plus jeune et le plus ardent de ceux qui croyaient défendre la patrie[1].

---

1. Ce sont les expressions du conseil général de Moissac en déplorant la mort de la victime, qui s'appelait *Fieuzal*. (Archives municipales de Moissac, registre des délibérations de la commune de l'année 1786 à 1790, fol. 406.)

Voici de quelle manière M. de Conny rend compte de cet événement dans son *Histoire de la révolution*, t. Ier.

« Sur la nouvelle que M. d'Escayrac, atteint par un coup de feu, était
» dans son lit blessé grièvement, plus de 500 brigands se portèrent au châ-
» teau de *Camparno* pour le piller et le brûler. M. d'Escayrac, prévenu
» à temps, se rend par des chemins détournés à la tête de la compagnie de
» grenadiers du régiment de Languedoc et d'un détachement de la milice
» de Montauban. Il fond sur ces pillards, en couche soixante-seize sur le
» carreau et emmène bon nombre de prisonniers. »

Or, il ne périt que *trois hommes et une femme*, d'après le témoignage des sieurs *France* père, *Gamoth* et *Colombier*, acteurs encore vivants de ce drame féodal, que nous avons interrogés sur les lieux, et le témoignage

Quelquefois les nobles qui avaient servi opposaient de la résistance, et, comme il suffisait du moindre obstacle pour rebuter ces attroupements, ils restaient les maîtres du terrain. C'est ainsi qu'au château de Saint-Julien, dans le Bas-Limousin, on vit le marquis de Lasteyrie, colonel du premier régiment de carabiniers, se défendre contre trois cents paysans armés de fusils et, après leur avoir lu la loi martiale et fait déployer le drapeau rouge, les charger, lui onzième, et les disperser[1].

Mais la révolution n'en suivait pas moins son cours, et l'assemblée nationale avait raison de dire dans son manifeste aux provinces :

« Une féodalité vexatoire couvrait la France entière : elle a disparu sans retour.

» Des priviléges sans nombre, ennemis irréconciliables de tout bien, composaient notre droit public; ils sont détruits.

» Des ordres, nécessairement divisés et asservis à d'antiques prétentions, dictaient les lois et pouvaient arrêter l'essor de la volonté nationale; ces ordres n'existent plus.

---

de M. Delbreil de Moissac, ancien conventionnel, qui y joua un rôle avec son frère, et qui a bien voulu nous en communiquer dernièrement les moindres particularités. Quant à l'intervention du marquis d'Escayrac, c'est une erreur dont M. de Conny n'a pu trouver le prétexte nulle part, pas même dans le numéro du *Mercure de France* du 20 février 1790, p. 240, qui lui a aidé sans doute à tuer ses soixante-seize hommes.

1. C'était le père de ce digne comte *de Lasteyrie*, si chaleureusement associé aujourd'hui, malgré ses cheveux blancs, à toute idée de progrès et de liberté.

» En même temps l'assemblée nationale a consommé l'ouvrage de la nouvelle division du royaume; qui seule pouvait effacer jusqu'aux dernières traces des anciens préjugés, substituer à l'amour-propre de province l'amour véritable de la patrie, asseoir les bases d'une bonne représentation, et fixer à la fois les droits de chaque homme et de chaque canton en raison de leurs rapports avec la chose publique [1].

Ce noble langage était entendu et applaudi avec enthousiasme par la majorité de la nation; mais les nobles, dont on venait de brûler les châteaux; les sinécuristes du clergé qui avaient perdu leurs gras bénéfices et leurs dîmes; les officiers de naissance, accoutumés à regarder les régiments et les grades comme une propriété, et qu'on dépouillait de tout à la fois; ces membres si fiers des parlements, chassés par un simple décret des sièges fleurdelisés où ils étaient assis depuis quatre siècles, toute cette nuée de gentilshommes mendiants, de prébendiers réduits, de moines expropriés, d'avides procureurs, de sénéchaux cassés aux gages, de commis trésoriers, employés, regrattiers des couvents, du roi, des aides et des gabelles, frémissait de rage contre l'assemblée nationale. Unis par un lien énergique et animés des mêmes passions, ces partisans intéressés de l'ancien régime ne laissaient aucune occasion de protester contre les actes des députés, et la révolution ne pouvait faire un pas sans les trouver en masse compacte

---

[1]. Adresse de l'Assemblée nationale aux provinces.

et opiniâtre devant elle. Dans les campagnes, où le joug féodal était à la fin devenu trop lourd, et où la dîme, la taille et la gabelle pressuraient trop cruellement la population ; leur influence n'était point à craindre, mais elle dominait encore sans rivale dans la plupart des villes. Là ils avaient eu l'art de persuader au peuple, qui ne voit jamais que le présent, que la suppression des parlements, des cours des aides, des hauts emplois ecclésiastiques et de tous les vieux abus, sous le poids desquels se débattaient depuis si long-temps ses pères, allait tarir tout à coup la source des revenus publics et ruiner la cité. Puis, en même temps qu'ils alarmaient les intérêts, réchauffant par des rapports, souvent mensongers, l'ardeur de l'opinion monarchique, et mettant en jeu sans scrupule le levier toujours si puissant de la religion, ils menaient le peuple où ils voulaient, et comme ils voulaient, dans les villes surtout où les deux religions se trouvaient en présence. Montauban et Nîmes étant dans ce cas renfermaient naturellement les principaux foyers de la réaction. Celle-ci, depuis long-temps menaçante, fit enfin explosion comme un incendie contenu à force de bras, dans les journées néfastes du 10 mai et des 13, 14, 15 et 16 juin.

Pour les causes que nous venons d'exprimer, il existait une guerre sourde entre la garde nationale de Montauban, composée en majorité de protestants amis de la Révolution, et la nouvelle municipalité, qui avait été choisie parmi les hommes les plus dévoués à l'ancien régime. La garde nationale avait envoyé un député à Paris pour dénoncer la municipalité comme contre-révolutionnaire; et la municipalité, de son côté, vexait la garde nationale soit en lui refusant la permission de se réunir pour une fédération avec le régiment de Languedoc et les gardes des environs, soit en retirant au commandant les clés de l'arsenal. A la manière dont les deux partis s'attaquaient, il était facile de prévoir que la collision était prochaine. On ne cherchait en effet qu'un prétexte dans l'un et dans l'autre camp, et le premier qui s'offrit fut saisi avec empressement de part et d'autre. Ce n'est pas à dire que les torts fussent égaux. Dans cette circonstance la municipalité, bien qu'évidemment prévenue contre la garde nationale, paraissait avoir de son côté la raison et la loi. Lors des premiers incendies des châteaux, des compagnies de volontaires appelés *cardis* (chardonnerets) par les protestants, parce qu'ils portaient un passepoil jaune, s'étaient formées pour les défendre. Ces jeunes gens appartenant à l'aristocratie ou à la bourgeoisie royaliste, après avoir agi quelques mois dans un sens constamment opposé à celui de la garde nationale, finirent par exprimer le vœu d'entrer dans ses rangs. Une pétition fut présentée à cet effet aux municipaux qui l'accueillirent, arrêtèrent l'organisation de huit nouvelles compagnies, et en prévinrent l'état-major de la garde nationale pour se concerter avec lui aux termes du décret du 10 janvier; mais l'état-major avait d'autres prétentions : sous prétexte que, d'après son règlement, il manquait vingt-cinq hommes à chaque compagnie, il refusa d'admettre les compagnies nouvelles, à moins que ceux qui les composaient n'entrassent dans les cadres déjà formés. Avec des têtes aussi inflammables et dans de telles circonstances, il n'en fallait pas davantage pour amener une conflagration. La municipalité ne voulant pas céder, la garde nationale, qui ne s'était dans l'origine recrutée que par exclusion et dans un seul parti, s'obstinant de plus en plus, les passions religieuses se mêlèrent aux passions politiques, et, les unes enflammant les autres, on en vint aux mains. Le lundi 10 mai, pendant que tout était en fermentation dans la ville à cause de la visite des couvents qui venait d'être empêchée par des attroupements de femmes exaltées jusqu'au délire, et au moment où l'état-major était en conférence avec la municipalité pour essayer d'arriver à une transaction, une vingtaine de soldats de la compagnie de dragons, celle que la population catholique avait surtout en haine, parce qu'elle s'était recrutée dans la jeune aristocratie protestante et manufacturière, la pire de toutes, apprenant qu'une assemblée se tenait aux Cordeliers, où l'on signait des pétitions pour le maintien des couvents, se rendirent à l'hôtel-de-ville avec une soixantaine d'autres gardes nationaux, et s'emparèrent du poste. Leur intention était évidemment d'en défendre l'entrée aux volontaires. A peine les municipaux se furent-ils aperçus de ce rassemblement qu'ils prévirent les malheurs dont il pouvait être cause, et qu'ils sommèrent ceux qui le composaient de se retirer. Leur voix fut méconnue. Les dragons, qui n'étaient entrés, de leur propre aveu, dans l'hôtel-de-ville qu'à titre de simples citoyens, prétendirent avoir besoin pour en sortir d'un ordre de leur général. Les municipaux détachèrent un officier pour aller le chercher immédiatement, mais il était trop tard. En apprenant l'espèce de bravade des dragons, l'assemblée des Cordeliers s'élança comme un seul homme : s'armant de tout ce qui lui tombe sous la main, cette foule furieuse court à l'hôtel-de-ville : comme au pressentiment d'un grand désastre, toutes les maisons se ferment sur son passage. Un silence de mort, interrompu seulement par ces vives exclamations de terreur qui s'échappent du cœur des femmes du Midi, planait sur la ville. En un clin-d'œil les flots pressés du peuple remplissent la rue ; une grêle de pavés vole dans la cour de la mairie, et le portail, ébranlé à coups de poutres et de marteaux, va fléchir sur ses gonds, lorsqu'un municipal, couvert de son chaperon, l'ouvre lui-même, et cherche à retenir la foule, qui se précipite comme un torrent dans l'hôtel-de-ville. Les dragons s'étaient réfugiés dans le corps-de-garde et en avaient barricadé la porte : il en partit, dit-on, des coups de feu qui appelèrent sur-le-champ des représailles [1]. On se jeta sur les armes de l'arsenal, et une fusillade à bout

---

[1]. L'auteur d'un livre intitulé *Éclaircissements historiques en réponse aux calomnies dont les protestants sont l'objet* (t. I, p. 72), dit que *les dragons avaient hasardé une décharge à poudre*. M. Arnac, officier municipal encore vivant, assure que M. de Chaunac, capitaine des volontaires, en fut blessé légèrement.

portant fut dirigée contre le corps-de-garde, d'où partirent bientôt des cris de détresse, et à la fenêtre duquel on vit flotter un mouchoir blanc. Les chefs du peuple s'avancèrent pour recevoir les armes, et firent cesser le feu; mais il recommença plus violemment un instant après, et, sans l'intervention de la maréchaussée, qui fut requise trop tardivement peut-être, il n'échappait pas un seul dragon. Les municipaux avaient envoyé chercher le régiment de Languedoc. A son arrivée, un d'entre eux fit former une double haie par les grenadiers devant le corps-de-garde, et cria aux dragons de sortir, qu'on voulait les sauver. La porte s'ouvrit à ces mots ; le capitaine-commandant des dragons et trois des gardes nationaux étaient étendus morts, vingt-quatre autres étaient blessés, et les empreintes d'une main sanglante, laissées sur le mur au-dessus du cadavre d'un lieutenant, marquaient la douloureuse agonie de la cinquième victime. Ce triste spectacle n'apaisa pourtant pas les vainqueurs : ils exigèrent que les cinquante-deux gardes nationaux trouvés dans le corps-de-garde quittassent leurs uniformes bleus à revers rouges, et, marchant deux à deux, nu-tête et en chemise, entre deux rangs formés par les grenadiers de Languedoc, vinssent faire amende honorable, un cierge à la main, devant la cathédrale. Quand ils eurent traversé la ville dans cet état, précédés du maire, qui portait un drapeau blanc, et qu'ils se furent agenouillés publiquement sur les degrés de la grande église, on les conduisit dans les prisons du château royal, et on rendit les cadavres aux parents[1].

Le lendemain, au milieu de l'agitation populaire et de la terreur qui pesait sur la ville, la municipalité lança une proclamation pour ordonner de rapporter les armes dans l'arsenal, et pour défendre de tirer des coups de fusil dans les rues, sous peine de vingt-cinq livres d'amende; la journée suivante fut consacrée à écrire à l'Assemblée nationale une lettre contenant le récit des faits, à son point de vue. Cependant, les protestants, un moment terrifiés, s'étaient également empressés d'envoyer des députés à l'Assemblée nationale, et d'implorer le secours de leurs coreligionnaires. La municipalité de Bordeaux, composée en partie de réformés, répondit la première à leur appel. Cinq jours après l'événement, sur le réquisitoire du procureur de la commune, elle prit un arrêté pour inviter les citoyens opprimés de Montauban à venir à Bordeaux, où ils trouveraient *asile et force*. Poussant ensuite son dévouement beaucoup plus loin, elle fit partir sur-le-champ un corps de quinze cents hommes, formé de gardes nationaux et d'un détachement du régiment de Champagne, avec ordre de s'arrêter à Moissac, pour y attendre les or-

---

[1]. Archives municipales de Montauban. (Registre pour servir aux délibérations du conseil municipal, folios 18, 32, 37, 45, 60, 61, 62. 65.) — Rapport des malheurs dont la ville de Montauban a été affligée le 10 mai 1790, fait à l'Assemblée nationale par les citoyens militaires de ladite ville qui furent emprisonnés dans cette désastreuse journée; 32 p.— Relation de l'horrible aventure de Montauban, 50 p.— Manifeste de la municipalité de Montauban, 24 p.— Rapport fait à l'Assemblée nationale le 27 juillet 1790 au nom de son comité des recherches, par *P.-J. Vieillard*; 67 p.

dres de l'Assemblée nationale ou du roi, et d'agir ensuite en conséquence contre Montauban. Quant à l'Assemblée nationale, elle mettait, le 17, par un décret spécial, les protestants sous la protection de la loi, et ordonnait à tous les Montalbanais, de prendre la cocarde tricolore.

Ces mesures comminatoires ne produisirent aucun effet, d'abord parce que le comte de Saint-Priest, ministre de la guerre, à qui une relation avait été adressée par courrier extraordinaire, avait répondu, le 20, de manière à garantir l'approbation du roi, et que le comte d'Esparbès, commandant de la province, avait offert d'aller défendre la municipalité à ses frais; et ensuite parce que le séjour de l'armée bordelaise devant Moissac et l'adhésion de dix-sept municipalités à ses proclamations, troublaient singulièrement les esprits. Des négociations furent entamées aussitôt avec les généraux bordelais. Des députés auxquels s'étaient joints des pères de famille, se rendirent à Moissac avec la branche d'olivier, mais on ne conclut rien, parce que les Bordelais exigeaient avant tout l'élargissement des prisonniers, et que l'exaspération toujours croissante du peuple rendait cette condition impossible. Pendant ce temps, les protestants riches émigraient en foule; et il en était déjà parti plus de quatre mille, lorsque le maréchal-des-logis de la garde nationale parisienne, Matthieu Dumas, arriva à Montauban en qualité d'envoyé du roi et de l'Assemblée.

Sa première question fut pour les prisonniers.

« Après lui avoir expliqué les circonstances malheureuses du jour où le château royal s'ouvrit pour eux comme un asile et lui avoir appris que depuis, *la municipalité n'avait fait ni dénonce ni remise de procès-verbal*, et que, pénétrée de l'*imprudence* effrayante de tant de citoyens, elle n'avait pas voulu chercher parmi eux de coupables, on lui fit connaître le vœu qu'elle avait exprimé unanimement avec le conseil-général des notables le 19 mai, de rendre la liberté aux détenus, et de surseoir néanmoins jusqu'au retour des députés envoyés au-devant de l'armée bordelaise, et qu'à cet égard, ses intentions avaient été rendues publiques par l'impression et l'affiche de la délibération du 19 mai [1]. »

Alors, Matthieu Dumas proposa de faire une proclamation pour éclairer le peuple, et, la proclamation délibérée, il se rendit à la mairie avec les municipaux et le maire, et parla au peuple en lui portant des paroles de paix qui furent applaudies ; de là, il se transporta avec les officiers municipaux dans les places publiques et les promenades, où il tint à diverses reprises le même langage.

Le lendemain, accompagné du maire et de quelques officiers municipaux, il se montra de nouveau le matin dans les endroits les plus fréquentés de la ville. A travers les témoignages de satisfaction et de confiance personnelle que le peuple lui donnait partout, il reconnut sans peine la résolution ferme où

---

1. Archives municipales de Montauban, livre jaune, t. I, fol. 2.

il était, à ne consentir à la liberté des prisonniers qu'autant que l'armée bordelaise ferait retraite. Il conçut donc le dessein d'envoyer à M. de Courpon, commandant de cette armée, le capitaine Delarue son beau-frère, pour lui porter un ordre de tenir, dès le lendemain, ses troupes prêtes à reprendre le chemin de Bordeaux, attendu l'entière exécution des décrets de l'Assemblée nationale dans la ville de Montauban, le rétablissement de la paix, et l'élargissement des prisonniers.

Pour l'exécution de ce projet, la voiture, attelée de chevaux de poste, était avant trois heures devant la porte de l'hôtel qu'occupait Matthieu Dumas. Ces préparatifs, ce départ et son objet qui avaient transpiré, attirèrent un concours de monde prodigieux; quelques municipaux s'y trouvèrent et firent prier le maire et leurs collègues de se rendre chez M. Dumas; celui-ci, assuré du vœu constaté depuis long-temps de la municipalité, de celui de la garde nationale, que plusieurs officiers de ce corps lui avaient porté, et dont il venait d'entretenir un *grand nombre de volontaires*, parut à une des fenêtres *du Tapis vert*, ayant auprès de lui le maire et M. de Chaumac, capitaine des volontaires. Il parla avec l'énergie de l'âme et du sentiment à une foule innombrable de peuple répandue d'un bout de rue à l'autre; il lui témoigna d'abord le désir qu'il avait de la voir heureuse et tranquille; que le moyen d'assurer cette tranquillité dépendait de lui, qu'il ne pouvait pas douter que le retour à la paix de la ville de Montauban ne tînt infiniment à cœur à l'Assemblée nationale et au roi, et que l'élargissement des prisonniers produirait cet effet; que, connaissant depuis long-temps le courage et la générosité des Montalbanais, c'était par la confiance qu'il avait dans leur caractère, qu'il avait pris la résolution d'envoyer au commandant du détachement l'ordre de se disposer à reprendre le chemin de Bordeaux, qu'il allait lui dépêcher son frère pour cela ; et qu'il resterait en otage parmi eux. En finissant, il lut la lettre dont son frère allait être chargé.

Le peuple applaudit avec transport. M. Dumas descend à l'instant, embrasse son beau-frère qui part au milieu des applaudissements. On propose à M. Dumas de profiter de l'enthousiasme du moment. D'un autre côté, on craignait de hasarder une sortie si souvent contrariée sans avoir pris aucune précaution, lorsqu'un jeune volontaire nommé Gerlié, député par le peuple, vint demander en son nom que les prisonniers sortissent à l'instant. Aussitôt M. Dumas, le maire, les officiers municipaux et les citoyens qui se trouvaient là se portent à l'envi vers les prisons. M. Dumas, avant d'entrer dans la cour du Sénéchal, se tourne vers le peuple, et lui dit qu'il s'est rendu là à ses ordres, et non pour lui en donner : « Vous m'avez fait demander la liberté de vos frères, avons-nous besoin pour cela de forces étrangères ? » On lui répond que non. « Jurons tous, leur dit-il alors, par la majesté du Dieu qui habite plus particulièrement dans ce temple (en indiquant l'église paroissiale, qui est en face), que vous défendrez les jours de vos frères captifs s'ils étaient attaqués !

« Nous le jurons ! » répondit avec fermeté le peuple attendri.

On court aux prisonniers : on les embrasse, et ils serrent dans leurs bras leurs libérateurs. Ils sortent de la cour et sont vus avec attendrissement par le peuple qui applaudit à leur sortie. Les officiers municipaux et les citoyens qui étaient venus avec eux se distribuent dans les différents quartiers, et ramènent les protestants jusque dans leurs maisons. Cependant, à mesure que les prisonniers paraissaient devant le peuple, M. Dumas le louait *de sa générosité, de son courage et de sa bonté.* Enfin, il appelle le député du peuple qui était venu demander la liberté des prisonniers, l'embrasse et lui fait présent d'une médaille représentant l'entrée du roi à Paris, le 6 octobre [1].

Tel fut le 10 mai, jour à jamais néfaste dans les annales du Midi ; car après avoir couvert Montauban de deuil, il allait engendrer à Nîmes les plus sanglantes représailles. Le 13 juin, les catholiques nîmois avaient tenu aux Dominicains une assemblée de tout point analogue à la réunion des Cordeliers. Il s'agissait là, comme à Montauban, de rédiger une pétition tendant à ce que nul changement ne pût s'opérer dans la hiérarchie ecclésiastique sans le

1. Archives municipales de Montauban, livre jaune, t. I, fol. 2, 3 et 4. Ce récit est signé par M. de Cieurac, maire, guillotiné depuis, ainsi que Chaunac, pour l'affaire du 10 mai ; Teulières, Vialettes d'Aignan, de Gironde, Bernoy, Mialaret, Satur, Arnac (vivant encore), Vignals.

concours d'un concile général. Pendant la délibération, un soldat de la compagnie des dragons nationaux qui existait aussi à Nîmes, et se composait également de protestants, provoqua brusquement un de ces hommes du peuple appelés *cébets*, mangeurs d'oignons par les réformés riches, et lui donna un coup de sabre. Ce fut l'étincelle électrique. Les protestants ne demandaient qu'à prendre leur revanche de l'échec de Montauban, et à laver dans le sang la triste amende honorable de leurs frères; ils saisirent cette occasion : des émissaires partirent à l'instant pour les Cévennes et la Vaunage; et, le lendemain, dix-huit mille fanatiques accourus la faux et le fusil à la main, des bords du Gardon et des *garrigues sauvages*, entrèrent dans Nîmes et se rangèrent sur l'esplanade. Pour premier exploit, ces auxiliaires exaltés brisèrent les portes du couvent des Capucins, firent sauter les religieux sur les baïonnettes et pillèrent les cellules. Réunis ensuite aux dragons et au régiment de Guienne fédéré avec ces derniers, ils attaquèrent la légion nîmoise, qui soutenait vaillamment le choc, et l'écrasèrent. Les catholiques de Montauban avaient tué cinq protestants; les protestants de Nîmes, dans les journées des 13, 14 et 15 juin, fusillèrent cinq cents catholiques[1].

---

[1]. « La journée du lendemain fut plus affreuse. Il serait impossible de recueillir les détails de toutes les atrocités que fit commettre la vengeance et dont se souilla le parti vainqueur.» (Rapport de M. Alquier à l'Assemblée nationale au nom du Comité des recherches.)

« Les protestants, innocents jusqu'alors de toutes les cruautés, n'imitè-

Mais ce n'était pas seulement dans les villes où bouillonnaient les haines religieuses, que la commotion de 90 était violente; il suffisait, pour qu'elle ébranlât tout, que l'ancien régime se trouvât en contact quelque part avec une classe ou un corps animé des idées nouvelles. Le vicomte de Mirabeau, frère bien indigne sous le rapport patriotique de l'hercule du jeu de Paume, était parti vers ce temps-là de Perpignan, emportant les cravates du régiment de Touraine dont il était colonel. En perdant ses drapeaux, Touraine perdit tout respect légal. Une émeute prétorienne se saisit du maire, l'entraîna à la citadelle, et, s'emparant des clefs des arsenaux, déclara par la voix du sieur Diversay, lieutenant-colonel, que le vieux marquis d'Aguilar ne serait relâché et la clef des poudres rendue, que lorsqu'on rapporterait les drapeaux. La municipalité de Perpignan se hâta donc d'écrire à toutes les municipalités du Midi, pour qu'on arrêtât le vicomte de Mirabeau. Il était déjà arrivé à Castelnaudary, lorsqu'on le reconnut. Il fut aussitôt incarcéré, et une députation spéciale se mit en marche avec ce précieux dépôt pour Perpignan, où l'attendait une fête civique des plus brillantes. Voici l'ordre observé pour la marche et l'entrée : La musique de Touraine et de Vér-

rent *que trop* les misérables qui les avaient provoqués. » (Benjamin Constant, lettre du 14 juin.)

« On était si animé contre ces factieux, *que la mort de chacun d'eux était regardée comme un triomphe!* » (Lauze de Péret, *Éclaircissements historiques sur les calomnies dont les protestants du Gard sont l'objet*, t. I, p. 38.) — *Courrier d'Avignon*, 18 juin, contenant l'extrait d'une lettre de Nimes datée du 14.

mandois, précédée de tous les tambours, ouvrait la marche; venaient ensuite les détachements des deux régiments qui avaient été jusque par delà Narbonne à la rencontre des drapeaux; ils étaient suivis des milices citoyennes de Castelnaudary, Carcassonne, Trèbes, Narbonne, Sigean, Salces et Rivesalte, qui les avaient gardés pendant la route. La municipalité suivait, escortée par un grand nombre d'officiers de tous les corps, et les cravates et cordons des drapeaux cachetés et portés en triomphe par de vieux militaires de la garnison. La troupe citoyenne fermait la marche avec toutes les brigades de maréchaussée à cheval. Au moment où Touraine revit ses drapeaux, tout le régiment fit une décharge à laquelle répondirent toutes les troupes citoyennes, ainsi que le régiment de Vermandois; la ville était en feu, on tira plus de quarante mille coups de fusil; tous les yeux étaient mouillés de larmes; on n'entendait que des cris d'allégresse [1].

Ce régiment, du reste, allait se distinguer par son civisme à la fête du 14 juillet. Le jour anniversaire de la prise de la Bastille, et en même temps que la fédération générale des départements avait lieu à Paris, une fédération particulière se célébrait avec pompe dans chaque ville. Autour d'un autel paré des couleurs nationales et décoré de ces inscriptions dues à Voltaire et à Rousseau :

Les mortels sont égaux, ce n'est pas la naissance,

---

[1]. Extrait de deux lettres de Perpignan des 17 et 18 juin 1790, adressées à MM. les députés du Roussillon, 6 p.

C'est la seule vertu qui fait leur différence.

Les peuples sont heureux aussitôt qu'ils aiment la patrie.

se pressaient des citoyens de tout âge, de tout état et de tout sexe. Les laboureurs des campagnes voisines avaient abandonné leurs travaux pour se réunir aux habitants des cités, et répéter mille fois avec eux : *Nous sommes libres! nous sommes frères! vive la nation, la loi et le roi!*

On procéda d'abord à la prestation du serment prescrit aux troupes de ligne. Ce serment, précédé par un roulement, fut prêté en présence des municipaux décorés de leurs écharpes, par les officiers des différents corps militaires qui promirent et jurèrent successivement de rester fidèles à la nation, à la loi, au roi et à la constitution ; de prêter la main-forte requise par les corps administratifs, et de n'employer jamais les soldats sous leurs ordres contre aucun citoyen, si ce n'était sur cette réquisition qui serait toujours lue aux troupes. Alors les officiers prononcèrent des discours dans lesquels ils disaient, comme ceux de Touraine à Perpignan : « C'est maintenant que nous avons une patrie ; c'est maintenant que nous sommes véritablement Français ; nous le sentons au noble enthousiasme qui élève nos âmes. C'est en ce jour que fut reconquise la liberté, que furent rétablis les droits inaliénables et sacrés que la nature donne à tous les hommes, et dont le despotisme nous avait privés. Ses remparts affreux, ses tours formidables se sont écroulés, et c'est au milieu de ces débris immenses qu'ont été posés les fondements du plus majestueux édifice, celui de la constitution qui régénère cet empire [1]. »

Les procureurs des communes s'écriaient à leur tour : « Quelle idée consolante nous rappelle cette réunion ! les droits de l'homme rétablis, nos chaînes rompues, le despotisme anéanti, et la liberté victorieuse des abus du ministère ! »

» Au même instant, de toutes les parties de ce vaste empire, les Français reparaissent, après un intervalle de plus de douze siècles, les véritables descendants et héritiers de ces Francs qui sortirent libres des forêts de la Germanie, ou tels qu'ils se présentaient aux champs de mai de Charlemagne [2]. »

Après ces discours, les maires, gravissant le premier degré de l'autel de la patrie, firent prêter un serment d'union conçu en ces termes :

« Nous nous unissons tous d'esprit et de cœur à la confédération nationale, qui se fait aujourd'hui et à la même heure à Paris, et nous jurons de rester toujours fidèles à la nation, à la loi et au roi, de maintenir de tout notre pouvoir la constitution, de regarder désormais tous les Français comme nos frères, et de rester toujours étroitement unis avec eux [3]. »

C'étaient de belles et nobles paroles : le bonheur de la nation eût été certain si elles avaient pénétré tous les cœurs. Malheureusement, comme une révolution ne peut s'accomplir sans violence, le soleil si

1. Archives municipales de Perpignan, pacte fédératif du régiment de Touraine.
2. Archives municipales de Montpellier, conseil général, n° 2.
3. Archives générales de Montauban, livre jaune, t. 1, fol. 17, 18.

pur et si éclatant de la fédération ne brilla qu'un jour. Le lendemain il était caché de nouveau sous les nuages et les taches sanglantes. Les parlements d'Aix et de Toulouse, qui, pour combattre le despotisme ministériel, avaient excité les peuples à la résistance et pressé de toutes leurs forces la convocation des états-généraux, s'alarmèrent en voyant la marche de l'Assemblée nationale, et s'efforcèrent d'enrayer la révolution par des arrêts concertés d'avance avec les autres parlements du royaume. Protestation impuissante, qui s'exhala comme un dernier soupir! Le lion qu'ils avaient lancé libre dans l'arène comptant le réenchaîner après leur victoire revint sur eux et les dévora [1]. Un simple arrêté des directoires des départements de la Haute-Garonne et des Bouches-du-Rhône mit les délibérations parlementaires au néant; et bientôt, en exécution d'un décret de l'Assemblée nationale, les municipaux vinrent installer à leur place les juges des districts et apposer le sceau national sur leurs chambres, leurs greffes et leurs registres.

Tandis que les parlements et les souveraines cours des aides mouraient ainsi obscurément sous le décret du 12 octobre, la lutte entre les partisans de l'ancien régime et ceux de l'Assemblée nationale continuait à travers les balles et les boulets. Le club des amis de la constitution de Perpignan attaquait à coups de canon le club des amis de la paix; et ces

[1]. Archives de la préfecture de la Haute-Garonne, réquisitoire de *Mailhe*, procureur-général-syndic du département, 2 octobre 1790.

derniers, qualifiés de scélérats par leurs adversaires, qui *brûlaient du feu sacré du plus pur patriotisme* ¹, laissaient quatre morts et quatre-vingts blessés sur le champ de bataille. Il en était de même à Aix : les patriotes, provoqués le 13 décembre par le club des amis du vrai, et par quelques officiers de Lyonnais, couraient aux armes, et, après avoir pris d'assaut le cercle des nobles, et chassé le régiment réactionnaire, inauguraient dans le Midi la lugubre lanterne, en pendant aux arbres du Cours Morellet, Guiraman et Pascalis.

L'année suivante fut plus calme : malgré les mandements des évêques excitant ouvertement leurs diocésains à la révolte, le rassemblement d'émigrés de la Lozère, appelé camp de Jalès ², et le refus d'une grande partie des prêtres, de se soumettre au serment civique, on n'eût guère à signaler en 1791, que les agitations contre-révolutionnaires de Montpellier. Dans la rue de l'Argenterie siégeait un comité mystérieux connu sous le nom de contre-pouvoir : la nuit, ses agents arrêtaient les patriotes au coin des rues, et les forçaient le sabre sur la poitrine à crier vive le roi, et les paysans qui les rencontraient le jour dans la campagne, leur faisaient comprendre en frap-

---

1. Relation des troubles de Perpignan par MM. l'abbé Jeambon et Gelis, députés à l'assemblée nationale, p. 1 et 5.

2. Il fut dissipé en février 1791, par le brave d'Albignac, qui pouvant écraser cette multitude la dispersa sans répandre une goutte de sang. Aussi reçut-il successivement les félicitations du ministre de la guerre et du président de l'Assemblée nationale, le 7 mars 1791, et vingt-neuf ans plus tard le cordon rouge, de Louis XVIII.

pant sur leur faux, le sort que leur réservait la fameuse compagnie du Plant de l'olivier si dévouée à l'ancien régime qu'un seul soldat fut jugé assez pur pour entrer dans la garde nationale [1]. Cependant, l'Assemblée constituante, après avoir cassé la municipalité montalbanaise du 10 mai, et mis ses membres en accusation; après avoir fait proclamer l'acte constitutionnel sur les promenades de toutes les villes, donné, en créant les assignats, le modèle de ces billets de confiance qui inondèrent le Midi, et mis à l'encan les biens des nobles réfractaires, venait de se dissoudre. Mirabeau, type magnifique de sa force et de son génie, s'il n'avait eu, comme la plupart des gentilshommes d'alors, le cœur gangrené de vices; Mirabeau était au Panthéon, et la monarchie constitutionnelle qu'il avait créée se suicidait à Varennes. C'est dans ces circonstances, lorsque le clergé n'existait plus comme corps politique, ni même comme corps religieux, car les cloches avaient été descendues de la plupart des églises au commencement de septembre, lorsque la noblesse ne comptait que des émigrés ou des suspects, que les assemblées primaires se réunirent sous les arbres de la liberté plantés alors dans toutes les communes et nommèrent l'Assemblée législative. Les pères de la révolution étaient des hommes du Midi : Mirabeau, Mounier, Barnave, Lafayette; et dans un autre ordre d'idées, Maury et Cazalès avaient mené la première

[1]. Archives municipales de Montpellier, conseil général, n° 2, fol. 359.

assemblée : les hommes du Midi, représentés par cette immortelle et pure phalange appelée Gironde, inspirèrent et conduisirent la seconde. Si les choses avaient suivi leur cours régulier, si le torrent populaire s'était renfermé dans le lit creusé par la révolution, des hommes tels que Vergniaud, Guadet, Brissot, Grangeneuve, Gensonné, Condorcet, Isnard, auraient fondé la véritable liberté; car l'amour de la patrie embrasait leurs âmes. Au lieu de cela, poussés violemment en avant par les émeutes jacobines, ils dépensèrent leur talent et leur énergie à lutter en vain contre l'agitation de Paris, qui, retentissant avec fracas dans les départements, les remplit, pendant toute cette année 1792, de rumeurs sinistres et de troubles.

Déjà, le 6 mai, les administrations, en grand costume, avaient parcouru les rues et les places des villes, au son de la musique militaire, en proclamant la déclaration de guerre de la nation au roi de Bohême et de Hongrie. Quelques jours plus tard, une petite insurrection royaliste leva la tête dans l'Ardèche et s'empara du fort de Bannes; après cet événement, grossi, exagéré outre mesure, et les massacres d'Avignon[1], où le sang coula comme de l'eau, on apprit que les Prussiens marchaient vers la frontière, et des courriers de l'assemblée législative apportèrent son décret du 11 juillet, qui déclarait la patrie en danger. A cette formule nouvelle,

---

1. C'est alors que le comtat Venaissin, appartenant au pape depuis la croisade albigeoise, fut réuni à la France, d'après le vœu des habitants.

un grand frémissement démocratique exalta les municipalités : des registres furent ouverts pour recevoir les inscriptions des volontaires ; les membres des diverses administrations nommées par le peuple renouvelèrent spontanément le serment de vivre libres ou de mourir, et se mirent en permanence. Une série de mesures énergiques témoigna ensuite de leur ferme résolution de servir la chose publique. On organisa d'abord une surveillance très-active contre les citoyens dangereux : les journaux inciviques, tels que *l'Ami du Roi*, *l'Indicateur*, *la Gazette universelle*, *le Mercure de France*, *l'Ami du Peuple* de Marat, ainsi que toutes les lettres adressées aux partisans de la royauté, furent arrêtés à la poste ; et tandis qu'on émettait de nouveaux billets de confiance de 5 sols, des compagnies franches étaient formées dans chaque département, et dirigées sur Nîmes et le Pont-Saint-Esprit, où devait se réunir l'armée du Midi. Au milieu de tout ce mouvement éclata la nouvelle du 10 août : le roi et l'assemblée législative étaient chassés à la fois par l'insurrection victorieuse. Un décret, rédigé par Vergniaud, suspendait Louis XVI et ordonnait la convocation d'une convention nationale.

Cette assemblée, quoique nommée au milieu de l'effervescence des esprits, des visites domiciliaires, des émeutes et même des assassinats, fut composée presque exclusivement de girondins. La ville de Paris, seule, y glissa une douzaine d'énergumènes, qui, réunis à quelques députés du Nord, formèrent cette abrupte Montagne, la roche Tarpéienne de la liberté. Les Montagnards étaient tous ce que seraient encore nos capacités libérales si le hasard les jetait de nouveau au pouvoir révolutionnaire, avec l'orgueil de leurs connaissances de collége, leur ignorance réelle des choses du passé et du présent, et leur basse jalousie contre toute intelligence supérieure. Un avocat sans causes, Robespierre, un médecin sans malades, Marat, un huissier, un procureur et un maître d'école, voilà les chefs de la Montagne, voilà les rivaux des Vergniaud, des Louvet, des Condorcet, des Sieyès, des Roland, les esprits les plus forts, les talents les plus épurés de la génération nouvelle. Aussi la lutte de la Montagne avec la Gironde ne fut pas une lutte de raison, mais un pugilat. Incapables de résister à l'influence morale de leurs adversaires, les Montagnards ne cessèrent d'en appeler à la force brutale. Comme leur vue ne s'étendait pas au delà des murs de leurs clubs, qu'ils ne se faisaient pas même une idée des ménagements à prendre, de l'habileté à déployer pour amener une grande nation comme la France à changer tout à coup ses mœurs, sa vie sociale et religieuse et son gouvernement, la prudence des Girondins, ils la taxaient de trahison, leur marche lente, mais sûre, ils l'appelaient contre-révolutionnaire, et, à force de pousser aux mesures extrêmes et au sang, ils soulevaient contre le nouvel état de choses l'exécration de l'immense majorité du pays et celle de l'Europe. C'est ainsi qu'après avoir mis le poignard sur la gorge de la Gironde pour la contraindre d'immoler Louis XVI, ils la livrèrent, le 31 mai, à l'écume de la population parisienne, parce qu'elle ne voulait pas qu'une poignée de misérables, qui s'appelaient insolemment la commune de Paris, courbât tous les jours sous les baïonnettes les représentants des départements.

Depuis la réunion de la Convention, ce dénoûment était prévu : le jour même où tombait la tête de Louis XVI, tout en applaudissant avec chaleur, comme les autres villes du Midi au *châtiment du roi conspirateur* [1], Bordeaux avait décrété la formation d'un corps de volontaires nationaux, composé de cinq cents hommes, pour être envoyé à Paris et mis à la disposition de la Convention nationale. A cette

1. Voici l'adresse de la municipalité de Montpellier, dont le chef, *Durand*, fut guillotiné peu de temps après comme Girondin :

« Citoyens législateurs, vous avez été investis de l'autorité d'un grand peuple; le peuple souverain, en vous nommant, vous a confié un pouvoir illimité ; vous avez donc pu, vous avez dû rendre et faire exécuter tous les décrets, tous les jugements qui pouvaient assurer son salut ; mais, citoyens, quelque étendue de pouvoir qui vous soit confiée, vous devez être jaloux de connaître si vos opinions sont d'accord avec celles de ce même peuple. La commune de Montpellier vient aujourd'hui, par notre organe, vous témoigner sa satisfaction du courage et de la fermeté que vous avez manifestés par vos décrets. Un appel au peuple pour le jugement de Louis, sans rien changer à la destinée du tyran, eût à coup sûr occasionné de grands crimes : un chef criminel, parjure, quoique déclaré coupable, eût ranimé l'espoir de nos ennemis. Lepelletier est assassiné, et son assassin échappe à une juste vengeance. Roland demande sa retraite, Kersaint vous quitte et Marat reste !...

« Cependant, citoyens législateurs, que ces justes regrets ne vous arrêtent point dans votre carrière. Laissez ces opinions erronées qui tomberont d'elles-mêmes, et songez que les Français attendent avec la plus grande impatience une constitution qui leur assure la liberté et l'égalité. » (Archives municipales de Montpellier, conseil général, n° 6, fol. 43 et 44.)

occasion, le conseil général avait adressé la proclamation suivante à ses concitoyens :

« Lorsque les ennemis de notre liberté s'avancèrent vers nos frontières, nous n'eûmes qu'à vous dire : Braves Français, la patrie est en danger! et vous vîntes en foule lui offrir vos bras et vos fortunes...

» Ce n'est plus aujourd'hui l'ennemi du dehors que nous redoutons : des soldats citoyens, des généraux patriotes, voilà les remparts qui s'opposent à ses efforts, et devant lesquels échoueront tous ses projets.

» C'est dans le temple même de la liberté, c'est au sein de la convention nationale, que le danger devient plus pressant. Il n'est aucun de vous qui ne regarde l'assemblée de nos représentants comme le point central de la république entière, et qui, l'ayant investie de ses pouvoirs, ne désire lui procurer tous les moyens possibles de faire le bien; elle a été formée pour assurer la liberté, sans laquelle il n'y a point de bonheur pour une nation. Mais comment assurerait-elle la liberté publique si celle de ses membres n'était pas entière? Comment sera-t-elle l'organe de la volonté générale, si des hommes avides de sang la tiennent constamment sous la hache des factieux et le poignard des assassins?

» Citoyens, cet état de choses ne peut plus durer : la nation ne l'a peut-être que trop long-temps souffert, et déjà l'Europe nous reproche de laisser impunies ces provocations que se permettent des tribunes insolentes ; cette lutte scandaleuse de quelques sections, de quelque faible section du peuple contre les représentants de la nation entière; ce despotisme tyrannique que des brigands exercent audacieusement sur la saine portion du peuple de Paris; ces crimes du 2 septembre qui révoltent la nature, et dont les coupables agents osèrent se comparer aux hommes du 10 août et du 14 juillet. Depuis longtemps les citoyens de Bordeaux avaient manifesté le désir d'aller avec les autres fédérés des départements dissiper cette poignée d'anarchistes, rétablir le calme dans cette cité, naguère si célèbre par son civisme et sa valeur : le mal est à son comble, et on ne peut plus différer d'y porter un remède efficace.

» Citoyens, vous avez juré de vivre libres ou de mourir, l'instant est venu d'accomplir cette sainte promesse; volez à la défense de la Convention, allez la débarrasser des factieux qui l'avilissent, et bientôt vous lui verrez reprendre cette attitude fière et imposante, qui seule peut assurer la gloire et la prospérité de la république, les citoyens paisibles de Paris vous attendent, les vainqueurs de la Bastille vous tendent les bras [1]. »

Peu de temps après cette proclamation, qui alla retentir avec l'adresse non moins sympathique des

---

1. Signé : Saige, maire; Oré, Marchand, Lafitte, Baour, Latus, Lagarde, Béchean, Nairac, Marteilhe, Boyer, Furtado, Sandré, Lartigne, officiers municipaux; Vielle, procureur de la commune; Lapeyre, Azéma, Drignac, Emmverth, Bouluguet, Delmestre, Maille, Dubord, Vignes, Brugevin, Guibbaud et Bellot, notables. (Archives municipales de Bordeaux, conseil général, registre n° 5, fol. 34.)

Marseillais, jusque sur le fauteuil de la présidence, et y fit tressaillir de joie Jean de Bry, le directoire du département dirigea un autre corps de volontaires sur la Vendée pour y combattre les royalistes [1]. Cette mesure fut suivie de l'organisation politique des sections. Le 11 avril 1793, le conseil-général du département arrêtait :

Qu'il serait établi un comité de défense générale chargé de préparer par la discussion, et présenter ensuite à l'administration, tous les moyens propres à assurer la défense de cette partie de la république dans tous les cas d'attaque extérieure ou intérieure.

Ce conseil sera composé, était-il dit, de six membres et de 3 suppléants. Les administrations du département du district et municipalité de Bordeaux y nommeront chacune deux membres et un suppléant

Ce comité sera divisé en trois sections composées chacune de deux membres et un suppléant.

La première section comprendra tout ce qui est relatif à la défense des côtes et de la rivière.

La seconde section s'occupera de tout ce qui a rapport à la force publique du département, aux moyens de l'améliorer et d'en rendre l'emploi toujours sûr et facile en cas de besoin.

La troisième section s'occupera de tous les rapports extérieurs intéressant la défense du département.

Chaque section divisera son travail en deux clas-

---

[1] « Tout en combattant Paris, ils n'en voulaient pas moins continuer une guerre opiniâtre contre l'aristocratie et la Vendée. » (Thiers, *Histoire de la Révolution française*, t. v, p. 23. Mignet, id.)

ses principales : la première aura pour objet les armes, les munitions de guerre, les forts, fortifications, bâtiments, arsenaux, effets de campement, signaux, etc.; la seconde classe, les troupes, mouvements, subsistances, logements, hôpitaux, casernes, communications, etc.

Les deux membres de chaque section seront chacun particulièrement attachés à l'une de ces classes.

Les suppléants n'auront pas de division particulière : ils suivront dans leur section les deux classes pour les aider l'une et l'autre, et suppléer dans tous les cas celui de ses membres qui en aurait besoin.

Il sera adjoint, à chaque section de ce comité, un nombre déterminé de citoyens distingués par leur patriotisme et leurs lumières, afin de porter sur chaque partie toutes les connaissances de détail dont elles sont susceptibles.

Pour cet effet, les sections assemblées de la commune de Bordeaux seront chacune invitées à faire choix d'un citoyen, qui, réunissant des connaissances acquises, à un zèle connu pour la chose publique, aurait le temps de suivre et de faciliter les opérations de chaque section du comité.

Les vingt-huit adjoints qui auront été choisis seront divisés de manière que les deux premières sections du comité auront chacune dix adjoints, et la troisième huit.

Dans chaque section du comité, ils se diviseront encore par classes; ainsi, dans les deux premières sections, ils seront cinq à chaque classe; et dans la troisième, quatre seulement.

Le comité ainsi composé de six membres et de trois suppléants ne pourra prendre aucune mesure définitive, et ne délibérera que les projets qu'il aura à proposer.

Aucun projet ne pourra être présenté au nom du comité à l'administration, qu'il n'ait été approuvé à la majorité. Et il ne pourra y avoir de délibération du comité à cet égard, qu'il n'y ait quatre suppléants au moins.

Au surplus, le comité demeure autorisé à régler sa police intérieure, l'ordre de son travail et de ses délibérations, de la manière qui lui paraîtra la plus convenable [1].

L'annonce de la proscription des Girondins trouva donc Bordeaux prêt : on chassa les envoyés de la Convention, et la ville fut mise sur le pied de guerre. Marseille, également irritée et avec justice de l'affront fait à Barbaroux son noble député, se leva des premières contre la tyrannie naissante de Paris. Le 11 juin, le comité général des trente-deux sections arriva à l'hôtel-de-ville, et, après avoir requis le chef de la légion de service, de mettre en activité sur-le-champ la moitié de chaque bataillon, il arrêta, au milieu du conseil général :

Que chaque section garderait les dépôts d'armes placés dans son arrondissement. Que les numéros

---

1. Archives municipales de Bordeaux, conseil général, n° 6, p. 80.

1 et 2 seraient chargés de la poudrière d'Aren, de Saint-Lazare et des infirmeries;

Que l'arsenal serait gardé par les numéros 5 et 6, le fort Saint-Jean par les numéros 16 et 17;

Le palais et la commune par les numéros 15 et 18;

La citadelle par le numéro 20;

Le fort Notre-Dame-de-la-Garde par le numéro 21;

Le port par les volontaires de la marine;

La Monnaie par le numéro 2;

Et que les chefs de légion recevraient le mot d'ordre du président du comité général, lequel mot d'ordre serait changé tous les trois jours en attendant qu'on reprît l'ancien usage [1].

De Marseille à Bordeaux, l'insurrection fut générale. Toulouse, Montpellier, Nîmes, Aix, Avignon, le Puy, Grenoble, se fédérèrent pour venger la représentation nationale opprimée par une seule ville; mais, en protestant contre la tyrannie des bonnets rouges parisiens, toutes ces cités s'engagèrent sous serment à conserver jusqu'à la mort l'indivisibilité du territoire français. Ainsi tombait devant cette éclatante manifestation la calomnie de fédéralisme. Par ce mouvement, que les Montagnards présentaient comme un crime de lèse-nation, et qui n'était qu'un retour aux libertés provinciales confisquées depuis quatre ans au profit de la suprématie de Paris, le pouvoir central expirait à la fois, de la Loire à la

---

1. Signé : P. Peloux, président, Castelanet et Lantelme, secrétaires. Archives municipales de Marseille, délibérations du conseil général de la commune, registre n° 2, fol. dernier.)

Méditerranée avec d'autant plus de facilité, qu'il n'était représenté que par quelques hommes. Des départements du centre tels que la Haute-Vienne, la Dordogne, le Lot-et-Garonne et le Lot, qui gardaient une froide neutralité, la levée d'armes girondine s'étendait jusqu'au camp vendéen de Jalès reformé dans les montagnes de la Lozère, et, se liant d'un côté à l'insurrection formidable de Lyon, touchait aux deux mers et aux deux chaînes des Pyrénées et des Alpes. Toutes les chances de succès étaient donc pour la Gironde, mais ce qui faisait sa force fit aussi sa faiblesse, elle se perdit par ce qui devait la sauver. En voyant la France envahie sur toutes les frontières, en apercevant les cocardes jaunes en Roussillon, les carabiniers de Savoie sur le Var, et le drapeau blanc suivi par trente mille royalistes vers Jalès, les patriotes méridionaux sentirent un doute généreux entrer dans leurs âmes. Ils se demandèrent si momentanément la raison n'était pas du côté de la Montagne, et s'il ne valait pas mieux oublier de vaines questions d'amour-propre provincial, et sacrifier même quelques hommes, pour se réunir et sauver la patrie menacée de l'étranger, et la révolution condamnée par les royalistes. La réponse ne pouvant être douteuse, les mouvements de la fédération se ralentirent peu à peu, et finirent par s'arrêter tout à fait; il était temps, car la malheureuse insurrection du premier de nos ports militaires allait montrer combien ces prévisions étaient justes, et à qui aurait peut-être profité dans le Midi le triomphe des Girondins.

Depuis un mois les sections gouvernaient Marseille : les Jacobins enfermés au fort Saint-Jean dès le premier moment en sortaient tous les jours par douzaines pour marcher à la guillotine. Six mille fédérés occupaient Aix et Avignon, et barraient le chemin à l'armée de la Montagne, dont la cause semblait perdue. Toulon cependant, quoique placé dans le foyer de l'insurrection, ne bougeait pas. Les Jacobins, maîtres de la ville par les ouvriers de l'arsenal, y avaient fait grincer tant de fois les poulies de la lanterne que la terreur glaçait tous les esprits. Pour surcroît d'infortune, les frères et amis de Paris avaient envoyé un de leurs enthousiastes les plus sombres, et ce fanatique furieux, appelé Sylvestre, après s'être mis à la tête du club Saint-Jean, et avoir inauguré le bonnet rouge par le massacre du directoire du département et la délivrance des forçats, annonçait hautement le projet d'égorger tous les modérés. Pour que ceux-ci n'en ignorassent pas, du reste, le 12 juillet, dans l'après-midi, le club Saint-Jean sortit en masse avec les piques et fit une promenade civique dans tous les quartiers. Quand l'effrayante procession arrivait sous les fenêtres d'un Girondin ou d'un royaliste, elle faisait halte, et deux misérables, connus sous le nom de grands bonnets rouges, dont l'un, Jassaud, s'appelait le *pendeur de la ville*, et l'autre, Lambert, le *Marat provençal*, appelaient le maître de la maison et le conviaient d'une voix lugubre à la guillotine, tandis que le club hurlait à la fois : *Plus dè bouan Diou per lei brigans !*

Il ne s'agissait plus de délibérer. Sur les pas des clubistes on vit s'élancer alors un homme de haute taille qui, entrant après eux dans toutes les maisons qu'ils avaient marquées à la croix rouge, ne jetait que ces mots aux proscrits : Je vous attends ce soir aux Minimes, je vous y attends, entendez-vous ! C'était un simple bridier, royaliste déguisé et officier municipal, qui, pour arracher les têtes de ses concitoyens à la *maîtresse de Figon* [1], se transformait tout à coup en Masaniello monarchique. A l'heure dite une assemblée nombreuse se pressait dans l'église du couvent des Minimes, trop étroite pour la contenir. Roux monte en chaire, il enflamme de son enthousiasme ces hommes qui n'ont plus à choisir qu'entre la révolte et la mort, et, à sa voix énergique, la pétition suivante est rédigée au milieu des acclamations :

« Aux citoyens composant le conseil municipal de la ville de Toulon.

» Citoyens,

» Les citoyens actifs soussignés ont l'honneur de vous demander que, conformément à l'art. 62 du décret de l'assemblée nationale pour la constitution des municipalités, les assemblées de section soient ouvertes et convoquées dès le 12 du courant pour neuf heures du soir. Des motifs puissants et majeurs nous obligent à vous faire cette demande : il s'agit ici de la tranquillité et de la sûreté de tous les bons

---

1. Misérable clubiste qui appelait ainsi la guillotine, qu'il essaya, du reste, un des premiers par jugement du tribunal révolutionnaire.

citoyens, et de sauver la ville de Toulon des dangers éminents qu'on machine contre elle¹. »

Couverte à l'instant de deux cents signatures, cette pétition est portée à l'hôtel-de-ville par des délégués à la tête desquels a voulu marcher Roux. C'était une mission périlleuse. A la mairie, en effet, ils faillirent être massacrés par les fanatiques du club Saint-Jean accourus avec des piques et des bâtons en poussant des cris de mort; mais l'assemblée des Minimes, avertie à temps, s'y étant portée en masse, repoussa les clubistes. Aussitôt le procureur de la commune, qui était dans le complot et avait attendu néanmoins, pour se décider, l'arrivée des noirs, requit la municipalité de réparer la violation du caractère sacré de député commise sur Roux et les siens en les ramenant sous escorte et en écharpe aux Minimes. Là les sections furent ouvertes par acclamation à neuf heures du soir, au nombre de huit, qui s'appelèrent :

La première, section de l'Union ;

La deuxième, section des Défenseurs de la souveraineté du peuple ;

La troisième, l'Amie des lois ;

La quatrième, section de la Fraternité ;

La cinquième, des Vrais-Républicains ;

La sixième, des Sans-Culottes ;

La septième, des Droits de l'homme ;

La huitième, de l'Égalité.

---

1. Archives municipales de Toulon, armoire V, carton 16.

Roux fut nommé à l'unanimité président de la section deuxième, établie aux Minimes. Chaque section avait un président, un vice-président et un secrétaire. Égales en droit et en pouvoir, il suffisait, pour l'adoption d'une mesure, qu'elle fût proposée par l'une d'elles et approuvée par la majorité. Chacune prenait l'initiative à son gré. Ainsi le lendemain, sur la délibération de la section des Sans-Culottes, à laquelle avaient adhéré les sections, ses sœurs, de l'Égalité, de l'Union, de la Fraternité et des Défenseurs de la souveraineté du peuple, on proclama la permanence des sections [1]. Ce même jour, la section n. 1 considérant qu'au moment où toutes les sections étaient permanentes, où tous les citoyens s'y rendaient pour coopérer au salut public, il ne pouvait ni ne devait y avoir d'autre assemblée légale, qu'en conséquence le club ne pouvait plus continuer ses séances, déclarait que, dès ce moment, elle ne reconnaissait d'autres assemblées autorisées par la loi que les sections réunies pour corriger les abus, et invitait, en conséquence, tous ses frères des autres sections à se rendre en armes, à six heures du matin, sur la place Saint-Jean, afin de procéder à la fermeture du club [2]. Les autres sections ayant adhéré unanimement et exprimé le vœu, assez incohérent, « que les sociétés populaires disparussent

---

1. Procès-verbal autographe et original du 13 juillet 1793, l'an II de la République française, une et indivisible. Signé, Farquharson, président du n° 6 ; Giraud, président du n° 1 ; Gravier, président du n° 3 ; Michel, président du n° 4 ; Roux, président du n° 2.

2. Archives municipales de Toulon, armoire V, carton 15.

devant la majesté du peuple, » les Jacobins furent chassés de l'église Saint-Jean, et la section de l'Union s'y installa à leur place.

Deux jours après, le conseil général des sections était constitué sous la présidence de Baralier; on dépouillait la municipalité du droit de requérir la force publique, pour en investir de nouveau le commandant de place, d'accord avec les sectionnaires, et il était interdit à cette municipalité de délivrer des passe-ports sans l'autorisation du conseil général. Le 17, un petit nombre de votants nommait dans chaque section d'autres officiers municipaux, et le nouveau maire, M. Meiffrun, ancien constituant, n'obtenait dans sa section, composée de près de trois mille individus, que vingt-neuf suffrages. C'est dire assez que l'ouverture des sections n'avait pas été approuvée par la masse de la population : œuvre d'un parti poussé au désespoir, la révolution du 12 juillet, qui s'était opérée à l'aide d'une audacieuse surprise, ne se soutenait que par un déploiement de force militaire actif et incessant. Des canons chargés à mitraille étaient braqués devant les églises où les sections tenaient leurs séances; la garde nationale, réorganisée et placée sous les ordres d'un ancien garde du corps, était jour et nuit sur pied, toutes les administrations avaient été changées, et cependant les sectionnaires vivaient dans des alarmes continuelles, et ne pouvaient enchaîner l'agitation croissante du peuple. Quoique tous les grands bonnets rouges, les républicains influents et les anciens administrateurs fussent dans les prisons du palais de justice, des bandes d'ouvriers de l'arsenal n'en parcouraient pas moins les rues pendant la nuit en chantant à tue-tête : l'ironique *N'en prendran mai*[1], et criant de leurs voix de Stentor : Les sectionnaires à la lanterne ! Les femmes mêmes les couvraient de huées, les accablaient, malgré leurs arrêtés menaçants, d'injures et de menaces. On commençait, en effet, à entrevoir le but des associés de Roux, malgré le soin avec lequel ils se cachaient encore sous les couleurs nationales. Un manifeste contre-révolutionnaire, imprimé le 17 juin et tiré à mille exemplaires par l'ordre du conseil général, avait déjà cherché à préparer les esprits; le 18, une adresse ainsi conçue fut présentée par la section de la Fraternité à l'approbation des sections ses sœurs :

« Les anarchistes écument de rage, les liberticides sont anéantis, les vampires redoutent l'œil sévère de la vertu, les ambitieux confondus sont réduits au silence, et l'immoralité voit ses autels s'écrouler sur les bases du crime. Mais, citoyens, notre victoire n'est point encore complète, et ne nous flattons pas d'en assurer les effets, tant que l'homme, abusé par la scélératesse et l'impiété, affichera les principes de l'athéisme, et osera porter ses mains sacriléges sur les ouvrages de la divinité.

« Il est temps, il est temps de faire entendre le lan-

---

1. Avàn qué siègué dissàto. :

« Nous en ferons plus, nous en ferons plus
Avant qu'il soit samedi. »

gage de la vérité, il est temps de rendre à l'humanité souffrante ses droits, sa religion et ses ministres... Ah! il n'est que trop vrai que des principes philosophiques ont été la cause de l'irréligion et de nos malheurs! Mais ces principes nous ont-ils rendus plus heureux?... Non, citoyens, la philosophie n'est point la religion, la philosophie n'est pas même la vertu. Il nous faut une religion sur laquelle porte la moralité des actions : il est de toute notoriété qu'une association libre ou volontaire n'a jamais fondé son existence morale et politique que sur la religion; mais si la religion réclame de ses enfants l'hommage le plus étendu, les ministres, qui sont ses organes, n'ont-ils rien à obtenir de nous? Ne soyons pas injustes, leur dévouement à la patrie et à la religion vous est connu, et nous devons à la France entière un grand exemple de dévouement et d'union, et cet exemple, c'est le respect dû aux lois de la République, c'est le maintien des propriétés, c'est la conservation de nos vies pour le soutien de la patrie. Vous savez, citoyens, que c'est par les lois que nous régnons, et que nos biens et nos vies ne doivent pas être à la merci des anarchistes [1]. »

Comme conséquence de ce langage, le comité-général, qui usurpait peu à peu le pouvoir des sections, mit les deux députés de la Convention Baille et Beauvais au fort Lamalgue; ce premier défi lancé à la Convention, les hommes qui le composaient et qui

[1]. Archives municipales de Toulon, armoire V, carton 15.

étaient tous comme Chaussegros, commandant des armes, Puissant, ordonnateur en chef de la marine, l'amiral Trogoff et Donnet, dévoués à l'ancien régime, démasquèrent graduellement leurs projets. Ils instituèrent d'abord un tribunal populaire divisé en deux bureaux ; ensuite les proclamations du général royaliste Wimpffen furent répandues avec profusion le 28 août, et, pour réveiller les idées religieuses et propager des principes sans lesquels les humains ne pouvaient trouver » ni bonheur sur la terre, ni récompense dans le ciel ' », ils firent voter par les sections le couronnement de la Vierge, cérémonie entourée d'une pompe extraordinaire, et que suivirent un *Te Deum* chanté au bruit du canon et une procession générale.

A mesure que ces intentions équivoques éclataient aux yeux des patriotes de la flotte et de l'arsenal, l'émeute grondait avec force, et on n'avait pas trop, pour la contenir, de toutes les baïonnettes des sections. Bientôt les communications étant coupées du côté de Marseille, par l'armée de Carteaux, qui arrivait par Aix, chassant devant lui comme des troupeaux les bandes mercenaires des fédérés, et d'autre part les flottes combinées des Espagnols et des Anglais croisant devant la rade, la faim vint ajouter ses aiguillons à la colère de plus en plus ardente des marins et du peuple. Alors le comité-général, reconnaissant son impuissance à résister au dehors à la

---

1. Archives municipales de Toulon, registre des délibérations et arrêtés du comité général des sections permanentes, etc., juillet 1793.

Montagne, et au-dedans aux tentatives sans cesse renouvelées des patriotes, consomma l'acte infâme qu'il méditait depuis sa création, et, en proclamant Louis XVII, traita le 27 août avec l'amiral anglais Hood, et s'engagea à lui livrer les forts et la rade.

Quand ce marché à jamais exécrable fut connu, tout ce qui n'était pas sectionnaire frémit d'indignation et de honte. Si un seul homme de tête s'était rencontré dans l'arsenal ou sur les vaisseaux, jamais la flotte britannique n'aurait doublé le cap Cépet. Mais lorsque la trahison était partout, la grande énergie ne se montrait nulle part, et, le peuple resté pur, les marins toujours fidèles à la patrie avaient beau chercher avec rage un chef parmi les officiers, ils ne trouvaient que des cœurs timides ou des traîtres. En attendant, le comité commençait dans les ténèbres son œuvre d'iniquité.

Au milieu de la nuit du 28, nuit à jamais néfaste et maudite, lord Elphinstone, débarqué au port des Ilettes à la tête de quinze cents Anglais portant des lauriers à leurs shakos, s'avançait comme un voleur vers le fort Lamalgue, guidé par un détachement de garde nationale, et en recevait les clefs des mains d'un membre du comité général. Le lendemain, les équipages de vingt-huit navires portant pavillon tricolore virent le drapeau anglais flotter sur le parapet supérieur du fort Lamalgue, et l'amiral Hood entrer avec ses vaisseaux en ligne de bataille, dans cette magnifique rade, d'où le traître Trogoff avait retiré les nôtres la veille. A la vue des Anglais, un cri immense et unanime sortit de tous les entreponts. Les marins demandaient le combat avec rage, et malgré les supplications de leurs officiers qui deshonorèrent ce jour-là, pour jamais, l'aristocratie de la mer, malgré les prières des maîtres qui se jetaient à leurs genoux, ils voulaient tous repasser les deux chaines et aller se ranger sous le pavillon de Saint-Julien, dont le vaisseau, le *Commerce de Marseille*, embossé en tête de rade, montrait fièrement ses canons aux Anglais ; malheureusement ce Saint-Julien était aussi un noble et un traître, ou, ce qui serait non moins ignominieux, un lâche. Au moment où, le cœur palpitant de cette dernière espérance, sept mille braves ponantais n'attendaient pour quitter Trogoff et courir à l'ennemi que la bordée du vaisseau resté à son poste, on aperçut une chaloupe faisant force de rames et où brillaient des uniformes : c'était Saint-Julien qui fuyait sans combattre, en criant au digne Bouvet du vaisseau le *Patriote*, le seul capitaine qui eût fait son devoir, que tout était perdu. Le surlendemain, les sept mille matelots ponantais se faisaient mettre à terre et partaient pour aller rejoindre l'armée de Carteaux, tandis que des canots pavoisés aux couleurs étrangères débarquaient devant l'Hôtel-de-Ville l'amiral Langara, les généraux Goodal, Gravina, Mulgrave, Moreno, et Hood, qui, reçu par le comité général des sections, prit possession de Toulon au nom de sa majesté britannique.

Il n'y avait pas huit jours que les escadres coalisées avaient vomi sur le sol provençal deux mille cinq cents Anglais, quatorze mille cinq cents Espagnols et Napolitains, et trois mille Piémontais : le comité royaliste, ne dissimulant plus ses opinions, traitait pompeusement leurs chefs, lorsqu'on vint remettre à son président l'adresse de la Convention aux Français méridionaux :

« Français, y disait l'assemblée véritablement nationale, le forfait que vous ne vouliez pas croire, parce que vous ne pouviez pas en concevoir l'idée, ce forfait a été commis : une des principales villes, le port le plus important et la plus considérable escadre de la république, ont été lâchement livrés aux Anglais par les habitants de Toulon.

» Des Français se sont donnés aux Anglais! Cette trahison infâme, dont la pensée seule aurait pénétré d'indignation et d'horreur des Français esclaves d'un roi, a été conçue, méditée, exécutée, par des Français qui se disaient républicains! Les scélérats! et c'était nous qu'ils accusaient d'être les ennemis de la république, et de vouloir être les restaurateurs de la royauté! et ces paroles qu'ils osent nous adresser aujourd'hui, ils les datent de l'an 1ᵉʳ du règne de Louis XVII!

» Français! qui de vous pourra désormais douter qu'ils ne soient des conspirateurs contre la république et contre la nation, tous ceux qui se séparent de la Convention nationale ?...

» Vengeance, citoyens! Qu'ils périssent, tous ceux qui ont voulu que la république pérît : et vous, départements du Midi, vous serez tous complices de ce déchirement de la France, si vous ne vous empressez d'en punir les auteurs; vous seriez accusés par la nation de partager les sentiments odieux des habitants de Toulon, si, en apprenant l'horrible nouvelle, vous n'alliez cerner cette ville infâme! Que le tocsin vengeur, qui rassemble si rapidement des milliers de Français sur les frontières menacées par les Autrichiens ou les Espagnols, retentisse dans toutes les contrées méridionales, pour vous faire précipiter sur les Toulonnais, plus coupables encore que les traîtres émigrés.

» Que la vengeance soit inexorable! Ce ne sont plus des Français, ce ne sont plus des hommes : la France les a perdus, l'Angleterre ne les a pas gagnés; ils n'appartiennent plus qu'à l'histoire des traîtres et des conspirateurs. Que les lâches habitants de Toulon, l'horreur et la honte de la terre, disparaissent enfin du sol des hommes libres, et que Toulon, son port et son escadre, rentrent sous les lois de la France! »

Après cette lecture, et celle du décret qui mettait hors la loi l'amiral Trogoff, l'ordonnateur Puissant et le capitaine des armes, et prescrivait l'emploi des mesures les plus promptes et les plus énergiques pour réduire Toulon, le président Lesperon s'entretint un instant à voix basse avec ses collègues et envoya ensuite les deux pièces au bourreau pour qu'il les brûlât sur-le-champ en public. Le contact de l'étranger et la vue des uniformes rouges avaient tourné la tête à ces hommes : après avoir formé le

11 septembre un petit bataillon sacré de jeunes nobles et d'émigrés, ils crurent pouvoir enfin se montrer à découvert, et considérant que depuis la régénération à la royauté il ne devait plus exister à Toulon des marques du liberticide et de l'anarchie, ils prièrent la municipalité de faire effacer les noms que les sociétés populaires avaient donnés aux rues de la cité[1]. Le gibet fut ensuite solennellement rétabli, et la réaction royaliste égala, si elle ne la dépassa point, en tueries juridiques, la réaction des jacobins. Déjà, au commencement d'août, la commission martiale avait jeté pêle-mêle sous le couteau de la guillotine les grands bonnets rouges Jassaud et Lemaille, l'ancien maire démocrate Paul, le président du tribunal criminel du département du Var, celui des jacobins, et les commandants de la garde nationale patriote; tous étaient montés sur l'échafaud d'un pas ferme, mais la mort de ces deux derniers avait été sublime : le jacobin Sylvestre, rayonnant du fanatisme calme et fier de ses convictions, arriva au pied de l'échelle en fredonnant une chanson de l'époque dont le refrain était : *A la guillotine Capet!* Avant d'être attaché sur la planche fatale, il se tourna vers le peuple, et s'écria d'une voix tranquille et solennelle :

« Les paroles d'un mourant sont prophétiques : infâmes royalistes, la république nous vengera!... »

---

1. Archives municipales de Toulon, délibérations et arrêtés du comité général des sections en permanence, 12 septembre 1793.

Pendant ce temps, le jeune Gueit écrivait à sa mère :

« Ma bonne mère,

» C'est du moment que je meurs que je vous écris ; je n'ai qu'à vous inviter à vous consoler : je vous embrasse un million de fois, mes frères et sœurs, tous mes parents, ainsi que mes amis, s'il m'en reste. Je vous avoue à tous que le seul crime qu'on peut m'imputer est celui d'être patriote, je meurs de même, le ciel seul me vengera. Adieu, adieu, adieu pour toujours! »

L'infortuné disait vrai : le tribunal de sang n'avait pu lui trouver d'autre crime que celui *d'avoir violé le palais des rois* en y entrant à main armée le 10 août.

Sur des motifs pareils, on pendit le 14 septembre, au milieu du Champ-de-Bataille, l'officier municipal Blache, prévenu d'avoir profané les lieux saints; le directeur de la poste aux lettres Pavin, pour avoir participé aux émeutes; une femme, nommée Marie Coste, accusée d'espionnage[1]. Puis, comme l'habitude de verser le sang devient bientôt une fureur, quand la chaleur des réactions enivre les partis, le tribunal martial se mit à faire fonctionner simultanément la guillotine et le gibet, avec une activité à rendre jaloux Fouquier-Thinville. Toutes les nuits,

---

1. Voici les noms des juges :
Garnier, président; *Decugis, Dor, Gairoird, Dufour, Féraud, Jansollen, Chiousse, Seren, Paul, Martin, Pellegrin, Caire, Auban, Bastide, Gerrin, Aube,* et *Augias,* greffier.

des barques allaient chercher dans les flancs du *Thémistocle*, où avaient été entassés les patriotes, une fournée de prévenus qui passaient immédiatement du tribunal à l'échafaud. Ces massacres juridiques firent tant de victimes, que les Anglais eux-mêmes s'en émurent : l'amiral Hood, tout glacial qu'il était, les arrêta, et enjoignit aux royalistes de laisser reposer le bourreau.

Cependant Carteaux, après avoir dissipé les mercenaires des fédérés, et repris Aix et Marseille, laissa les représentants du peuple travailler, avec la guillotine, à l'épuration de la reine des villes maritimes, et se porta sur Toulon. Il s'était déjà emparé des gorges d'Ollioules, lorsque le 2 septembre, sept mille Toulonnais, précédés par une avant-garde d'Anglais et d'Espagnols, vinrent, sous le commandement du colonel Elphinstone, le chasser de cette formidable position. Deux jours après, ses braves républicains, s'engageant en colonne serrée dans ces Thermopyles provençales, que barrent de chaque côté d'effrayantes murailles de granit, enlevaient Ollioules à la baïonnette, et occupaient Évenos et Sainte-Barbe, les deux clefs occidentales de Toulon. En même temps, le général Lapoype prenait position, avec environ trois mille hommes, sur le littoral de l'est. Voici quel était alors l'état de défense de Toulon. Enfoncée, comme on sait, entre d'énormes montagnes arides et nues, qui la cachent de trois côtés, cette ville fait face à la mer au midi et la touche par es bassins de la marine marchande et de la marine militaire, liés eux-mêmes, au moyen d'un chenal, à la petite et à la grande rade. Sur le plateau méridional, et découvrant à la fois, sous trois aspects opposés, la ville et les deux rades, s'élève d'abord le fort Lamalgue où flottait le drapeau anglais. A l'opposite, la redoute de Faron couronnait, comme aujourd'hui, les montagnes du nord, défendues en outre par le fort du même nom, le fort d'Artigue et le fort Sainte-Catherine, bâtis en amphithéâtre du sommet à la base de ces massifs inaccessibles. Les forts et redoutes de Saint-Antoine et de Saint-André et le fort de Pomets, hérissaient la ligne du nord-ouest : celle de l'ouest était couverte par le fort Malbousquet et par les vaisseaux embossés à la plage de Castigneau ; et sur le littoral de l'est, se montraient, à peu de distance, les forts de Saint-Louis et du cap Brun et la Grosse-Tour. La tour de l'Éguillette, les forts de Balaguier, Caire, Mulgrave et du petit Gibraltar, complétaient au sud le système de défense.

Tout le mois de septembre et la moitié d'octobre se passèrent assez tranquillement. Au dehors cependant un détachement de républicains, commandé par le chef de bataillon Victor, gravissant les sentiers réputés alors impraticables, qui rampent sur le versant septentrional de Faron, avait failli emporter le fort et gagner le corps de la place. Repoussés par des forces supérieures au bord du revers le plus escarpé de Faron, ces braves avaient mieux aimé se précipiter, en criant Vive la république, sur les pointes de rochers qui hérissent le gouffre, que de se rendre aux amis des Anglais. Après cet échec, on ne s'occupa plus, dans le camp de Carteaux, qu'à former un parc d'artillerie, parce qu'il venait d'arriver un officier de vingt-quatre ans, nommé Bonaparte, qui prétendait, à la grande stupéfaction du général, que Toulon n'était pas dans Toulon, qu'il était dans Balaguier, et que le lendemain de la prise de ce fort il appartiendrait à la république. Au dedans le pain commençait à manquer, et l'approche de l'ennemi à se faire sentir. On enlevait, par des réquisitions forcées, les objets nécessaires aux troupes; le 24 septembre, le comité-général des sections empruntait, par acte public, un million de piastres fortes à l'étranger et hypothéquait en garantie tous les domaines royaux et nationaux de Toulon, y compris l'arsenal et les vaisseaux de sa majesté [1]. Le même jour, il faisait exposer le saint-sacrement dans les églises; et le 27 : « Considérant que la ville était entourée de brigands qui portaient sur leurs étendards les couleurs substituées au pavillon blanc, et à leurs chapeaux la cocarde *tricolor*, que cette ressemblance, déshonorante pour des Français régénérés, avec de vils anarchistes, blessait depuis long-temps sa délicatesse, et pouvait occasionner une confusion et des méprises dangereuses, en même temps qu'elle pouvait rappeler à ses amis les Piémontais un souvenir amer, le comité arrêtait, qu'à partir du 1er octobre, les cocardes *tricolor*

---

[1]. L'acte original, signé par les présidents des sections et tous les conspirateurs marquants du 13 juillet, fut déposé chez le notaire Garnier. Nous en possédons une copie. *Pernetty* et *Caire* étaient les négociateurs.

seraient supprimées et remplacées par la cocarde blanche, et que le pavillon blanc, qui fut dans tous les temps le signal du vrai courage et de l'honneur, flotterait sur les forts et les navires [1]. »

Les sectionnaires de Toulon disaient enfin leur dernier mot. Ils n'étaient point Girondins, ceux qui arboraient ainsi le drapeau blanc. Les Girondins mouraient alors sur l'échafaud en criant Vive la république! Quand Lyon, dont la hache de la Montagne venait d'éteindre dans le sang les complots royalistes, avait déployé ce signe proscrit, les Girondins, fidèles aux couleurs nationales, en étaient sortis à l'instant : plutôt que de trahir la cause populaire en prenant la main des émigrés, Barbaroux se tirera un coup de pistolet, Péthion et Buzot périront de misère et de faim dans les blés de Saint-Émilion. Que leur mémoire soit donc pure des forfaits monarchiques de Toulon, et que la responsabilité du 27 juillet retombe exclusivement et tout entière sur les royalistes de 93.

Du reste le châtiment, qui suit de près toute mauvaise action, les atteignait déjà. Le peuple, réduit aux abois, les chargeait de malédictions; Hood, qui annulait depuis quelque temps toutes les délibérations de l'hôtel-de-ville, et leur faisait durement sentir le poids du joug anglais, finit par substituer au comité général un comité particulier de quatre membres placés sous sa dépendance. Bientôt

1. Archives municipales de Toulon, registre des délibérations et arrêtés du comité général des sections en permanence, 27 septembre

les sections murmurèrent, car les rations de biscuit, avec lesquelles on les avait nourries jusque-là, étaient diminuées tous les jours, et, l'insolence des alliés croissant en proportion de la détresse des habitants, Toulon fut traité par ceux qu'il avait appelés dans son sein en ville conquise. On n'entendait que plaintes, on ne voyait que gens errants et expulsés de leurs maisons. Aujourd'hui c'était le commissaire anglais O'Hara qui s'emparait, malgré la municipalité, du logement destiné à un colonel espagnol ; le lendemain c'était un piquet de soldats anglais qui mettait à la porte de son hôtel le comité de surveillance générale, et jetait, pour en finir plus vite, tous ses papiers par la fenêtre ; ailleurs il fallait évacuer l'hôtel du gouvernement pour le céder à l'amiral Langara[1] ; un autre jour enfin, comme par une sorte d'expiation providentielle, le promoteur de la révolte des sections, l'orateur des Minimes, le bridier Roux, celui qui avait tout fait pour livrer la ville à l'Angleterre, était chassé de sa maison par deux officiers anglais !

Instruits de cet état de choses, les républicains pressaient le siège avec vigueur : à Carteaux, le géant doré des pieds jusqu'à la tête, avait succédé le médecin savoyard Doppet, qui, heureusement pour la cause nationale, venait d'être remplacé par le

---

[1]. « Son excellence monsieur *Jean de Languara* nous a fait demander si nous avions évacué l'hôtel du département destiné à le loger. » (Lettre originale des administrateurs du département du Var, du 13 novembre 1793, l'an 1er du règne de Louis XVII.)

brave Dugommier. Celui-ci, regardant Bonaparte comme le premier talent de l'armée, subordonnait son initiative à la sienne et le secondait franchement. C'était ce qu'on pouvait faire de mieux. Le jeune officier corse, qui songeait à tenir parole, avait élevé, vis-à-vis de Malbousquet, une formidable batterie dite de la Convention et composée de six pièces de 24, dont les boulets lancés nuit et jour avec la précision de nos pointeurs, menaçaient de raser le fort. Les alliés, ayant fait une sortie au point du jour pour l'enclouer, réussirent d'abord au point de s'emparer des pièces ; mais leur succès fut court : repoussés à la baïonnette par le général Dugommier, qui fut blessé au bras et à l'épaule, ils laissèrent le terrain couvert de cadavres, et le nouveau gouverneur de Toulon, lord O'Hara, prisonnier [1]. Tandis qu'on se disputait dans la ville, et que les sectionnaires poursuivant leurs alliés des soupçons les plus injurieux accusaient O'Hara de s'être laissé prendre pour vendre Toulon, Bonaparte, qui savait bien que la république n'était pas assez riche pour l'acheter, commença l'attaque décisive le 18 décembre (26 frimaire). Trente pièces de 24 tirèrent toute la journée, huit mille bombes éclatèrent contre les fortifications royalistes, et à quatre heures du soir les colonnes d'attaque se mirent en marche sur le village de la Seyne. Le temps était affreux, une pluie continuelle et le mauvais état des chemins pouvaient

---

1. Lettre de Marescot, commandant du génie, au citoyen Dupin, adjoint au ministre de la guerre.

attiédir l'ardeur de nos soldats ; mais tous ceux qui avaient juré sincèrement le triomphe de la république ne montraient que l'impatience d'entendre battre la charge; ce moment arriva à une heure après minuit, par une averse épouvantable : deux colonnes commandées par Laborde et Victor, ou plutôt une faible partie de ces colonnes, se porta au pas de course sur la fameuse redoute anglaise appelée Petit-Gibraltar, et y pénétra avec la bravoure républicaine. Le feu meurtrier qui en partait les força néanmoins à ressortir par les embrasures qu'ils avaient escaladées. Dugommier toujours à leur tête, ils rentrent, ils ressortent encore. Pendant deux heures ce fut un volcan inaccessible. Tout ce que l'audace dans l'attaque, l'opiniâtreté dans la défense peuvent offrir en spectacle fut épuisé de part et d'autre. Mais enfin l'opiniâtreté anglaise céda à l'audace et au génie français. Bonaparte ayant détaché pendant l'action le capitaine Muiron, son adjoint, avec un bataillon de chasseurs, celui-ci rallia une portion retardataire de colonne, et, guidé par les habitants de la Seyne, il entra dans la redoute du côté de l'est. Les Anglais l'abandonnèrent. Elle était défendue par une force majeure en hommes et en armes, par vingt-huit canons de tout calibre, quatre mortiers, une double enceinte, un camp retranché, des chevaux de frise, des puits, des buissons épineux et par le feu croisé de trois autres redoutes. On peut dire, avec Dugommier, que c'était un chef-d'œuvre de l'art qui prouvait combien l'ennemi savait apprécier l'avantage de cette position [1].

Le général Lapoype, de son côté, n'était pas resté inactif, marchant en même temps que Dugommier avec les représentants du peuple, il avait emporté la redoute de Faron; la prophétie de Bonaparte touchait donc à son accomplissement : le 18 au matin, en effet, quand les royalistes aperçurent le drapeau tricolore sur les hauteurs de Faron et sur le Petit Gibraltar, ils se sentirent glacés d'une terreur mortelle; aussitôt, toutes les familles compromises songent à la fuite, et transportent sur le quai leurs meubles et leurs objets précieux. En un clin d'œil des pyramides de coffres, de meubles et de ballots s'élèvent sur le port, et en couvrent les dalles depuis la porte d'Italie jusqu'à l'arsenal. L'embarquement commence, et pendant vingt-quatre heures, aux éclats de l'artillerie républicaine, qui bombardait la ville, de Faron et de Malbousquet, vingt mille personnes entassées sur le port, se disputent une chaloupe, un canot, un mât de navire. La darse était couverte d'embarcations, de malheureux cherchant à gagner les escadres alliées à la nage, de bateaux surchargés et sombrant sous le poids de la cargaison. Effrayés de cette masse d'émigrants, et en redoutant l'embarras pour leurs navires, les Anglais les repoussèrent d'abord : des boulets partis du *Victory*, où était arboré le pavillon amiral, coulèrent bas plusieurs barques pleines de fuyards; alors l'amiral es-

---

1. Archives du ministère de la guerre, rapport officiel du général Dugommier.

pagnol Langara ne put cacher son indignation ; se penchant sur la dunette de son navire, il appela du geste les bateaux qui erraient en désespérés sur la darse, et accueillit tous les passagers qu'ils portaient; les Napolitains ayant suivi son exemple, Hood se vit forcé de retirer ses ordres barbares ; mais quand les vaisseaux furent pleins, quand les traîtres du comité général, et les présidents des sections, les Reboul, les Lesperon, les Barralier, les Meiffrun, les Caire, les Pernetty, les Roux, eurent abandonné au fer des vainqueurs la malheureuse population qu'ils avaient perdue, il fit le signe d'appareillage, et l'infâme Trogoff tira du port, pour les conduire en Angleterre, *le Commerce de Marseille* de 118 canons, *le Pompée* et *le Puissant* de 74, les frégates *la Perle*, *la Topaze* et *l'Aréthuse* de 40 canons, et la corvette *la Poulette*. Les autres navires de la flotte française et les arsenaux avaient été confiés à sir Sidney Smith, qui en rendit compte à son amiral en ces termes :

« Conformément à vos ordres, je me suis rendu à l'arsenal de Toulon, j'ai fait les préparatifs pour incendier les vaisseaux et les approvisionnements français. En raison du peu de forces que j'avais avec moi, et de crainte que cela ne nous empêchât de remplir notre objet principal, je n'ai pas cru devoir inquiéter les gens du port. Des galériens, au nombre de six cents, nous regardaient avec des démonstrations qui indiquaient évidemment le projet de s'opposer à nous; ce qui nous mit dans la nécessité de pointer les canons de nos chaloupes sur leur bagne et sur tous les points par où ils pouvaient nous assaillir, nous les assurâmes qu'ils n'auraient rien à redouter s'ils restaient tranquilles. On n'entendit bientôt dans le bagne que les coups de marteau avec lesquels ceux qui étaient encore enchaînés brisaient leurs fers. Je crus ne devoir pas m'opposer aux moyens de fuite qu'ils se ménageaient, pour l'instant où les flammes gagneraient jusqu'à eux.

« Dans cette situation, nous attendions avec anxiété le moment convenu avec sir Elliot, pour commencer l'incendie. Le lieutenant Tupper fut chargé de brûler le grand magasin; et ceux qui renfermaient la poix, le goudron, le suif et l'huile. Il y réussit parfaitement, le magasin à chanvre se trouva enveloppé dans les mêmes flammes, le temps très-calme en arrêta d'abord les progrès; mais deux cent cinquante tonneaux de goudron, répandus sur les bois de sapin, propagèrent bientôt l'incendie avec une grande activité dans tout le quartier dont Tupper était chargé.

» L'atelier des mâtures fut en même temps livré aux flammes par Midleton, lieutenant du vaisseau *la Bretagne*. Le lieutenant Pater bravait le feu avec une intrépidité étonnante, pour compléter l'ouvrage dans les endroits où la flamme n'avait pas bien pris. Je fus obligé de lui ordonner de revenir : un moment plus tard tout moyen de retraite lui était coupé. Sa situation était d'autant plus périlleuse, que le feu des Français avait redoublé, aussitôt que les flammes, en nous éclairant, leur avaient indiqué ceux qu'ils avaient intérêt de combattre.

» Le lieutenant Broumonge, avec le détachement qu'il commandait, protégea notre retraite. Le feu de nos boulets était principalement dirigé vers les endroits d'où nous avions à craindre l'approche des Français. Au milieu du fracas des boulets et du plus terrible incendie, leurs chants républicains perçaient les airs jusqu'au moment où nous fûmes sur le point d'être abîmés, eux et nous, par l'explosion de plusieurs milliers de barils de poudre de la frégate *Iris*, qui se trouvait dans la rade intérieure, et à laquelle les Espagnols mirent imprudemment le feu au lieu de la couler bas, suivant l'ordre qu'ils en avaient reçu.

» J'avais commandé aux officiers espagnols d'incendier les vaisseaux français qui se trouvaient dans le bassin devant la ville. Les obstacles qu'ils rencontrèrent, les firent renoncer à ce projet. J'en renouvelai la tentative, lorsque nos opérations furent terminées à l'arsenal, mais je fus repoussé.

» Nous nous disposions à brûler *le Thémistocle*, vaisseau de 74, qui était dans l'intérieur de la rade; mais lorsque nous en approchions, les républicains français, que nous avions enfermés sur ce vaisseau, s'en étaient emparés avec la ferme résolution de faire résistance. Dans ce moment, l'explosion d'un vaisseau chargé de poudre, fut encore plus violente que celle de la frégate *l'Iris*, et nous courûmes le plus grand danger.

» J'avais fait mettre le feu à tous les bâtiments qui se trouvaient à ma portée, et toutes les matières combustibles que j'avais préparées étaient consumées lorsque je fis route vers la flotte. La précision avec laquelle le feu a été mis à mon premier signal, ses progrès et sa durée, sont les plus fortes preuves que chaque officier et chaque soldat ont fait, dans cette occasion périlleuse, tous les efforts qu'on pouvait attendre d'eux. Je puis vous assurer que le feu a été mis à dix vaisseaux de ligne au moins. La perte du grand magasin, d'une quantité immense de poix, de goudron, de résine, de chanvre, de bois, de cordages et de poudre à canon, rendra très-difficile l'équipement du peu de vaisseaux qui restent. *Je suis fâché d'avoir été forcé d'en épargner quelques-uns;* mais j'espère que votre seigneurie sera contente de ce que j'ai fait avec peu de moyens, dans un temps circonscrit et pressé par des forces bien supérieures aux miennes [1]. »

Tel fut l'adieu des Anglais au peuple qui les avait appelés dans ses murs ! — Il y avait deux cent quarante ans que le drapeau britannique était tombé du clocher de Castillon, et cette fois, il faut l'espérer, les boulets de la Convention l'abattaient pour la dernière fois sur la terre méridionale devenue à jamais française !

1. Rapport officiel du commodore sir Sidney Smith.

FIN.

TABLE ANALYTIQUE

DES MATIÈRES.

TREIZIÈME PARTIE.

Première impression de la Saint-Barthélemy et combat de la Pointe-d'Aveyron, 2. — Grande assemblée protestante de Réalmont, 4. — Surprise du Cheylar, 5. — La cour ruse avec La Rochelle, 7. — Réception de La Noue à Tadon, 10. — État des fortifications de La Rochelle, 13. — Organisation militaire et municipale, 14. — Siége de La Rochelle de 1573, 17. — Dialogue nocturne sur les remparts, 18. — Discours de Giraud de Saint-Jean-d'Angély, 21. — Trahison de La Noue, 22. — Assaut du 7 avril, 24. — Levée du siége, 25. — Chanson populaire, 26. — République protestante, 27. — Les fronts d'airain, 28. — Discours énergique du député du Dauphiné, 29. — Dénombrement des forces des protestants en 1573. État de leurs places fortes et de leurs troupes, 31 et 32. — Grammont et le fils de l'aveugle d'Arros, 33. — Retour de La Noue à La Rochelle, 35. — Position critique de la royauté, 37. — Surprises d'Annonay, Castres, Montflanquin, Brives, Uzerche et Périgueux, 39. — La dame de Miraumont, id. — Les Razats de Provence, 40. — Les malcontents, 41. — Assemblée générale des protestants de France à Millau, 42. — Union de Montmorency avec les protestants, 43. — Paix de Monsieur, 46. — Ligue catholique, 47. — Serment de la Ligue méridionale, 48. — Assemblée des églises à Lunel, en 1577, 51. — Montmorency à Pézenas, 53. — Position douteuse du roi de Navarre, 54. — Sa réception à Périgueux, 55. — Ses campagnes ridicules sur la Garonne, 56. — Courage du vicomte de Turenne auprès de Badefol, 57. — La demoiselle de Casteljaloux, 58. — Voyage de Catherine de Médicis en Gascogne, 59. — La conférence de Canaan à Montauban, 61. — Grande assemblée des églises dans la même ville, 62. — Surprise de Mende et guerre des Amoureux, 63. — Sac de Cahors, 64. — Paix de Fleix, 68. — L'influence du roi de Navarre dans son parti, 69. — Projet de constituer la France en république fédérale, 70. — Parti politique de 1585, 71. — La Ligue attaque la Réformation, 72. — Courage du consul de Villeneuve d'Agen, 73. — Mayenne en Périgord et en Guienne, 74 et 75. — Siége de Castillon, 76. — La Ligue à Marseille, id. — Mort violente du grand-prieur, 77. — Joyeuse en Gévaudan, 78. — Bataille de Coutras, 79. — Égoïsme d'Henri de Navarre après la victoire, 83. — Sa politique ambiguë, 84. — Sa lettre inédite aux consistoires du Midi, 85. — Mort de Condé, 87. — États-généraux protestants de 1588 à La Rochelle, 88. — Petite guerre en Gascogne et en Languedoc, 90. — Étienne Duranti, 91. — Son obéissance passive aux ordres du roi, 93. — Sa mort, 95. — Rapprochement d'Henri III et du roi de Navarre, 96. — État politique du pays en 1589, 97. — Victoire de Lesdiguières dans le Grésivaudan, 99. — Défaite et mort de Joyeuse à Villemur 100. — Les croquants de 1593, 101. — Abjuration d'Henri IV, 103. — La Ligue à l'enchère, 104. — Traités d'Agen, Marmande, Villeneuve, Aix, Toulouse, etc., 105. — Pietro di Liberta à Marseille, 106. — Assemblée des églises à Sainte-Foy, 110. — Édit de Nantes, 111. — État des places de sûreté, 112. Conspiration féodale de 1601, 114. — Procès de Biron, 116. — Sa condamnation, 117. — Son exécution, 118. — Complainte populaire de Biron, 119. — Voyage d'Henri IV en Limousin, 121. — Exécutions de 1603 à Limoges, 123. — Agitations religieuses du Béarn, 124. — Les Morisques de la Castille, 125. — Caractère d'Henri IV, 127. — La royauté en lutte avec la noblesse et la réformation, 128. — Voyage de Louis XIII, en Guienne et en Béarn, 129. — L'archevêque de Bordeaux et le bandit Haut-Castel, 130. — Mécontentement des protestants, 131. — Albert de Luynes et Concini, 132. Vanini brûlé à Toulouse, 133. — La dame de Cheylane, 134. — Supplice d'Argilemont, gouverneur de Fronsac, id. — Louis XIII à Pau, 135. — Synode général de Millau, 137. — États-généraux du protestantisme à La Rochelle et division du royaume en cercles, 138. — Manifeste des réformés, 139. — Les *Escambarlats* de Montpellier, 141. — Discours du duc de Rohan dans le temple de Montauban, 142. — Le consul Jacques *Dupuy*, 143. — État des fortifications de Montauban, 143, 144. — Ordre militaire établi dans la ville, 145. — Prise de Clairac par l'armée royale, 146. — Arrivée du roi et de ses maréchaux sous les murs de Montauban, 147. — Rapport au roi, du baron de Chaban, sur l'état stratégique de Montauban, 148. — Position de l'armée royale, 149. — Exécution du capitaine Sauvage, le Judas de Clairac, 151. — Assaut de Villebourbon livré par le duc de Mayenne, 154. — Mort du duc de Mayenne, 156. — Les Cévenols viennent au secours des Montalbanais, 157. — Plaisirs de Louis XIII à Piquecos, 158. — Mort de Daniel Chamier, rédacteur de l'édit de Nantes, 159. — Levée du siège, 160. — Sac de Monheurs, 162. — Mort du connétable de Luynes au château d'Aiguillon, 163. — Accommodement de La Force, Lesdiguières, Châtillon, 164. — Le cardinal de Richelieu et les croquants de 1624, 165. — Prise de La Rochelle, 166. — Les fortifications de Montauban, Uzès, Anduze, Nimes démolies, 168. — Révolte de Montmorency, 169. — Combat du Fresquel et son supplice à Toulouse, 170. — La Catalogne se donne à la France, mort du cardinal et du roi, 171.

QUATORZIÈME PARTIE.

Première période de la monarchie absolue et son action sur le Midi. Règne de Louis XIV, 173. — Fautes de Mazarin en Catalogne, 174. — Brillants succès d'Harcourt en Catalogne, 178. — Échec de Condé sous Lérida, 179. — La Fronde, 180. — Le Semestre à Aix, 183. — Le jour de la Saint-Sébastien et le comte d'Alais, 185. — Les Visions du père Hipparque et les cadets de Bellegarde, 189. — Le prince des Vandales gouverneur de Guienne, 191. — L'émeute des Tavernes à Bordeaux en 1635, 192. — Exportation des blés, 194. — Le parlement s'empare de l'administration, 195. — Voyer d'Argenson à Bordeaux, 196. — Prise du château Trompette, 197. — La paix, 198. — Arrivée de la princesse de Condé à Bordeaux, 200. — Louis XIV à Bordeaux et supplice du capitaine Richon, 202. — Assaut de La Bastide, 203. — L'Ormée et le Sabre, 204. — Défaites de Condé sur la Garonne, 206. — Condé nous fait perdre la Catalogne, 207. — La promenade Sainte-Eulalie, 208. — Statuts de l'Ormée, 209. — Duretête, 210. — Exil des conseillers, 212. — Les princes traitant avec l'Angleterre, 213. — Chute de l'Ormée, 215. — Mort de Duretête, 216. — Les canifs d'Aix, 217. — Le sabre, 218. — Les manteaux gris de la Saint-Valentin, 219. — Le canal des deux mers, 220. — Pierre-Paul Riquet, 221. — Ses lettres à Colbert, 224. — Nobles paroles de Louis XIV, 225. — Adjudication des travaux du canal, 226. — Pose de la première pierre du bassin de Saint-Ferréol, 227. — Bénédiction de l'eau en 1681, 228. — Prétention sans fondement d'Andréossi, 229. — Réaction religieuse, 231. — Instruction du prince de Bourbon-Conti aux consuls de Nîmes, 232. — Assemblée secrète des protestants à Toulouse en 1683, 235. — Requête au roi, 236. — Dragonnades, 237. — Id., 238. — Id., 241. — Arrêt du conseil contre les protestants, 242. — Dragons à Montauban, 243. — Conversion supposée des protestants et acte faux inséré aux archives, 244-246. — La dame Péchels de La Boissonnade, 247. Révocation officielle de l'édit de Nantes, 248. — Camisards, 249 et 250. — La Montagne du Bougès, 251. — Prophétie d'Abraham Mazel, 252. — Le colonel des enfants de Dieu, Catinat, Roland, Castanet dit l'Ours, Jean Cavalier, 253. — Jean Cavalier et Ravanel, 254. — Auto-da-fé de 150 protestants à Nîmes, 255. — Enlèvement des populations des Cévennes, 256. — Plan d'extermination de Bâville, 257. — Représailles des Camisards, 258. — La prophétesse Suzanne Delorme, 259. — Entrevue de Cavalier et du maréchal de Villars à Nîmes, 260. — Constance de Roland et de Ravenel, 261. — Soumission des enfants de Dieu, 262. Complot des Camisards, 263. — Supplice et courage de Boéton à l'Esplanade de Montpellier, 264. — Débarquement des Anglais à Cette et Agde, 266.

QUINZIÈME PARTIE.

Deuxième période de la monarchie absolue et son action sur le Midi, règne de Louis XV, 267. — Peste de Marseille, 268. — Vigilance et zèle des échevins Estelle et Moustiès, 270. — Moustiès et le chevalier Rose, 272. — Messieurs des galères accordent des forçats aux échevins, 273. — Querelle de Belzunce avec les officiers généraux des galères et les échevins, 275. — Effroyable aspect de Marseille, 276, 277, 278. — Dons de Law et du pape, 279. — Moustiès l'échevin et son rapport, 280. — Lettre de Belzunce, 281. — Fêtes à Marseille, Bordeaux, Toulouse, Toulon, Pézenas pour la convalescence du roi, 282 et 283. — Déclaration royale de 1724 contre les protestants, 286. — Instructions secrètes du maréchal de Richelieu au sujet du protestantisme, 287,

288. — Communautés, 292. — *Conseils politiques, militaires et de police*, 293. — Modes divers d'élection, 294, 295. — Viguiers de Marseille, 296. — Serments des consuls, 297. — Budget d'une communauté rurale, 298. — Modifications successives du régime municipal, 300. — Despotisme des intendants, 301. — Corvées, 302 et 303. — Déportements de l'intendant L'Escalopier à Montauban, 304. — Mépris oriental de la propriété au dix-huitième siècle, 305. — Supériorité de la littérature française sur la littérature méridionale, 307. — Goudouli et ses poésies, 308. — Cyprien Despourrins et ses chansons, 209. — Procès Calas, 225. — Interrogation de Calas père, Calas fils, Rose Cabibel femme Calas, Lavaysse et Jeanne Viguière, 328, 329, 330, 331. — Version nouvelle des accusés, 334. — Procès-verbal original du chirurgien Lamarque, 335. — Objections des capitouls contre le système de l'accusé, 336. — Conclusions du procureur du roi, 337. — Jugement de la Tournelle, 338. — Procès-verbal original de la torture et mort de Jean Calas, 339, 340. — Voltaire entreprend sa réhabilitation, 341. — Erreurs de Voltaire à cet égard, 343, 344, 345, 346, 347, 348. — Témoignages de l'accusation, 339, 340. — Variations des accusés, 351. — Dépositions à charge, 352. — Opinion de Calvin sur la puissance paternelle, 353, 354. — But de Voltaire, 355. — Résistance des parlements, 356. — Le Genevois Necker, 357. — La journée des Tuiles à Grenoble, 358. — Assemblée de Vizille, 359. — Forme des états du Dauphiné consacrée par arrêt du conseil, 361. — Adresses provinciales, 363. — Protestation de Montpellier contre les trois ordres, 364.

SEIZIÈME PARTIE.

Révolution, la Montagne, la Gironde et le royalisme, 367. — Le baron de Bonneval et le sire de Chavaille, 368. — Mépris de la cour pour le tiers-état, 369. — Le jour de l'alarme, 370. — Adhésion des provinces méridionales aux décrets du 4 août 1789, 371. — Le comte d'Albert de Rioms et l'aristocratie de la mer, 372. — Passion de la bourgeoisie pour Necker, 374. — Joie extravagante causée par son rappel à Montpellier, 375. — Fédération de soixante communautés de la province du Languedoc, du Vivarais et du Dauphiné, 376. — Déclarations contre les protestants révoquées par la motion de Brunet de La Tuque, député de Nérac, id. — Incendies des châteaux, 377. — Le baron de Comarque, 378. — Réaction royaliste à Montauban et à Nîmes, 382. — Événements du 10 mai 1790 à Montauban, 383. — Intervention de l'armée bordelaise, 388. — Départ pour Montauban de Mathieu Dumas, maréchal-des-logis de la garde nationale parisienne, 389. — Élargissement des 55 patriotes prisonniers, 393. — Événements des 13, 14 et 15 juin à Nîmes, 394. — Le vicomte de Mirabeau et le régiment de Touraine à Perpignan, 395. — Fédération générale des départements méridionaux le 14 juillet 1790, 397. — Événements de Perpignan et du 13 décembre à Aix, 400. — La compagnie du Plant de l'olivier à Montpellier, 401. — Élection de l'Assemblée législative, 402. — Agitations royalistes dans l'Ardèche et meurtres d'Avignon, 403. — Élection de la Convention nationale. La Gironde, 404. — Adresses girondines de Bordeaux, 407. — Organisation des sections à Bordeaux, 408. — À Marseille,

410. — Excès des Jacobins à Toulon, 413. — Ouverture des sections, 414. — Fermeture des clubs, 416. — Adresse contre-révolutionnaire de la section de la Fraternité, 418. — Le couronnement de la Vierge, 420. — Toulon livré aux Anglais par les royalistes du comité général des sections, 421. — Lâcheté de Saint-Julien le contre-amiral, 422.—Adresse de la Convention aux Français méridionaux, 423.—Assassinats juridiques des patriotes, 425.—Arrivée de Carteaux dans le Var, 427. — État de défense et topographie militaire de Toulon, 428. — Reprise de la cocarde blanche par les sectionnaires, 429. — Dureté du joug anglais, 430. — Combat de Malbousquet et prise du gouverneur anglais de Toulon lord O'Hara, 432. — Le Petit-Gibraltar tombe au pouvoir de Dugommier, 433. — Lapoype s'empare de Faron, 434. — Embarquement des chefs des sections et d'une partie de la population toulonnaise, 435. — Sir Sidney Smith incendie la flotte et l'arsenal, 436.

FIN DE LA TABLE.

ERRATA.

Tome I, p. 394, ligne 18, *au lieu de* elle regarda passer, *lisez* elle laissa passer. — P. 412, lig. 4, *au lieu de* Charlemagne ne paraît pas grand, *lisez* ne paraît pas si grand.

Tome III, p. 6, lig. 20, *au lieu de* qui reposent tous ou presque tous, *lisez* qui ne reposent que trop souvent.... — P. 138, lig. 16, *au lieu de* au-dessous de Narbonne, *lisez* au-dessous de Carbonne. — P. 280, lig. 19, *au lieu de* et se polluant, *lisez* en le polluant....

Tome IV, p. 33, lig. 29, *au lieu* d'Auros, *lisez* d'Arros. — P. 63, lig. 11, *au lieu* des habitants.... *lisez* les habitants de Mende. — P. 202, lig. 21, *au lieu de* Pichon, *lisez* Richon. — P. 241, lig. 21, *au lieu de* Tanche, *lisez* Tanse. — P. 376, lig. 9, *au lieu de* le funeste édit de Nantes venait d'être révoqué, *lisez* la funeste révocation de l'édit de Nantes venait d'être révoquée à son tour...

www.ingramcontent.com/pod-product-compliance
Lightning Source LLC
Chambersburg PA
CBHW071101230426
43666CB00009B/1782